新理念教育译丛

快乐学习 快乐成长

杨靖 苏文倩 译

Teaching Happiness and Well-being in Schools

[英] 伊恩·莫里斯
Ian Morris

江苏凤凰教育出版社
Phoenix Education Publishing, Ltd

图书在版编目（CIP）数据

快乐学习，快乐成长 / (英) 伊恩·莫里斯 (Ian Morris) 著 ; 杨靖，苏文倩译. -- 南京 : 江苏凤凰教育出版社, 2019.7
(新理念教育译丛)
ISBN 978-7-5499-8179-3

Ⅰ. ①快… Ⅱ. ①伊… ②杨… ③苏… Ⅲ. ①课堂教学—教学研究 Ⅳ. ①G424.21

中国版本图书馆CIP数据核字(2019)第161030号

书　　名	**快乐学习,快乐成长**
作　　者	[英]伊恩·莫里斯
译　　者	杨　靖　苏文倩
责任编辑	陈爱芳
装帧设计	张金凤
出版发行	江苏凤凰教育出版社(南京市湖南路1号A楼　邮编210009)
苏教网址	http://www.1088.com.cn
照　　排	南京凯建图文制作有限公司
印　　刷	江苏凤凰新华印务有限公司(电话:025－68037410)
厂　　址	江苏省南京市新港经济技术开发区尧新大道399号(邮编:210038)
开　　本	787mm×1092mm　1/16
印　　张	16.5
字　　数	290千字
版　　次	2019年8月第1版 2019年8月第1次印刷
书　　号	ISBN 978－7－5499－8179－3
定　　价	66.00元
网店地址	http://jsfhjycbs.tmall.com
公 众 号	江苏凤凰教育出版社(微信号:jsfhjycbs)
邮购电话	025－85406265，025－85400774，短信 02585420909
盗版举报	025－83658579

献　辞

献给我生命中最重要的三个人：乔吉(Georgie)、奥利维娅(Olivia)和费利克斯(Felix)。

你们的荣耀是我前进的动力。

献给我的父母，你们教会我如何发现生命中最重要的东西。

目 录

致谢 …… 1
前言 …… 1
导论 …… 1

第一部分　教育中快乐和幸福的基础

第一章　教育中快乐和幸福的地位 …… 3
教育工具论 …… 4
教育幸福论 …… 8
幸福论:下楼梯的另一种方法 …… 10
美德的获取 …… 13
幸福论作为学校的统一语言 …… 14
哪些美德? …… 16
通往健康、快乐和幸福的其他途径 …… 18
教育中的关怀 …… 20

第二章　幸福的空间 …… 26
作为幸福的教育:课程设置对幸福的贡献 …… 27
"我的世界":英国罗奇代尔马修·莫斯高中 …… 28
国际文凭中学项目 …… 29
教育中的关系 …… 31
教学的情感技巧 …… 33

羞耻和骄傲 …… 36
正义的修复 …… 39
教练式辅导 …… 43
修复正义和集体辅导 …… 45

第二部分　为幸福和快乐创建课程

第三章　奠定基础 …… 51
让幸福变得不同:避免健康恐怖主义 …… 51
幸福与课程 …… 55
幸福课:意识、干预、反馈 …… 56
实验性课程 …… 61

第四章　身体关怀 …… 65
满足身体的需要 …… 67
美味与美德 …… 68
付诸实践:合理饮食 …… 70
锻炼 …… 70
付诸实践:关于运动的教学 …… 75
睡觉 …… 76
付诸实践:关于睡眠的教学 …… 78
关心我们的情绪 …… 78
基础情绪 …… 79
了解情绪 …… 80
二级情绪 …… 81
付诸实践:关于情绪的教学 …… 83
大脑与学习 …… 84
运动与学习 …… 85
学习,保持积极情绪,避免过大压力 …… 85

重复与练习 …… 86
付诸实践:关于学习的学习 …… 87
失控和执行力 …… 87
付诸实践:执行功能的教学以及有关放纵的观点 …… 89

第五章 精神关怀 …… 91
适应能力 …… 93
逆境、信念与抗压(ABC) …… 95
思维陷阱 …… 96
身临其境:佩恩适应力训练项目(PRP)技能 …… 99
弹性学习者 …… 100
付诸实践:适应力教学 …… 101
精神食粮 …… 103
哲学家思维 …… 105
从哲学开始 …… 108
道德思维 …… 112
实践智慧和道德思维 …… 113
付诸实践:实践智慧的教学 …… 115
道德心理学 …… 116
付诸实践:品德哲学的教学 …… 119

第六章 关心他人 …… 123
共情 …… 126
付诸实践:共情能力学习 …… 129
倾听与陪伴 …… 130
付诸实践:倾听学习 …… 131
朴素实在论与判断力 …… 132
善良 …… 135
服务 …… 137

信任 …… 138
付诸实践：信任学习 …… 139
八卦 …… 140
冲突解决办法 …… 142
付诸实践：冲突学习 …… 144
性与人际关系 …… 145

第七章　关心我们的情绪 …… 149
捕鼠手 …… 150
寻找强项 …… 151
人格力量 …… 153
真实性 …… 154
付诸实践：关于优势的教育 …… 155
注意挑战 …… 157
心流 …… 159
影响情感的因素 1：外在动机 …… 163
影响情感的因素 2：固定思维 …… 167
付诸实践：传授思维 …… 170

第八章　关心我们在世界上的地位 …… 172
消费主义和情感 …… 174
道德消费 …… 175
惯性与享乐适应 …… 176
选择 …… 178
延时满足 …… 179
生存状态焦虑 …… 180
付诸实践：关于消费主义的教学 …… 183
美德与技术 …… 185
技术与人性 …… 188
付诸实践：关于美德与技术的教学 …… 191

第九章 专注、灵性和意义 …… 193
专注冥想 …… 193
专注的依据 …… 196
减轻压力、焦虑和抑郁 …… 196
冥想与情感 …… 197
同 情 …… 198
增强免疫系统功能 …… 198
提升思维 …… 199
学校的专注 …… 200
付诸实践:专注冥想 …… 202
灵性 …… 203
灵性是什么? …… 204
灵性与孩子 …… 207
付诸实践:灵性 …… 208
意义构建 …… 209

第十章 教师的幸福 …… 213
个人与集体的恶习和美德 …… 214
教师的美德 …… 215
自主、流动与意义 …… 216
关于薪酬和待遇 …… 219
相互学习:指导和欣赏 …… 221

注释 …… 224
参考文献 …… 241

致　谢

首先我想感谢所有的同事和学生。我在英国惠灵顿公学(Wellington College)任教期间,他们给了我研究幸福教育的机会。他们用支持和友谊营造了充满创意的工作环境,通过质疑和批判性的反馈,帮助我形成并改进我的看法。同时也要感谢伯明翰大学(University of Birmingham)“银禧中心”(Jubilee Center),让我得以一窥幸福论的堂奥,并构建出理论框架,来阐明我的教学经验。

许多人在我起草手稿的阶段提供了极为宝贵的帮助。能就专业问题向他们请益,我感到十分幸运。我要特别感谢杰米·卡特(Jamie Carter)、盖·威廉斯(Guy Williams)、克里斯蒂安·克里斯蒂安松(Kristján Kristjánsson)、麦肯齐·切里(McKenzie Cerri)、奎因·辛普森(Quinn Simpson)、伊恩·亨德森(Iain Henderson)、玛丽亚·阿尔巴(Maria Arpa)、萨姆·格特里奇(Sam Gutteridge)、克莱尔·芬齐(Clare Finzi)、迈克·戈夫斯(Mike Goves)、特蕾西·派伊(Tracy Pye)、德利斯·林奇(Delyth Lynch)、卡尔·亨德里克(Carl Hendrick),还有马特·奥克曼(Matt Oakman),感谢他们宝贵的建议。同样也十分感谢坦尼娅·拜伦(Tanya Byron)、彼得·欣德利(Peter Hindley)、杰夫·马尔根(Geoff Mulgan)和凯瑟琳·韦尔(Katherine Weare)在研究方面提供帮助,并指导我获得相关的资源和信息,如果没有他们,我自己是不会发现这些资源的。

我还要感谢我的家人对本书的贡献。我的岳母萨莉·萨格(Sally Sugg)认真阅读了整本书的初稿,并给出了诚恳的反馈。我的孩子们,奥利维娅和费利克斯,表现了超出他们年龄的理解能力——他们平静地接受了这样的现实:因为写书,我不能陪他们玩耍,并且一整天都必须待在书房里。我的家人是我永不枯竭的欢乐和灵感源泉,本书的写作因为他们的出现而更加富有生命质感。最重要的是，衷心感谢我的妻子乔吉。她从一开始就与我一起踏上了本书的幸福之旅，她的创意、建议和指导，在我同书中若干矛盾观点作战并把它们糅为一体时，有着不可估量的价值。在我写书时，她几乎成了单亲妈妈，在这点上，仅用言语远远不能表达我对她的感激。

前　言

理查德·莱亚德(Richard Layard)教授形容本书的初版是“非同寻常的”。在我看来,本书的再版,更加担当得起这样的美誉。本书在原版的基础上进行了彻底的修改,并提出一种简单的理念。这一理念在老师和家长中间得到广泛认同,即学校教育的目的是为了培养学生应对生活挑战的能力,而不是应对大大小小的考试。尽管这一理念简单而有力,然而在格拉德格林(Gradgrindian)工具主义(instrumentalism)盛行的时代逐渐迷失,继而湮没无闻。格拉德格林工具主义认为,教育目的比狭义的学术成就和未来高收入的工作更加次要。对此,伊恩·莫里斯(Ian Morris)提出了一种激进的观点,即教育的终极目的在于实现人类的幸福,学校的一切活动都应围绕这一目标而设计。

尽管我十分怀念本书的初版里一些不恭的言论和自嘲式的幽默——这是自由不羁的灵魂涉足道德和教育领域的标志,但这些被本书再版时所采用的更为谨慎、连贯和严肃的学术观点所取代。“人格与美德银禧中心”(Jubilee Center for Character and Virtues)的工作经历使莫里斯深受启发,他开始研究亚里士多德的幸福论,即客观地看待幸福,并运用品德和人格的术语,建构出最合理而精微的幸福观。第一章和第二章阐述了本书的哲学基础。接下来的三到九章为幸福课程的设计和实施提供了切实的建议。最后一章则讨论了教师自身的幸福问题。

正如莫里斯在本书第三章所阐明的,幸福不只意味着清除了通往人类幸福的阻碍,而且包括努力培养能够带来幸福的积极性格或者品德。虽然许多老师会同意这种说法,但他们往往会抱怨不知如何贯彻幸福目标,并且对各门学科的“语义雷区”(semantic minefield)深感困惑,而这些学科原本应以实现儿童的全面发展为目标。举个例子,莫里斯所称的“幸福教育”,其他人可能会叫作“积极教育”（根据最新的时髦语），在“银禧中心”则简称为“人格教育”（最广泛意义上的“人格”）。自然，缺乏统一的术语使得教师的教学工作困难重重。不断衍生的各种追逐潮流的说法助长了弄虚作假的工作态度，与此同时，也导致教师的积极性疲乏——缺乏持续吸收新知、不断创新的动力。

然而，在你阅读了莫里斯的著作之后，大多数疑虑都会烟消云散。本书有力地论证了术语统一的幸福论对于学校教育的意义。我尤其赞赏本书对人格的强调，它不仅对学生，还有教师，都提出了要求。因为“焦虑不安的，或者道德败坏的教师，为年轻人提供了坏榜样”（第十章）。总而言之，对幸福教育和优质教育内在价值的介绍，本书是最适合不过的。在此我诚挚地把它推荐给教师、家长还有学生们。

克里斯蒂安·克里斯蒂安松

伯明翰大学“人格与美德银禧中心”

2015 年 1 月

导 论

想象你将要开始一段旅行，而且坐骑是一头高大威武的大耳朵非洲象。你爬上了象背，双腿跨坐在粗厚且布满褶皱的大象身上，双手摆放在大象的背上。你并不熟悉这只大象，但当地的向导使你确信，这只大象性情十分温和，而且喜欢人类。你独自坐在象背上出发了，跟随在一队骑象者身后。很快你就习惯了这只大象缓慢的节奏：肩膀的移动，头部和躯干的摇摆，沉重的呼吸。你能感觉到大象的肋腹像风箱一样，不断膨胀然后收缩。你抬起头，把视线从大象的脖子移开，开始注意到其他的骑象者。他们当中有的人更平稳，有的人摇摇晃晃，有的人欣喜若狂，有的人则十分惶恐，为保安全，紧紧地抱住大象。一开始，骑象旅行的尝试是令人愉快的。

接下来，你开始考虑旅行的目的地，突然你意识到你并不知道自己将要往哪里去。你努力想看到队伍的前端，但是只看到大象踢起的满天尘沙和在你前方的同胞们，他们衣着鲜亮，摇摇摆摆地骑在象背上。你意识到向导很可能并没有在前方等着你。你开始担忧起来，不断四处张望，但其他人似乎没有与你一样的烦恼：身后的女士在微笑着招手。紧接着，你开始想要让大象停下，从象背下来。向导对大象讲的是斯瓦希里语。你不会这种语言，甚至没有缰绳来控制方向。你渐渐明白了，这头大象是不受你控制的。自始至终，它迈着沉重的步伐，与前方的大象保持完美的十步距离，不紧不慢地走完规定的旅程。你终于懂得了，这头大象清楚地知道目的地，而你需要做的只是放松，让它带你去。

骑象的隐喻来自于乔纳森·海特(Jonathan Haidt)的著作《幸福假说》(*The Happiness Hypothesis*)。这个隐喻可以用来解释教育中快乐和幸福的关系。海特认为，从隐喻角度来讲，成功的动物骑行，关键在于动物和骑者之间的和谐关系。为了引导大象前往你想去的地方，你不仅需要知道目的地,而且要理解大象习性的方方面面,这样旅行才会成功。你需要相信,在特定情境中,大象知道的比你更多,你要允许它来引导你。

海特认为,动物和骑者是人类的隐喻。骑者只是很小的一部分,他们试图控制一切,代表了有意识的、思考的自我。大象是骑者试图去控制的强大力量。大象代表其他的一切:所有被忽视的大脑信息处理过程,还有身体内部发生的大量活动。海特认为,把二者看作相互分离的,这本身就是一种错误。

> 我们大脑的各部分就像松散的联邦,而我们过于强调和关注其中的一部分:有意识的语言自我。因为只看到大脑大量运作过程的冰山一角,我们常常被似乎是凭空出现的欲望、愿望和诱惑吓一跳。有时候,我们陷入这样一种观点,即我们在与无意识、个人身份或动物自我作战,但事实上我们是一体的。我们是骑者,同时也是大象。[1]

正如海特说的,帮助儿童把大象和骑者融为和谐的整体,这就是快乐和幸福教育的真谛。我们常常犯这样的错误,即认为骑者——有意识的思考的自我——知道所有的答案,主宰所有的情况,而且最有智慧。快乐和幸福教育的目的是教会骑者不仅了解自己,还要了解他骑的大象。如果能够给年轻人提供一份骑象者指南,或者说,教育他们成人,且并不止步于此,还要成为优秀的人,我们也许能帮助他们避免因为过度控制的骑者或者失控的大象而陷入困境。然而,快乐和幸福教育提出了更重要的问题,即教育的本质和目的。如果我们相信教会年轻人快乐和幸福的知识是个好主意,反过来我们就会同意,教育本身应致力于让儿童获得快乐和幸福。本书的内容具有双重的意义。

如何阅读这本书

第一章尝试论证教育的唯一目的是幸福,并提供了可靠的理论基础。学校教育的一切活动都应围绕这一目的而设计。其他的目的(比如考试成绩、公民权利、经济繁荣等)则是次要的。我使用品德和人格的术语,在我看来，正揭示了人类最合理而精微的幸福观。第二章探索了学校如何使用关怀伦理学来支持幸福教育，并提供了切实的建议，以指导和修复正义的形式，作为学校全体实践和创造幸福文化的范例。

因此，第一章和第二章是全书的哲学基础。第三章到第九章是关于创造学校幸福课程的关键要素以及把课程内容应用到生活中的教学技巧，并且提供了有用的建议。各章分别包含了隐藏在文本之后的理论以供总结概括，还有实用的课程活动和资源范例。本书最后一章讨论了教师的幸福问题。

2006年1月，我聆听了一场有关人类幸福的科学研究讲座。在当时看来，这种观点是相对新颖的。从此我踏上了幸福教育的旅程。显而易见，这种研究成果需要引入课堂。从那时起，我就一直寻找方法使之成为现实。我首先是一名一线中学教师，我热爱教学，十分关注教育。讲授幸福教育，对我个人而言是教育价值和哲学的激活和深化：现在我更加深刻地理解了所做的一切。但我不是孤军奋战。我教授幸福课程的同事也深有同感。在我访问其他学校、参加会议时，谈到幸福教育，经常有反馈认为以幸福为基础的教育哲学与同事们踏上教室讲台的初心是一致的：为了献身于人类幸福。在我看来，以幸福为首要目标的教育哲学将会深刻地改变学校的发展方向，并终止有关教育目的的争论。

第一部分

教育中快乐和幸福的基础

第一章　教育中快乐和幸福的地位

章节预览

教育工具论
教育幸福论
幸福论：下楼梯的另一种方法
美德的获取
幸福论作为学校的统一语言
哪些美德？
通往健康、快乐和幸福的其他途径
教育中的关怀

简　介

在A. A. 米尔恩（A. A. Milne）的《小熊维尼和蜜蜂》（*Winnie the Pooh and Some Bees*）一书中，我们认识了可怜的有点衰的小熊爱德华（Edward）。他被他的朋友克里斯托弗·罗宾（Christopher Robin）从楼梯上拽了下来，头着地。当他从楼梯上滚落的时候，他陷入了沉思。他在想，是否有其他的方式下楼梯呢？要是他能够让滚落暂停一会儿并且有时间想一想这个问题就好了。然后他觉得或许没有吧。对于一头小熊来说，这是个多么沮丧的境况啊。[1]

倒霉的小熊爱德华，这是个多么无助的困境！一个如此令人抓耳挠腮的问题，想找到解决的办法却无能为力，不是因为麻木或者恶意，而是因为无知。要是克里斯托弗知道小熊爱德华的能力极限那就好了，这将会为他俩带来快乐（这对他们两个都有好处），或者每当他自己下楼梯时能够意识到他的行为给小熊带来了多大的伤害，那该多好啊！

很多人在从事教学，尤其是中学教育的时候，会有类似小熊爱德华的感受：事件的当前状态不太理想，而且确实存在理解教育规定的不同方式。因此，我觉得，很多老师会有这样一种感觉：教育本可以是不一样的，教育是可以有不同形态的。还有一种很明显的感觉："克里斯托弗·罗宾效应"使得他们在探索这些可能性的时候受到了阻碍，在当代教育中的无情压力，使我们很难停下来深入地、与众不同地思考我们正在做的事情。

这本书是对以上困惑的一个直接回应，它有两个主要目的。第一，延伸上述的隐喻就是给可怜的小熊爱德华些许希望。我想描绘出一个愿景，即教育的目标是什么。这样的话小熊爱德华就会相信，确实存在着另一种下楼梯的方式。第二，只要我们能给爱德华一些办法不让他撞到头，就是在告诉他，他可以用怎样的方式下楼梯。换而言之，既然我们为教育定义了一个明确的目的，那么我将会试着给出一些关于实施的清晰、明确的方法。

教育工具论

> 我们应该把这个悲哀的、愚昧的观点（学校教育主要是为了在考试中取得成功）抛弃在 20 世纪。在那种观念下，学校致力于追求不断进步，变得更好，越来越高效——但是在这样的体制中，人们忘记了它的初衷到底是什么……学校教育应该是为了赋予人们获得幸福满足的人生的能力。[2]
>
> 约翰·怀特（John White）

查尔斯·狄更斯（Charles Dickens）在他的小说《艰难时世》（*Hard Times*）中提出了最伟大的反乌托邦教育观点。其中的托马斯·格拉德格林（Thomas Gradgrind）这一角色，提出了一种冷酷而毫无希望的教育观，即教育的本质在于它最简单，也最容易重复。学习只不过是对知识的死记硬背和生搬硬套，用狄更斯的话来说，就像是“把大海还原成一滴滴的水”。格拉德格林的教育观显然是站不住脚的。他认为学习本身没有什么更深层次的意义或目的，教育也不能贡献什么好处，他仅把孩子们看作“等待被知识填满的小水桶”。格拉德格林派学者毫不关心人际关系、成功以及满足感，并且认为人类世界的充实、神秘、庄严、奇妙没什么用途，既不考虑这些知识在更大背景下存在的意义，也不思考他们是通过哪些相关的教学过程来学习的。至于教育有可能会延伸到考试和精确的事情以外，比如德育，这样的观念就被有意无意地忽略了，对他们而言，唯一的理念就是能够用得上的知识就是需要被学习的，别无其他。

鉴于格拉德格林一家的悲剧人生以及比策（Bitzer）这类人的麻木不仁，狄更斯指出，在学校教育计划与对人生的深度思考之间几乎没有分界。他告诫我们，工厂式学校生产出来的毕业生是不完整的人，如果我们把教育简化为只具备机械式的功能，也就是工具性，那么就会把教育能够带来的自由和促进自我实现的力量置于毁灭的危险境地之中。

哲学家查尔斯·泰勒（Charles Taylor）在《本真性伦理》（*The Ethics of Authenticity*）一书中提到，狄更斯所反对的教育工具主义是对当代西方教育的一个巨大挑战。他认为，过分地强调其工具性，人生会因此变得狭窄、平庸：

> “工具主义”指的是我们为完成一个既定的目标而精心计算最经济的方法并采取一系列的行动。最高效的、最佳的投入产出比，是它衡量成功与否的标准……此外，工具主义不仅扩大了甚至占据了我们的生活——这是普遍存在的一种焦虑。更可怕的是，本该由其他标准决定的一些事情将会由效率或是“成本收益”分析法来决定，还有就是，本应引导我们生活的一些独立的目标将会因为产出最大化的要求而坍塌。[3]

这一态度在玛莎·努斯鲍姆（Martha Nussbaum）2011年的《创造能力》（*Creating Capability*）一书中得到了回应：

> 长期以来，经济学家、决策者和官僚对世界上贫穷国家的问题进行

> 了研究，并告诉人们一个歪曲人类经验的故事。他们的主导模式武断地认为，只有当一个国家的人均国内生产总值增加时，人民的生活质量才会逐步改善。这一粗略的衡量标准为那些有着令人震惊的不平等现象的国家造就了很高的排名，而这些国家中有很大一部分人没有享受到一个国家整体经济改善的成果。这种排名鼓励他们只为经济增长而努力，却不去关注贫困居民的生活水平，也不解决诸如健康和教育之类的问题，而这些问题显然不会随着经济增长而得到解决。[4]

以上两段节选中讲到的提高效率与生产力的过程本质上都没有错误。然而，如果我们将这种过程视为目标本身——看成内在的善——而忽视了查尔斯·泰勒所说的“能够引导我们生活的独立的目标”，问题就出现了。只有在能促使更高的善出现时，提高生产力或效率才有价值。举个例子，在15世纪，美第奇(Medici)家族从高生产力、高效率的商业活动中获取财富，用以支持人文与艺术，从而使得佛罗伦萨的文艺复兴运动蓬勃发展。财富造就了更高的善，它本身并非终极目标，而是伟大文艺作品产生的渠道，是“引导我们生活的独立的目标”呈现在现实生活中的一个例证。可以说，工具主义最糟糕的部分就在于它促使人类被非人类的目标所奴役。关于这一问题的经典例子就是暴虐资本家掌控的血汗工厂，他们将生产力和利润凌驾于人之上，越过了人类个体应有的尊严、价值和权利底线。

由此我们可以看出“手段与目的”的困惑在教育领域的折射。近几十年间，工具主义已经在此领域逐渐蔓延。以提高学校教育水平为目标是值得称赞的，因为它使得政策制定者、督学团和学校领导层重视考试成绩和排名，并以此来衡量一所学校的成功与否。这种衡量标准已经取得了显著的进展——尤其是在英国学校。这种进展不仅体现在年轻人毕业后更优秀，并因此能够获得进一步的培训和机会上，并且还体现在专业教学水平上。排名表已经成为判断学校优劣的一种强有力的工具。这一工具可以用来提供学校正在做什么以及如何改进的证据。[5]然而，这样一来，我们就处在一个用工具来衡量教育质量的荒谬局面之中。这一工具，也就是手段，几乎变成了不合理的教育目的本身。正如努斯鲍姆所描述的GDP(国内生产总值)一样，考试成绩虽然变好了，但是教育对更伟大的人性之善的贡献日益减少。当我们过分依赖某种手段时，我们会忽略正确的目的，而手段本身就成了目的。在我们成为教师的那一刻就有可能犯下这个错误。如今的教师入职培训很少提到我们要通过教育来获得人性之善，反而总是强调那些能够最大限度提高学生成绩的可重复的、可观察的、可量化的技能或技术。用彼得·阿布兹(Peter Abbs)的话来说就是："从柏拉图(Plato)变成了特斯科(Tesco)。"[6]

由于缺乏更科学的理论指导，目的驱动法在学校产生了一些不良后果。年轻人面临着无处不在的压力，他们要努力去获取成功，但他们通常并不知道这些所谓的成功对人性之善有何帮助。再加上微观管理和成本收益的说辞，一些孩子开始相信他们的价值是由他们能为学校做些什么来决定的，于是他们不停地为之努力，而这样的心理压力使得某些学生难以承受。[7] 在2014年《英国医学杂志》(*British Medical Journal*)的一篇评论中，克里斯·博内尔(Chris Bonell)教授强调了这一点：

> 有些学校不仅忽视孩子们的健康，而且会危害孩子们的健康。纵观该领域内所有的有效研究，皆表明在那些一味注重学术成绩的教育体制，如英美国家的教育体制之下，一些学校关注的往往是更加优秀的学生，而不是努力提高普通学生的能力。大多数学生都受到这样的对待，特别是那些出身不占优势甚至辍学的孩子，因此他们转而加入"反学校"的团体，并且会沾染抽烟、吸毒、暴力等恶习。更有甚者，研究表明，学校体制中普遍的"应试教育"狭隘地注重分数，会极大地伤害孩子们的心理健康。[8]

正如博内尔所说，成绩压力致使某些教育领导人踏入了忽视和排挤学生的歧途。在考试中排除某些学生以防止他们影响学校排名的传闻并不罕见，唯恐学生入校后不尽如人意的成绩会影响学校品牌与市场形象，因而在招生的时候将其打入另册的事情也并非杜撰。不管在哪所学校，这都是道德的沦丧：利用学生，将其视为完成自己目的的工具，如此行径完全违背了康德(Kant)所说的最基本的道德准则，即以绝对的尊严和有价值的人格目的来看待人类。我们要对如此破坏学生权利的行为提出质问，不仅是为了让他们不再被利用，还要在完全摆脱学校想要取得优异成绩的欲望驱动下，确定并追求学生自己的教育目标。

学校教育经费市场化使得这一情况变得复杂。在英国，学校经费是根据在册学生人数的多少而决定的。英国的父母们对他们所申请的学校进行选择，就像市场上的消费者行使选择权一样。学校被“激励”着通过提高其教学表现，变得更有吸引力，来增加他们的资金，反之，学校就会面临萎缩和倒闭，而这一表现几乎完全是由考试成绩来衡量的。现在，考试的范围仍是相对狭隘的“传统学术”科目，如数学、科学、英语、人类学和语言学。[9]评论家们预言，资金和资源集中在这些课程领域，是对创造性艺术、音乐和戏剧的损害，而这些学科也就是努斯鲍姆在其著作《告别功利》（*Not for Profit*）中所认为的“没有利益”的学科，实际上这些学科恰恰是全人教育必不可少的一部分。全人教育是产生繁荣和培养良好公民必不可少的条件。[10]此外就是人口学的影响，成绩好的学校吸引了家庭入驻他们的附近地区，这导致房价的上涨，使贫困家庭更难搬迁至好学校附近。类似市场调节的激励措施迫使我们必须在广泛的课程教育和吸引优质生源方面进行竞争。事实上，教育不是我们必须要竞争的资源，它是人类的基本权利。教育观念的扭曲导致我们把结果当成固有的商品，把孩子变成生产者，把学校当成市场，要么像亚马逊（Amazon）一样繁荣，要么像沃尔沃斯（Woolworth）一样失败，而这正是狄更斯警告过我们的反人类教育（dehumanising）。

教育幸福论

用泰勒的话来说，很多事情的评判标准不一，教育之事应属其中之一。目前，我们的教育经费是由社会劳动效率和考试成绩输出最大化决定的，我们不再接受“教育应该无缝融入我们对人类生活整体的设想中”的观念，而教育目的本应该是与我们美好生活的愿景相辅相成的。如果我们假定人生的目的就是幸福（我认为这是一个或多或少无争议的假设），那么我们可以得出的结论是：教育目的应与其一致。因此，这就要求我们必须清楚了解我们所谓的幸福是什么。批评家们对选择幸福作为教育目的的观点持怀疑态度，因为对他们来说，这意味着学校应该专注于让孩子感觉良好的一切。他们反对的理由也不无道理,因为值得学习的东西是有难度的,任何过多地专注于快乐情绪和自尊的体系都必然使孩子回避困难或者与困难相关的痛苦情绪,并最终失去所有从奋斗挣扎中获得的成长机会。这种担心还因为,20世纪见证了自恋和自我沉迷的冉冉升起,把幸福作为教育目的会使得年轻人更加自私地注重个人感受,而不是从沉浸于学习一门具有挑战性的学科中获得的自由。[11]

我赞同以上反对意见。然而,它将特定的幸福理解为享乐,这种观点认为幸福只存在于快乐感大于痛苦感时。克里斯蒂安·克里斯蒂安松认为主要有三个反对幸福享乐观的理由。[12]

第一个反对理由是,我们不仅体验快乐,我们还要评价快乐,这就是我们与动物的区别。克里斯蒂安·克里斯蒂安松援引了希瑟拉·博克(Sissela Bok)论罗伯特·诺齐克(Robert Nozick)著名的"缸中之脑"(Experience Machine)思想试验。在试验中,诺齐克提出的问题是:我们是否愿意牺牲正常生活模式一辈子漂浮在水槽里,而在水槽里我们的大脑连接一台可以提供快乐生活感受的机器?我们真的愿意这样吗?

> 诺齐克对自己的设问坚定地说"不"。他认为,不论感受有多快乐,对人类来说最重要的是人生经历。原因之一,我们想真正地去做一件事,而不是说服自己相信正在做一件事。之二,我们想要特定的一种方式,成为特定的一类人,而不是漂浮在水槽中的一片浮萍。[13]

诺齐克提到的第二个反对理由是,人们能很快适应快乐:"快乐水车"(Hedonic Treadmill)这一理论将在第八章予以深入探讨。此外,第三个反对理由是,不管是肤浅的、堕落的,还是令人沉迷上瘾的快乐方式,都是幸福的源泉:通过无道德底线的方式获得这类"快乐至上"的幸福感,而这种幸福感是任何学校都无法给予的。

基于享乐观的教育会导致对幸福定义的误解,不仅因为上述三个反对理由,还因为它会产生这样一种印象:幸福是一种被动的、转瞬即逝的结束状态,它只发生在某些条件得到满足时(如考试成功)。因此,幸福总超出我们的掌控范围,就像仓鼠在车轮里奔跑一样,不断努力去到达我们从未企及的地方。我们反对采用享乐主义幸福观作为我们教育目的的想法没错,但这并不意味着我们要放弃追求寓教于乐的教育理念。

幸福论:下楼梯的另一种方法

看待幸福还有另一种方式,它可以克服享乐主义所带来的问题。这就是所谓的幸福论,而它的历史渊源可从现代的提倡者,如朱莉娅·安纳斯(Julia Annas)、玛莎·努斯鲍姆和克里斯蒂安·克里斯蒂安松,追溯到根源于亚里士多德(Aristotel)的《尼各马可伦理学》(*Nicomachean Ethics*)。在《理智的德性》(*Intelligent Virtue*)一书中,朱莉娅·安纳斯阐释了幸福论是将快乐或者幸福当成一种更有价值的状态而不是一种浅显的愉悦体验。在幸福论中,幸福是一种活动,幸福是生活得好,而不是我们由于生活得好而体会到的一种状态。为了阐明此概念,安纳斯在生活环境和人的生活之间做出了极其重要的区分。对许多人来说,当我们的欲望得到满足时,例如我们有足够的钱、心仪的车、健康的体魄、体面的工作,以及满意的考试结果时,我们就能体会到幸福。对于安纳斯来说,这些都是一个生活的环境,她认为在这些地方寻找幸福是不可取的:

> 幸福不在于你所拥有的东西,也不管你是多么美丽、健康、强大和富有。幸福的生活不在于你仅拥有这些东西。毕竟,很多拥有这些东西的人都不能快乐地生活。幸福的生活其实是你能处理好你所拥有的这些东西,并且当疾病、贫穷和地位的下降落在你身上时,你还要应对这些不好的状况。在这种思维方式下,对幸福的解释可以告诉我们如何过好自己的生活,而不是让我们保持或改变我们生活的环境。[14]

幸福论认为快乐存在于我们的生活之中。它是一种使我们用理性的智慧和良好的判断来正确行事并追求善行的持续性活动。从某种程度上来讲,幸福论与产生它的活动密不可分,但它并非被动的结果,相反,它是一个过程,克里斯蒂安·克里斯蒂安松指出:"幸福论不是一个单纯的状态(如健康或富有),而是一种持续的理性美德活动。"[15]我以类似的方式理解幸福,即幸福包括从事那些能使生活过得好的活动，正因为如此，我认为“快乐”和“幸福”这两个词可以互换。在2008年，英国政府科学办公室发布了《心智资本与幸福前瞻性计划项目报告》(Foresight Report into Capital and well-being)，幸福被定义如下：

> (幸福)是一种充满活力的状态，个体能够发展他们的潜能，富有成效地工作，与他人建立积极而深刻的人际关系，并为社区做贡献。个体实现个人和社会的目标，达成使命感，幸福感油然而生。[16]

这个定义与亚里士多德对于幸福的理解大体上是相似的。“人的一生中，幸福包括思想和人格特质的完善以及其他特定的人类体力和智力潜能的实现。”[17]幸福论者认为，幸福让我们展望生活，投身于提升个人幸福和他人幸福的活动，从而不断发展潜能。

幸福论是以美德的实现为基础的，我们停下来思忖美德的含义是极其重要的，因为它对本书接下来内容的作用是不言自明的。“美德”这个词继承了一个不幸的包袱，常常被当成“虔诚”或“贞操”(尽管这些可能被认为是广义的美德)。这是一个我们羞于使用的词，当然也是一个常常在当下教育话语中缺席的词。然而，当我们了解了美德的真正含义就可以明白这种缺席是一个错误。美德无处不在，我们在无意中经常用到它。当我选择在雨天跑步时，我在使用美德；当一个青少年选择家庭作业而不是“脸书”时，他在使用美德；当我妈妈用插枝来嫁接植物时，她在使用美德；当我的同事选择原谅那个晚交作业的学生时，他在使用美德。美德是在任何特定情况下都能使自己感觉和表现良好的能力。再次引用安纳斯的话，美德是：

> 一个人的持久特性。是决定他成为哪种人的一种脾性。然而，它也不仅仅只是一个坐在那里不受干扰的持久的特性。它是活跃的，拥有它意味着以某些特定的方式来做事。它是通过对环境的选择性反应来发展的。[18]

美德要在一生中学习和获得，并通过深思熟虑的实践和教育而发展。

我们的美德塑造我们的性格，这两者在我们一生中携手并行：

> 美德不是一次性成就的，而是我们性格的一种精神气质，随着新的挑战出现而不断发展，并扩大了它所涉及的理解……当我们发展美德时，我们对相应美德的理解也在发展。[19]

美德，或某种特定的性情，更像是一种技能。[20]这一技能出现的部分原因在于我们据此能够推理出人类的哪些活动最能促成好的结局——亚里士多德将之称为实践智慧（phronesis）或实用经验，即着重于竞争性需求，确立有益的行为方式。但是，道德不仅仅是推理和逻辑的问题，它也包括情感上的娴熟。对亚里士多德来说，美德的标志是我们对自己所面对的情况做出反应的方式。经过实践，我们就有能力在正确的时间，以正确的理由，对正确的人，用正确的动机和正确的方式来行事。[21]因此，理智和情感是生活良好的基础，而幸福论者的美德观构成了或者部分构成了我们作为人类的幸福。[22]还有人指责，过度强调教育中的快乐会产生自私的、个人主义的自恋者。幸福论者对此做出了回应。在幸福论者的美德传统里，幸福对于建立关系和社区是不可或缺的，正如阿拉斯泰尔·麦金泰尔（Alastair Maclntyre）的解释：

> 美德教育教会我的是，无论是我自己，还是我所生存的人类集体中的他人，善意是相通的。不会因为我在追求我的善而影响了你去追求你的善。因为它既不是专属于我的也不是专属于你的——善意不是私人财产。[23]

美德有不同的领域。在2013年的学校品德教育规划中，伯明翰大学的“人格与美德银禧中心”概述了四个可以发展美德的领域。[24]“道德美德”是我们最熟悉的领域，是根据合理的道德推理，是与识别、选择和做好事相关的美德家族。“公民美德”是与良好社区生活相关的美德家族。“行为美德”与行为技能和心理能力有关——尽管它们既可以用于好的又可以用于坏的目的，它使我们能够把我们的性格习惯付诸实践，而所谓的认知技能，包括创造力和韧性。第四个领域是我们在从事知识或技术任务时所吸取的“智慧美德”，通常由专家或导师传授给我们。

美德的获取

如果学校和教师都承认教育的目标是发展美德，那么让他们了解美德习得与发展的途径显然至关重要。朱莉娅·安纳斯将美德习得与学习其他繁复技能（如钢琴、建筑）相提并论。[25]在她看来，美德的习得有两大动力：学习的需要和渴望的驱动。要获得一项技能，我们必须实践、练习，并且拥有一些能够提供帮助的同伴。我们总在根据新的实践不断磨炼技能，这个过程的每一刻都需要渴望的驱动。所谓渴望，既包括对技能掌握更熟练的渴望，也包括让技能完全属于自己（变得完全自我导向）的渴望。对安纳斯而言，难点在于以下两个方面：一是要超越对老师行为的简单模仿，二是要表达清楚自己的技能（能够理解每个人行为模式各不相同的原因，能够解释自己做事的理由）。渴望的驱动，重点在于我们自己的力量和自主性。在追寻美德的时候，我们将自己视为学习者，在对外界环境有一定层次了解的基础上，不断努力提高应对形势的能力，这能让我们感觉自己是独立自主的个体，能够驾驭自己的人生。源自渴望的驱动也要求我们理解，美德的习得是延续一生的长期过程，而非随着义务教育结束就画上了句号。

“银禧中心”提供了一份关于美德和人格培养的网络资料，帮助儿童思考如何获得美德，其总共分为五个步骤：[26]

1. 注意。学着去了解不同情况需要的不同美德。例如，辨别他人的具体需求，才能真正施以援手。

2. 暂停。停顿片刻，仔细思考：眼下的情况需要我们做什么？以什么样的方式实施善举能达到最佳效果？

3. 观察。观察自己和他人当下的情绪状态，开始思考我们的情绪反应是不是恰当。举个例子，在路见不平之时，请记得扪心自问：我是否过度愤怒？是否应该将暴怒调整为更有正义感、更可控的愤慨？

4. 聆听。学会解释自己行动的理由，同时，如果别人给出了更好的建议，学会聆听，接受意见，调整行为模式。

5. 毛毛虫。认真思考：我想要成为什么样的人？为此，我应该如何塑造自己的性格？埃里克·卡尔（Eric Carle）的绘本《饥饿的毛毛虫》（*The Hungry Caterpillar*）是个很好的例子。在这本书里，毛毛虫对吃掉的每一样食物的记忆都会保存在身体里，在它化茧成蝶之后，这些食物的颜色会忠实地反映在蝴蝶翅膀上。

最重要的是让孩子意识到自己是一个理性的、自主的个体，并在成长过程中不断扩展自己对于感受、思考、行为的理解。不应沉迷于短暂而简单的欲望，也不应盲目地随波逐流。将生命视为不断学习、追求从而获得美德的过程，我们得以重新确认人类的本质就是学习者，对美好生活的向往永无止境。

幸福论作为学校的统一语言

幸福主义告诉我们，幸福的生活包括通过弘扬美德学会好好生活，但不能过度夸大幸福主义在学校教育工作中的重要性。除了通过培养良好道德品质、驯化公民之身、规范行为表现和开发智力美德将孩子们培养成才，学校还能做什么呢？我们这个时代因为对成绩的执着而没有做到这点，尽管通过考试的训练可以实现美德，但学校有更多机会以德治学，而不是学徒制治学。这些将会在第二章加以探讨。

狄更斯小说里对格拉德格林教育体制的讽刺非常令人震撼，因为当时社会没有正确的教育哲学观念。无法解释如何辨善行，因为没有设立标准。幸福主义指出，格拉德格林教育体制和现代教育元素缺乏的是团结学校乃至各方力量，使用一体化语言，朝善行方向育人。当学校过度占用学生时间或者有限资源时会发生“领辖权争端”（territorial disputes）的情况可以很好地驳斥上述观点。比如，假设一所学校决定在公共考试季前举办大规模的戏剧表演活动，导演要求学生投入大量时间排练，而老师迫切希望学生复习和准备考试。体育教练或许想要球员在赛场上训练，却发现他们没有时间训练球员。压力！压力加剧时，每项活动都是由绩效目标驱动的。导演是在压力下筹划近乎专业的表演，体育教练期待获得胜利，而教师或者一线管理人员期望达到令人满意的考核成绩。在这种情况下的行为表现需求是不协调的，因为可用于生产它们的资源（即人和时间）是有限的，并且我们被迫疲于应对。不仅是有限资源会引起紧张冲突，当我们为了提高标准而互相指责时，常常也会根据他们的行为表现进行排序，我们迫使他们进入一场自我争斗中，强烈的羞耻感和骄傲感互相拉扯。

这个例子说明了缺乏统一的语言（即教育哲学观念）或在教学中使用统一的语言，都是一派胡言。注重绩效的语言理论上是统一的，因为所有人都渴望获得成功，都要享受胜利的果实。但实际中，它是分离的，因为它通过一系列竞争方式让处在统一教育共同体下的人互相攻击。安纳斯描绘了三个幸福主义特征，似乎解决了在教育共同体中统一语言的问题，即结构化地思考人生、嵌套的目标（nested goals）以及目标趋同。

学生和教师之间发生的许多事情都涉及一方要求另一方以特定的方式行事。通常的情况是，教师要求学生积极参与能够使他们进入高等学府的教育活动并获取资格认证书。如果我们不加鉴别地这样做，比如只是机械地让学生学习却不思考为什么学，那么我们采取的就是安纳斯所谓的线性方法。另一方面，如果我们停下来反思作为教育者的意图，也请学生反思他们作为学习者的意图，并问自己为什么要这样做，那么我们采取的就是她所谓的结构化方法。

一旦我们采取这种结构化思维方法，并重新审视为什么要做我们在做的事情，我们就能确定目标。安纳斯解释说，我们的目标有一个特殊的性质：它们相互嵌套，就像一组表格彼此适合。我为什么要教哲学系学生相关的身心问题？因为这会使他们成为更好的哲学家。当然这个问题也是考试的一部分。为什么我要学生达到这两个学习效果呢？因为哲学帮助我们理解人类的存在，而通过考试可以打开更多机会之门。为什么我想达到这两个学习效果呢？因为我希望我的学生在这些问题引导下，能够实现理想，蓬勃发展，最终获得幸福人生。安纳斯表明，在检查了自己的目标后，她意识到目标是嵌套的——它们相互配合，并且一致朝向某些共同的目标或宗旨，即使这个目标不是在每一刻都那么明显。正如她所说的：

> 这种思维是统一所有目标,因为它们都是我的目标,我需要统筹协调来实现目标,因为我的人生只有一次。实现目标不是抽象地思考目标类型以及如何让目标相互匹配,而是思考我怎样在有限的生命中实现这些目标,思考我的人生以及它何去何从。这是实事求是的思考,思考我的人生以及我应该如何构建它。因此,我每天的思考方式是,自己做一件事是要为下一件事做铺垫,我会以一种结构化的方式思考我的整个人生。[27]

幸福主义为学校提供了统一的语言,因为它清楚地表明,它是为实现德育教育而存在的。在社会中,个人目标和组织目标之间会存在巨大差异,但它们可以共同为实现幸福主义宗旨而相互嵌套、团结协作。我们对教育的憧憬常常因关注成果而受压制,我们对行为表现结果的痴迷,可能会让我们彼此分裂对抗。创建学习型社会要有共同的德育目标、个人性格特点及蓬勃发展的愿望,过度关注行为结果会被其吞噬,高度关注成为更好的人并有所改变才能创造卓越人才。不仅如此,我们教育者的工作要更深入地融入学生的生活:我们不再只是某个学科的老师,而是用我们的学科知识帮助他们过上更好的生活。我对幸福主义可以终结因争夺学校有限资源而产生的竞争局面的观点没那么理想化,但幸福主义确实为我们提供了一个框架,可以通过灌输共同成就目标的理念而调和这些矛盾。

哪些美德?

如果我们承认教育的目的是习得各个领域的美德,那么,如果有人能建构一张学校可以照单实施的美德清单,甚至建立一套可以量化美德分数的框架标准,似乎是种很吸引人的做法。但我可不这样认为!我可以提出一大堆反对的理由。第一,从本质上来讲,任何美德清单都具有排他性。在类似学校一样的社群里,如果某项美德被排除在清单之外,可能会使一部分人感觉自己被排挤于群体之外——因为这项被排除的美德可能正是他们珍视的优点,是他们自我认同中不可或缺的一部分。第二,在创建美德清单的过程中,人们很可能会在无关紧要的事情上反复纠缠。例如,清单里到底应该有多少项美德？这些美德应该如何定义？不同的美德要如何区分开来？哪一项美德最能够代表这一制度的特点？这些问题都值得再三争论。陷入无穷无尽的争执之后，我们可能会忘记，其实每一项美德都很重要，都有益于人类的生活。第三，设计并创建一张放诸四海皆准的美德清单是不现实的。正如阿拉斯泰尔·麦金泰尔[28]与朱莉娅·安纳斯所言，不同的社会、不同的文化、不同的历史造就了不同的生活环境。考虑到人类经验的差异，最重要的不是为每项美德划定整齐划一的标准，而是拥有一种实用的智慧与判断力(可称为实践智慧)，用以保障在任何情况下都知道应该使用哪项美德，以及如何运用美德。正如安纳斯所说：

> 世界上没有一种绝对的、放诸四海皆准的美德展现方式，也没有一种理想的美德组合(例如勇气或耐心)能够恰到好处地适用于每一个人。美德不能预先订制，没有普适性的标准，但实践智慧能够帮助我们因地制宜。每个人都需要完成不同的任务，整合不同的美德，从而应对不同的环境，让自己生活得更好。[29]

我们不应该照着美德清单给完成了的任务打钩，更不应该给美德学习和实践的程度打分。应该以学校素质教育为框架，通过实践智慧的引导，促使年轻人在应对形形色色挑战的过程中，逐步习得美德。每个人、每个群体的生命经历都如潮水一般汹涌来去，美德的核心框架也会随之转变、更替。

一起将这些变幻的线索画出来吧！完善论的幸福观认为幸福感的获得并非因为达到某种特定的生活条件，而是源自获得某种让生活变得更好的技能，换而言之，就是习得美德。因此，基于完善论幸福观的观点认为，教育是一种通过对美德的教学和实践，最终让人产生幸福感的方法。根据这一观点，学校和教师关注的问题应是如何帮助学生在以下四个领域习得和发展美德：道德美德、公民美德、行为美德和智慧美德。不仅如此，如果我们同意安纳斯提到的完善论幸福观，并且相信它能够成为教育发展的一个愿景，那么，所有的教育都应该包含对于生命结构化(即反射式)的思考，这种嵌套目标最终将教育导向统一的视角：在教育体系内，我们做的每一件事都应该导向美德习得与人格发展，只有这样，才能最大限度地收获幸福、充实和丰富的人生。

通往健康、快乐和幸福的其他途径

约翰·怀特（John White）在2011年的《探索学校幸福》（*Exploring Well-being in Schools*）一书中给予了教育幸福论更多的支持。正如我们在上述引文中看到的，怀特明确表示，学校应该不只是为了获得考试成绩和资格。怀特澄清了他的立场，即幸福应该是教育的目的。他后来做了如下定义：

> 幸福教育是希望孩子们能够拥有一个主动的、全心全意的、积极参与有意义的活动和关系的人生。[30]

对于怀特来说，以健康幸福的视角来审视学校，迫使我们扩大和重新调整我们的教育愿景。他辩称，我们已经犯下的错误——尤其是在中学教育中——是从那些我们要求学生掌握的科目开始的，而后把教育的目的以及我们希望孩子们获得的个性和能力转嫁给他们，由此产生了不可避免的后果，即这些学科占据了最主要的位置，而目的、个性则变得模糊。与之相反，怀特建议，我们应该为学校确立明确的目标——在他看来就是幸福，然后找出有利于幸福达成的性格特点，并以此为支撑来设置课程。这里的“性格”和“个人特质”，我认为怀特指的是美德和品格，由此可见：

> 我们首先应该感到惊恐的不是孩子变得精通法语，或者知道物质的原子结构，又或者能够解决代数方程。这些事情在他的教育中也许重要也许不重要，但如果是重要的，那么它们将在其他地方再次出现。真正的出发点是，他应该具备蓬勃向上的生活所需的积极品质。我们不想让他在代数和拉丁语上取得成绩的同时，还依然感到极度焦虑，愤世嫉俗，或者成为一个迫害狂。让我们先说重要的。[31]

怀特并不是主张要废除这些学科——尽管他的观点确实要求重新考虑如何教授这些学科，他也不建议删减学科内容和知识。他认为，教育作为一项幸福的权利要求我们以一种瞬间可以完全理解它们的方式重新排列我们的优先事项。在教授一门学术学科时，我当然希望我的学生获得与掌握与它有关的知识美德，我希望他们能做得足够好，以获得下一轮的机会，但这些技能和成功只能把他们领到这个地步。如果我的学生也像比策或格拉德格林教育体系中的孩子一样，虽能够熟练掌握课程技能，但缺乏道德、公德和行动力，最终也活得不赖，那么这将是一个悲剧。幸福论要求学校不仅要帮助学生通过考试，还要把他们对生活的关注扩展到不同的美德领域，而不履行这项职责就没办法把学生教好。

当然，这一立场的反对观点是，如果学校只能获得学术课程设置的权利，那么我们就能让学生通过发现学习的乐趣而变得快乐。在《学校的意义是什么？》(*What is the Point of School?*)一书中，盖伊·克拉克斯顿(Guy Claxton)认为，如果学校能够更好地帮助孩子学习，并且让他们第一时间参与学习的过程，那么教育就会让孩子们更快乐：

> 我们最好把幸福看成做了一些有挑战性和有价值的事情的副产品。幸福是一种骄傲、满足和价值感的混合物，它产生于我们努力去实现我们所关心的事情之时。换而言之，幸福是做有意义之事结出的果实。在我看来，年轻人的生活中太多的压力和不幸源自他们不知道如何学习，也没有什么是他们想学习的这一事实。如果我们能帮助他们发现他们最热切希望得到的东西，并培养他们追求这些激情的信心和能力，那么我认为，他们将获得更多的快乐，同时承受更少的压力。[32]

就目前而言，克拉克斯顿认为，当前的，尤其是英国的教育政策，使许多辍学的学生对考试和积累资格感到紧张和焦虑。对他来说，现代教育并没有把孩子与学习的基本乐趣结合在一起，也错失了让校园时光帮助他成为"认知学徒"的机会——孩子们本该在那里变成真正的学习者。约翰·霍尔特(John Holt)在《孩子如何失败》(*How Children Fail*)一书中也提到了这一点：

> 我们天生就是问问题、回答、解决问题的动物,我们在这方面非常擅长,尤其是在小的时候。但是在某些情况下,在任何地方的任何学校里,在几乎所有的时间里,我们似乎不再使用我们最强大的智慧力量,甚至不再相信我们拥有它。[33]

克拉克斯顿认为,很多时候,孩子们花费了大量时间去了解学习,但并没有真正掌握学习的能力,而是在积累一种无效的学习语言。学校受到问责制的束缚,他们害怕孩子们去冒险或者探索真实的生活,以及其他有意义和富有挑战性的事情,除非是在老师的密切关注之下。学校要完成A到C不同等级的特定百分比目标。克拉克斯顿的解决方案是通过一种被称为"建立学习动力"或"学习体育馆"的方法让孩子们花时间训练他们的"学习肌肉",直到他们开始真正喜欢学习。在克拉克斯顿看来,在一个教育系统中,孩子处于主动积极的学习中心地位时他们才能获得更多快乐学习的体验。

然而,克拉克斯顿不提倡把教学课程的重点放在快乐和幸福感方面。在他看来,过去这一类的课程仅仅停留在表面,而如果那些常规课程是以合适的方式来进行的话,就不需要额外开设关于提升幸福感的课程了。这一观点与朱迪思·苏伊莎(Judith Suissa)在她的文章《学校里的幸福课——一门新的学科?》(Lessons from A New Science? On Teading Happiness in Schools)中的想法不谋而合。[34]正如你所料到的,在后面的文章里我将会提到,我不同意这个立场。我深信,克拉克斯顿所说的以合适方式进行的常规学术课程,无疑会给学生增加快乐和幸福感,但我认为这些课程将会通过直接和刻意的快乐教学来促进学习者内在美德的获得,简而言之,学习是为了生活得更好。正是由于这个原因,我把"教育为幸福"和"为幸福而教育"区分开来:前者代表了克拉克斯顿所持的观点,后者代表了另一种观点,我在本书的后面部分将会对这一观点进行更多探讨。

教育中的关怀

在将幸福作为教育的中心目标的同时,我们也表明了对关怀式语言的赞同态度。关怀是一种非批判的态度,可以向多个方面拓展:关怀自己、关怀他人、关怀环境，等等。关怀的基础是共情。所谓共情，就是一种能够感知他人感受、接受他人观点的能力，这对友谊和人际关系都很重要。在很大程度上，关怀伦理学表现为对伦理学走向狭隘化的一种回应，它提出伦理学不应只关注规则、责任，也不应只关注好的结果与功能的最大化。关怀伦理学的支持者认为，虽然考虑规则和结果可能对伦理学有用，但不能让这一学科走得更长远。伦理学应该以良好的人类关系与人类繁荣为核心关注点，换而言之，将关系的重要性置于规则或效用最大化之下，会毁掉整个伦理学的发展与前景。关怀伦理学的许多成果已经应用于医学领域，很多人认为，使这两个学科交叉的动力是病患关怀的急切需求。教育与教育系统也同样如此。如果我们投入太多精力去维护规则，寻求抽象的属人的善，就可能危及有意义学习赖以存在的环境，即学生与教师、学生与学生之间的良好关系。

另外，我们应该小心，不要将强调关怀与追求结果完全割裂开来，这是一种错误的二分法。结果仅仅是衡量卓越表现的一种手段，而过于关注结果可能会忽略真正导致卓越表现出现的因素：关怀、对卓越表现的关注，以及美德。如果我们致力于关怀他人，致力于追求我们希望拥有的卓越表现（例如数学、长笛、人际关系），我们就必须首先获得美德。只有美德才能让这些卓越表现成为可能。确定以下两个问题的答案非常重要：什么是首要的目标？为了达到这个目标，我们应该做些什么？美德的发展基于这样一个假设：作为教师，应该关怀自己的学生，重视他们不断成长的卓越表现。对学生来说，相应的假设是他们会接纳老师对自己、对学习、对各个方面的关怀。有了这样的基础，我们就可以尝试建立一些规则和目标，以服务于关怀的态度和美德的发展，而非单纯作为终极结果而存在。

马丁·海德格尔（Martin Heidegger）认为，要理解我们作为人类而存在的意义，关怀至关重要。以下是他《关于人道主义的书信》（*Letters on Humanism*）中的节选：

> 除了回归人类本质，难道“关怀”还能将我们带往其他方向？沉思与关怀就是人道主义，它们使得人能够成其为人，而不是某种反人性的东西。所谓“反人性”，就是在人的本质之外的事物。人类的人性是由

什么构成的呢？就是人类本质。[35]

海德格尔认为,关怀是一种关注“我的存在”里一切事物的方式,包括关注人际关系、计划、生活中熟悉的对象等,关怀能让人生活得更完满。他还强调了事物之间的相关性与联系性。如果你认为在“我”与“我之外的世界”之间存在一道鸿沟,那就错了。世界不是断裂的,也不是分散的,它被人类统一成一张有意义的网。古有亚里士多德,今有朱莉娅·安纳斯,他们在作品中也都提出了相似的论点,告诉我们,同情与共享是美好生活的核心。通过学习如何生活得更好,或是教导别人如何生活得更好,我们展示出海德格尔所言的丰富的关怀和关心,促使人类回归本质。

伊恩·麦吉克里斯特(Iain McGilchrist)在著作《主人和他的使者》(*The Master and His Emissary*)中讨论了海德格尔的关怀理念。这本书主要关注人类左右脑功能的差异,以及这种差异对西方文化历史的冲击。麦吉克里斯特认为,当代文化的一个重要问题是世界对左脑优势的偏重,这使得关怀更加难以走上人类生活舞台的中心,因为关怀是右脑的基本特征之一:

> 关于信仰,右脑的理解与左脑不同,因为二者对世界的态度不一样。从拥有准确知识的角度来讲,右脑什么都“不知道”。对右脑来说,信仰是一种关怀,它描述了一种召唤与回答之间的关系,最核心的概念是“责任”。因此,如果我说“我相信你”,这并不意味着我认为诸如此类的事情与你有关,也不意味着我肯定自己是对的。这意味着我基于某种关系而关心你,促使我必须用某种方式(行动及存在)表现出来,同时,也促使你用某种方式表达行动及存在……右脑具有独特的中间性特质:一种“回响的”“共振的”“有回应的”的关系,其中每一方都能被另一方改变,也可以被二者之间的关系改变。[36]

左右脑的差异对于教育的影响可能不那么明显,但是为了确定这一点,还是可以再看看麦吉克里斯特的说法:

> 我们可以认为,这首先会引起广阔图景的缺失,取而代之的是一种

> 更狭隘、焦点集中、广受限制，但更细节化的世界观，这可能会导致我们难以维持对世界整体性的概览。无论如何，广阔图景都会被忽略掉，因为它不是左脑所渴求的清晰而确定的现象……记忆和判断力曾经被视为人类成就的顶峰，但由于它们只能随着生活的脚步缓慢而悄然到来，因此必然会在追求可量化、可重复的过程中被逐渐抛弃……越来越多的真实世界里的真实工作会消失，取而代之的是记录或证明一个人正在或应该做某些事情的元过程。[37]

在将事物分解并捕捉其构成因素方面，左脑起到了重要作用，因为它存在一种解析和控制的倾向。这种能力在处理复杂的、无生命的物体或过程时极为重要，但缺乏人性——除非它被右脑重新整合和改造过。与此同时，左脑对人、关怀、相关性、隐喻、不确定性、情感、直觉与感受的理解也非常有限。基于实现论、重视关怀的教育可以帮助孩子们达到最主要的成就：促进美德高度发展，拥有丰富充实的生活。

在关于“灌输式教育”的描述里，保罗·弗莱雷（Paulo Freire）回应了这种观点。他描述了迂腐的教育体系里的“讲述症”，在这种教育里，学生只负责接收、归档和存储老师灌输而来的知识。弗莱雷对这种模式的描述与麦吉克里斯特的观点有很多相似之处。正如他所说：

> 灌输式的教育非常死板，是一种服务于被压迫者的教育学。基于机械的、静态的、自然主义的、空间化的意识观，它将学生转化为接受的客体，试图控制人们的思想和行为，抑制其创造力，从而引导他们改变自己、适应世界。[38]

弗莱雷的解决方式是发展提问式教育。提问式教育的核心特征是消解教师和学生之间无意义的分隔，通过对话建立起全新的师生关系。用麦吉克里斯特的话来说，“在这种关系里，每一方都能被另一方改变，也可以被二者之间的关系改变”。弗莱雷认为，教育应该由人道主义主导。只有当我们认识到所有参与教育的人都是不完整的、未完成的存在，是不完整的、未完成的现实世界的一部分，教育才能解放我们，帮助我们成为完整的人。

这种正在进行中的感觉将我们带回亚里士多德和幸福论的观点。美德的发展以我们自己不断进步作为基础,直到死亡的那一刻为止。同样,这也需要我们保持与他人的关系,这种关系能促进双方的美德发展。所有这些,尤其是所有存在的不确定性,要求我们存在于相互关怀的关系之中。正是这种关怀支撑着我们的人性。

结　论

在《泰晤士报教育增刊》(*Times Educational Supplement*)的一篇博客中,汤姆·贝内特(Tom Bennet)老师回忆了自己和一位友人的谈话,这位友人在谈话中表明了自己放弃教育事业的原因:

> "成绩责任制和数据,"他说道,"我当老师就是因为喜欢教小孩子,我觉得我们可以给他们最好的人生开端。他们都是我的孩子,在我的教室里,我应该帮助他们获得知识、明白道理,而现在他们已经不是孩子了。他们变成了单位。学校把每个考试群体视为一系列目标,看起来接近目标的一群被忽视,能够达到目标的一群备受关注,而那些可能达不到要求和C等级的……那些最需要我们的孩子……被抛弃。"[39]

贝内特随后评论道:"我向他保证,还有很多学校不会把孩子看成分布图上的散点,仍然相信教育的纯粹性,并且与应试教育做斗争。我只是不知道这样的学校有多少。"

在这一章里,我试图说服小熊爱德华:确实存在另一种改变现状的方式,一种对教育的思考方式,人文主义的东西,让我们能够从对成绩的一味苛求升华到更有意义的对生活的追求。有人可能会说,在这样做的过程中,我们已经创造了只注重结果的学校中的稻草人,因为在现实世界里,学校领导已经将结果成就和教育的整体愿景结合在一起。这可能是真的,但我建议我们警惕过度夸大市场作用的花招。学校可能确实在尽力培育完人,但我担心这往往只是一种表象,而在实践中,一切的学校活动都以获取知识为最高标准。

这种把戏也可能进而延伸成一种社会风气。学校没有忘记困难的教学任务带来的压力，很多学校都会采取一些福利措施来缓解这种教学压力。然而这样一来，尾大不掉，他们也陷入了混乱的手段和目的陷阱之中。这种方法向年轻人表明，成绩仍是终极目标，自我关注也只在其对成绩有利的范围内起作用。这是无稽之谈，而且不利于学生的长期健康发展，因为它推广了这样一种观念，即人类只关心所生产的东西，对于怎样好好生活却不在意。这同时也破坏了幸福的概念，向人暗示，过上美好的生活只有在压力下才显得重要，它并不是一个持续的过程。教育幸福论要求我们将教育视为追求幸福的手段，教育即是幸福：我们都非常明确地教育人们如何过好生活，所有的教育努力主要就是为了获得幸福和人类繁荣。

在我看来，教育幸福论和美德、性格与关心之语的恢复应该可以让小熊爱德华放心。如果注重结果，我们的注意力就会被狭隘地限制在学生们的产出上；如果关注幸福，我们的注意力将会被扩大到关心我们的学生和同事正变成什么样的人，以及他们的学习和其他方面取得的成绩又是如何影响他们的。我们将每个人都视为正在进行的工作，关注我们在他们美德和性格的四个不同领域——道德、公民、行为、智慧——所起的作用。幸福论也可能帮助解决学校里出现的分裂现象，成绩单引起了竞争，但实际上大家都是朝着一个方向努力。由此看来，幸福论有可能就是教育呼唤的统一语言。

第二章　幸福的空间

章节预览

作为幸福的教育：课程设置对幸福的贡献
“我的世界”：英国罗奇代尔马修·莫斯高中
国际文凭中学项目
教育中的关系
教学的情感技巧
羞耻和骄傲
正义的修复
教练式辅导
修复正义和集体辅导

简　介

让我们再次回到我们的朋友小熊爱德华的故事。你还记得第一章的开头，这个可怜的家伙被克里斯托弗·罗宾用手拽下楼梯，这可大大打击了他的自信心。他渴望找到另外一种下楼梯的方式，哪怕只有一线希望。我认为，从隐喻角度来讲，我们已经给了他这种希望。在教育领域，我们都是小熊爱德华，而幸福关怀的教育哲学可能正是我们在苦苦追寻的办法。然而，想要以另一种方式下楼梯，和真正实现这个愿望，可是截然不同的两回事。

在第一章，我提出我们应当关注幸福教育的两个方面：感受快乐的教育和追求教育的快乐。前者讨论整所学校实现幸福的途径，后者则是独立的幸福课程。本章通过两个密切联系的方面，着重讨论前者：首先，课程要如何安排才能达到提升学生品德的基本效果？其次，如何恰当地运用教学技能和教育关怀，促进教育中人际关系的发展？

课程安排和人际关系之间的联系紧密，这个认知是十分重要的。已故的克里斯·彼得森（Chris Peterson）是积极心理运动的创始人之一，他在《积极心理学初级读本》（*A Primer in Positive Psychology*）这本书中提出了赋能机构（enabling institution）的理念。彼得森的赋能机构，比其他机构更能带来良好的教学效果。这是因为该机构长期存在的某些道德特质可以促进人类幸福，他称这种特质为机构层面的品德。[1]重视机构的道德特质是至关重要的。工厂可以通过降低薪酬和减少工人的休息时间来增加利润、提高生产效率。但是这么做对人类幸福毫无益处，工人很可能因此受到伤害。同样，学校可以提供以追求成绩为目的的课程，使专业效率大大提高，但是如此做法会破坏人际关系，而且不利于学生能力的培养。

我六岁的女儿在一所小学读书。这是一所赋能机构，有助于提升她的自我效能感。学校精心设置的课程满足了她学习的需求和对成功的渴望，因此她十分渴望学习。但是这种对学习的渴望来源于学校的道德特质，并由此得到发展。她的老师对学生抱有很高的期望，这种期望因为学校的仁慈、正直、耐心和公平等机构品德变得更加有力量。我的女儿在这样的环境中探索学习，老师和同龄人相互支持的关系营造了浓厚的学习氛围。她现在很幸福。

因此，一所幸福的学校不仅要关注课程如何培养学生的品德，还要关注学习社群的道德和关系品质如何丰富学生的智力品质。

作为幸福的教育：课程设置对幸福的贡献

对盖伊·克拉克斯顿来说，提供设置巧妙的课程能开启年轻人的“认知学徒制”，有利于年轻人保持快乐。“认知学徒制”关乎某种学习力的发展，克拉克斯顿将其归纳为好奇心、勇气、调查研究能力、实验研究能力、想象力、推理能力、社交能力，还有反思能力。开发学习力的隐喻与朱莉娅·安纳斯的观点相似，其把品德当成需要训练、学习、理解、自律和不断提高的技能，而且大多数时候需要老师的指导。克拉克斯顿的学习力，与约翰·怀特的性格品质,还有亚里士多德的智力品质如出一辙。克拉克斯顿认为,“认知学徒制”和智力品质的发展因为拼命提高考试成绩而停滞。一旦学校领导和老师把注意力放在训练学生通过考试上,学习力就可能会因为没有得到真正的发展而萎缩。克拉克斯顿认为:

> 大多数时候,追求考试成绩会逐渐削弱自信心的根基,而无益于增强自信。有的年轻人被教育成擅长考试者,这种教育减弱了他们的好奇心。他们失去了感到惊奇和提出质疑的能力。面对困难时,他们不是更加大胆和勇敢,而是变得顺从和脆弱。他们学会狭隘地思维,而不是开放地思维,学会了竞争,而不是合作,学会了恐惧未知的事物,恐惧犯错会带来的更大风险。[2]

如果课程安排背后的动机是错误的,那么就会削弱和损害学生智慧品质的发展。我想举两个例子说明课程的重要性,这也许是学习者重新获得学习需求,并重拾对成功的渴望的关键:马修·莫斯高中(Matthew Moss High School)的“我的世界”和国际文凭中学课程。

“我的世界”:英国罗奇代尔马修·莫斯高中

亚里士多德告诉我们,聪明人在条件允许的情况下选择最值得尊敬的课程,正如一位好的鞋匠能用提供给他的皮革做出最好的鞋子。[3]正如亚里士多德所说的,有的学校能用次等的皮革制作出漂亮的鞋子。英国罗奇代尔(Rochdale)的马修·莫斯高中正是这样的学校。该校致力于促进学业水平一般的学生提高学习者应有的优良智力品质,以此避免克拉克斯顿所警示的认知萎缩。过多的必修课程和考试容易造成学生思维的狭隘,并无力应对可能遇到的挑战,从而对学习者的自主性、好奇心和创造力造成潜在的损害。这种情况在英国的大多数学校并不鲜见。马修·莫斯高中的老师已经研发出一套以项目为基础的学习系统,叫作“我的世界”,并将其嵌入全国统一课程之中,同时提供了截然不同的学习体验。[4]这种学习方法受性格学习因素的影响,更看重获得智力品质,而非积累知识。根据英国布里斯托大学(University of Bristol)的有效终身学习指标，这些特定的性格因素包括战略意识、心理弹性、意义建构、探究意识、创造力、学习关系、改变与学习。学生确定想要学习的领域，与教师共同创造出课题，确立学习目标，并按照自己的学习节奏完成课题。最好的项目学习案例，正如英国国家考试局的拓展研究项目认证(AQA's Extended Project Qualification)[5]，强调学习的过程以及学习的收获，而不仅仅关注最后的结果。

国际文凭中学项目

马修·莫斯高中的教育是卓有成效的，但是如果你与亚里士多德的鞋匠不同，不需要使用质量次等的皮革，而是拥有优质的材料用于创作，那么结果又会是怎样的呢？国际文凭组织(International Baccalaureate，以下简称 IB)给孩子们提供真正的“认知学徒制”评估框架，特别是它的“中学项目”(Middle Years Programme，以下简称 MYP)，这些学生在 11—16 岁进入项目学习，且不只是为了追逐考试中的优异成绩。

IB 有一个明确的教育目标，即培养勤学好问、知识渊博和富有爱心的年轻人，他们通过跨文化的理解和尊重，为创造一个更美好、更和平的世界贡献力量。(IB 教育)课程鼓励世界各地的学生成为积极、富有同情心的终身学习者，他们理解人与人之间的差异，因为他人的意见也可能是正确的。[6]该课程教育的目标是建立国际文凭组织学生档案，所有 IB 教师和学习者都在参与课程活动中令十项智力属性得到锻炼发展。学习者要努力成为拥有积极探究、胸襟开阔、知识渊博、懂得关爱、勤于思考、勇于尝试、善于交流、全面发展、坚持原则和及时反思特质的人。

虽然 IB 的目标更像是一个与社会建设有关的政治问题，而不是明确地聚焦于详尽描绘人类社会繁荣昌盛的概念，但这种概念适合于我所提出的教育幸福论的理念，不会有太多碰撞。正如约翰·怀特所说，我们有一个明确的教育目标，它是通过美德教育来实现的。IB 不是强调考试结果或知识本身的机构，而是在构建和谐社会、增加富有意义的人民幸福感的隐性目标下，强调通过沉浸式(immersion)学科学习获得成长和美德。

MYP 与其他项目的明显区别在于其作为学习哲学的连贯性。IB 从美德、气质、原则和概念等体系架构课程。课程不是知识驱动,而是通过概念渗透而进入客观事实,从而让学习者跨越学科、个人、国家和文化的界限而获取知识。贯穿 IB 课程始终的有十六种概念,如美学、变化、逻辑学、关系和身份等。概念为本的课程非常适合幸福论教育理念,因为它让孩子们成为自主终身学习者。正如 IB 在这里解释的:

> 概念是一个大范畴——一个持久的原则或概念,它的意义超越了特定的起源、时间或主题等方面。概念提供探究事物本质的手段,是学生对问题进行探究和对个人、社会及全球性问题进行思考的媒介。概念在知识结构中举足轻重。概念要求学生拥有理解超前事实或话题的思维水平。概念用来发展学生在未来可以运用的理解力,它成为原则性和概括性概念,有助于学生理解世界、在未来学习,以及在学校以外的生活中获得成功。[7]

说到授课,IB 允许学校自行决定课程内容,但会禁止一些内容松散的课程出现。毕竟,对于一个致力于以概念为驱动的教育组织来说,规定详细的教学内容是不可能的。学校规定八个学科领域的相关课程,参加 MYP 考试的孩子被要求用他们掌握的具体知识解决集中在概念上的问题。这比其他考试系统中的记忆和反刍等基本技能要求更高。

课程由 IB 专业术语"学习方法"(Approaches to Learning,ATL)和"教学方法"(Approaches to Teaching,ATT)组成。MYP 学习者与其他学习者的区别在于他们能清晰地表达自己如何学习以及如何成为更好的学习者。这远高于视觉、听觉和动觉学习风格的神经迷思论(neuro-mythology)说法,[8]学习方法包括交流、社交、自我管理(包括情感、情感技能和反思)、思维和研究等技能。这些方法的学习绝不像是仅附庸在主要课程上的"螺栓",它们是 MYP 授课的核心。当对 MYP 学习者的作业进行评估时,他们期望可以证明他们完成的任务如何施效于学生的学习。当 MYP 学校接受 IB 视察时,他们期待可以展现 ATL 如何贯穿于课程之中。幸福模式的极端意义是情感的存在和学习方法的反思。正如下面所说,情感、情绪技能与美德相伴随,也正如朱莉娅·安纳思指出的,反思是美德生活的切入点。[9]

ATL 通过个人课程的努力得到极致发挥，一个完全由学生主导的探究问题生成的项目如下：虚构被柏林墙隔开的情侣之间的情书故事（伴随着蚀刻版画和音乐），电影的创作，完成三个极限挑战（攀登英国最高的三座山峰），服装设计，举办时装秀，劝说委员会建滑冰场，以及了解西班牙内战史。

有意思的是，MYP 的期末评估是选择性的。虽然这意味着没有参加考试的学生将不会得到文凭，但在这些国家，十六岁以上的少年没有文凭证书也没什么大不了的。IB 项目创造出一种架构清晰的评估体系，而它并不一定会引起学生的考试焦虑。

同样居于 MYP（IB 项目中的一部分，教授十六岁以上的青少年）核心的价值是服务与团体。IB 学习者致力于通过服务建立更好的团体，用 IB 的话说，IB 渴望赋予人们成为积极学习者的能力，他们可以尽情追求有目的和有意义的生活，并致力于服务它。IB 教育旨在培养有思想、有远见、有足够能力的人参与国际事务，也希望个人价值观能够引导行为原则并相互理解。[10] IB 学习者不仅要参与真正的"认知学徒制"，使学习回归到良性活动中，而且应当了解"认知学徒制"源于对移情、同情与关怀的要求，并且理解学习不只是为了成就个人的愿望，而且应该是通过学习成为对社会发展更有用的人。

教育中的关系

> 在教育领域，教学关系的重要性不言而喻，并且也有大量的证据支持。我们可以这么认为，学校间的人际关系是同学校交往的动力。这种归属感影响着幸福感、学术成果以及社会短期或长期的发展。我们也可以得出这样的结论：学校师生的关系对所有学生来说都具有潜在影响力，尤其是情感上更脆弱的学生。[11]

这段话援引自科琳·麦克劳克林（Colleen MacLaughlin）和芭比·克拉克（Barbie Clarke）的著作，它暗示了教育中关系的潜在影响力：潜力，大多数时候潜力没有被充分开发，这要么是由于无知，要么是由于无能。幸福论教育应与关怀伦理相结合。关怀伦理重点在移情和人际关系上，任何一个没有把人际关系作为首要目标的教育团队都不可能完全取得成功。所有的学习都发生在教师与学习者之间、学习者与学习者之间、学习者与学习内容之间。好的学习氛围源于学生的尊重和信任，以及教师对学生、学生彼此间相互的鼓励。如果学习关系失调，那么学习质量也会下降。设计既有吸引力又有创新力的课程是其中的一个环节，但是最好的课程可能会被不懂得适当给予学生关怀的老师给毁掉。

在21世纪初，英国新认证的教师教读写和算术，这也是他们自己的专业。我想补充一句，老师也处于人际关系交往环境之中。听孩子们谈论他们老师的对话，你会知道孩子们往往不会谈论学科知识的复杂性，因为他们认为这是理所当然的(除非他们有理由质疑)。相反，对话内容是关于他们的老师的性格和美德(或恶习)，比如他们生气和吼叫的频率，他们是和蔼的或是严厉的，是否有趣，是否公平，他们对设置截止日期的狂热，他们是否讥讽学生，等等。无论老师喜欢与否，学生都把老师看成人际关系美德的楷模。他们观察我们如何处理冲突，如何处理那些在某些方面不达目的不罢休的人，以及我们如何维持课堂良好的教学秩序。每一个小的人际交往互动都是值得观察和学习的。如果我们能正确行使教师身份的权利，并且与学生建立牢固而积极的关系，我们就会进入一个相互支持的良性循环模式。人际关系的互惠性使教师个人成就的实现与所教的孩子息息相关。

《前瞻性计划项目报告》指出："压力太大或意志消沉的教师会成为年轻人的不良榜样。"[12]这可能会让一些教师感到不安，他们觉得(或许情有可原)他们的压力和意志消沉是对学校管理不善和领导力不强的无声反抗。这听起来并不滑稽，教师有责任不把职业压力和意志消沉的情绪传递给学生。在这件事情上，学校领导也有责任不对老师过度指责，对此第十章将详细阐述。作为教师，我们有责任告诉学生应对生活的技能，失责的表现就是给予不恰当的关怀。对于我们所教授的来自极端贫困或受虐待家庭的孩子们，我们可以理解他们学习欲望较低，会用暴力解决冲突，或者通过酒精或毒品逃避现实生活，我们很可能是他们生活中唯一可以教授奋斗、坚持不懈、解决冲突、自我管理、事业有成，或者是富有同情心等品质的引路人。尽管教学可能会承受巨大的压力，但我们的基本职责是通过塑造良好的人类生活美德和良好的人际关系来对学生的生活产生积极的影响。

我勾勒出的学校团体背景下的关怀伦理和人际关系将突出学校应该考

虑的三个问题。第一个问题是情感技巧，特别强调羞耻感的使用。第二个问题是如何解决冲突，这是人际关系不可或缺的组成部分。第三个问题是对待师生关系的立场，这使我们的学生能够明确并朝着他们的目标努力，并以尊重自主性发展为美德。

教学的情感技巧

《前瞻性计划项目报告》指出，用消极、讽刺和口头惩罚等方式对待幼童是特别有害的，而且高强度或持续定向性指导（即护理员自认为孩子应该做什么，直接强迫孩子转移对感兴趣的事的注意力）和限制性指令（比如“不许做某事”“远离某事”“别管它”）对后期的社交、认知和学术发展会产生显著的负面影响。[13]这些问题与幼年和早期关怀有一定关联，在中学教育中也有实际意义。在中学教育中，学生的自主性和人际关系不受讽刺、口头惩罚或攻击也同样重要。

在 20 世纪 50 年代末和 60 年代初，约翰·霍尔特在《孩子如何失败》和《孩子如何学习》（*How Children Learn*）两本书中指出了学习关系的重要性。他的中心思想是：学习是孩子们的自然状态，他们不仅非常擅于学习，而且还渴望学习。这给我们带来了一个悖论：如果学习是孩子的自然状态，那么为什么有些孩子不专心致志地去学习呢？霍尔特的回答是，孩子们天生的求知欲望之所以遭到忽视，是因为它被老师或学校用不恰当的方式扼杀了：

> 我本能地思考而不是有意识地思考的问题是：怎样才能建立一个班级，使孩子远离危险，不被我们或者他人干扰，如同他们尚处年幼之时，伸出双手贪婪地拥抱现实世界？[14]

直到今天，在他的书中，霍尔特都在探究教师与学生相处的方式如何影响学生对学习的热爱程度。霍尔特认为，功能失调的学习关系，始于老师对孩子不信任的假设，比如“孩子成长环境不好，只有我们强制他们学习他们才会学”“这个世界不美好，孩子必须改变它”“我不得不忍受的一切，为什么孩子们不用忍受”。[15]这种信任缺乏可能源于教师自身的各种压力,比如缺乏经验,缺乏个人教育经历,或者是过度追求结果,以及极度渴望成功而避免“失败”。一旦教师不信任学生,教室里氛围就变了。教师对结果的控制力更强(因为“孩子们不能独立完成”),教师重视霍尔特所说的“生产者”——孩子们得说出老师想听到的答案,反过来,课程也变成了“回答问题”。探索学习通道被关闭,因为探索学习的结果无法得到保证;孩子们不再积极主动地提问,不再挖掘好奇心,他们只关心如何不令大人失望,而不是用新的方式自主探索未知世界。就这点,霍尔特认为,在学习结果上以成败论英雄与学习本意相违背,应该以努力程度和探索精神为准。[16]霍尔特的论点在许多方面与克拉克斯顿的《学校的意义是什么?》中的论点不谋而合,从根本上揭示了我们对学生的不信任,以及这些不信任如何影响我们与他们的关系。正如霍尔特所写的:

> 结果就是(学习和知识增长)受到阻碍,且比任何一件事都严重,因为我们误解了教育的意义,大多数家庭和学校都是如此。我们以成年人的惯性思维强迫孩子做我们要求的事,破坏了孩子的智力和创造力的发展。我们阻碍他们上述能力的发展首先是教会他们害怕,害怕去做大人不喜欢的事、不高兴的事,害怕犯错、失败。就这样,我们让他们失去了冒险的勇气,他们不敢尝试,也不敢挑战困难和未知事物。就算我们没给孩子们制造恐惧感,当我们发现他们潜在的恐惧感,我们也会利用这些恐惧来操控他们,让他们按我们的想法行事。

对霍尔特来说,解决办法在于消除恐惧,然后帮助孩子摆脱这种恐惧产生的不良思维习惯——恐惧是为了取悦成年人而非产生学习欲望。这只能通过老师建立一种教学相长的特殊的师生关系来完成。霍尔特的写作充满了温暖、同情和渴望——渴望通过与他所教的孩子的互动来了解自己。他告诉我们维持老师的威严是必要的,但必须在人际交往和专业界限之间取得平衡。保罗·弗莱雷也认同这一观点,他认为实际学习过程中,我们必须改变“教师—学生”和“学生—教师”的师生关系。对于弗莱雷和霍尔特来说,这种关系只能是信任基础上衍生出的对话关系:

通过对话，学生的老师和老师的学生这种关系不复存在，新的模式诞生：教师之友和学生之友。老师不再仅仅是教书匠，而是一个在与学生的对话中教授自己的人，在授课的同时也自学。[17]

弗莱雷认为，一个看重幸福论和关怀伦理教学的学校，一定会把重点放在情感技能上，使教师和学生通过良好沟通建立和谐人际关系，最终达到教与学的完美结合。玛丽亚·阿尔帕(Maria Arpa)进一步阐释了对话交流的意义：

对话交流是一种特别的开放式的谈话形式，其前提是合作和友善。对话交流的目的是基于共同点寻求一条适用于大家的教与学的方法。另一方面，辩论是竞争的一种表达形式，正方陈述自己强有力的观点，使得反方最终被说服并支持正方观点。不论谈话内容多么礼貌，行为举止多么彬彬有礼，只要是妄图将个人观点强加于他人身上，那就是一场争辩。[18]

阿尔帕是调停和回避冲突的专家，她曾和英国监狱及国外最为暴力的罪犯接触过，她认为对话可以避免争论焦点问题。因为辩论具有竞争性，战果属于胜利者，总会有失败的一方，就如她所说的："我可能赢得了眼前的争辩，但是矛盾还是存在。"而对话交流是一种开放式的谈话方式，每个人都可以相互体谅并倾听他人的想法，或者出于好意发表建设性意见。在某种程度上，这种方式可以缓解冲突。正如霍尔特和弗莱雷所说，如果老师(或者学生)建立人际关系的方法更看重学习强制性、教师权威、学习成果或者害怕失败，而不是纯粹的学习，那么自主学习的积极性就无法被激发。自主学习能力源于实践、理性思考和反思后的决策，如果仅简单命令孩子做什么，那么他们就无法开发智力，而仅是不假思索地服从权威，或者抵触命令。

当然，谈到指定的课程内容时，你可能会谅解争论，觉得它最多受对话交流地点的限制。你可能会问：当课程内容饱和时，还有时间对话交流吗？我认为这个观点造成了谬误。教学大纲和内容并没有规定教学方式，我们可以将规定的内容以探索解决谜团的方式而不是陈述已知事实的方式教授给学生。有些学科更需要借助对话交流形式，尤其是那些需要大量阐释的学科，比如文学、艺术和历史。对话交流是重视与学生的关系的表现，它可以营造好的学习氛围。即使要在有限时间内完成规定的教学内容，学习者如果能知道他与授课者和学习伙伴的交流通道依然是开放的，那么教室内的人际关系质量也将会更好。

羞耻和骄傲

坦诚的对话提供了品德发展的绝佳机会，因其要求在品德四大方面均有良好的判断(道德品质、智慧品质、行为品质和公民品质)。在课堂上运用对话需要情感技巧，而情感技巧又反过来发展了品德。正如克里斯蒂安·克里斯蒂安松所认为的：

> 相对于行为而言，情感更加能反映人的本质。我们的感受比行动多得多。在我看来，人格本质上是由某些深刻的自我意识发展而来的，尤其是骄傲和羞耻这两种情感。骄傲和羞耻预示着我们对待自己和他人采取什么态度。这些情感包含了道德维度，并构成了品德和恶习的基本要素：人格的状态，决定了我们的“内在”。[19]

克里斯蒂安松认为骄傲和羞耻尤其重要，这种观点也适用于教育领域。骄傲的情感在西方文化中一直广受诟病，基督教的传统尤其如此：《创世记》(*Genesis*)里有关人类堕落的神话由来已久。被广为接受的说法是，亚当和夏娃胆敢违抗上帝的命令，根源就在于骄傲。因为他们相信自己有能力理解上帝，并且和上帝平起平坐。骄傲常常和傲慢、自命不凡和狂妄自大相联系，然而这种看法不仅忽略了骄傲的本质，而且削弱了骄傲对人类幸福的重要意义。根据心理学家唐纳德·内桑森(Donald Nathanson)的看法，达到以下三种状态时，可以体验到健康的骄傲情感：

> (1)以目标为导向的活动，且在兴趣的影响下进行；(2)活动须顺利达成目标；(3)目标的实现把个体从之前付出的努力和积压的情感中释

放出来，触发了愉悦的情感。简单地说，健康的骄傲关乎能力带来的满足感，是在能力经受住考验后，个体体验到的兴奋情绪。[20]

情感严格地说是情绪的生物学基础，是在生理上可以观察到的情绪要素。例如，愉悦的情感会使人睁大双眼，展露笑容。有经验的教师常常会让学生体验骄傲的情感。正如克里斯蒂安松认为的，这类经验能使学生发展自我意识和品德。健康的骄傲不是有罪的——远非如此，它是人类幸福的核心。孩子遇到拿不准的事，或者遇到挑战时，正好可以检验和发展他们的能力。他们所体验到的骄傲，是这类经历固有的，并没有夸大其词。这使得他们再次接受挑战，如果能力不足以应付挑战，他们同时也就学会了坚持。如果教师给予过多的指导，而缺少与学生的对话，那么这样的发展机会就会减少。

羞耻感是应对以下情况时产生的正常情感：在我们的愿望超过了成就感的时候。[21]它是一套固有的系统，让我们与某些事物拉开距离。这些事物激起了我们的兴趣，但我们认为目前还不能拥有。想象一下吧，你在大老远认出了一个熟人，你举起手臂不停挥舞，刚刚要热情地问候他时，突然发现认错人了，眼前是一个完完全全的陌生人。你立刻垂下手臂，结结巴巴地说不出话来，眼睛低垂，避开他人的注视。或者，你也可以想象一下教室分发作业的场景。一个男孩对他的作业深感自豪，希望得到老师积极的反馈。作业发下来，满是红叉叉，还有一个很低的分数。他本能的情感反应应该是兴趣丧失，情绪变得低落。羞耻反应不可避免，而且影响很大。根据内桑森的看法，一旦处在羞耻状态，人们通常可以有四种应对方式：我们可以因为承认失败而自我攻击；我们可以认为是他人造成的而攻击他们；我们可以退缩，试图隐藏自己；我们可以避免去感受，给羞耻情绪戴上面具，沉溺于酒精或其他刺激物带来的快感。内桑森将其称为“羞耻的指南”，其深刻地影响了人们对人际关系的理解，尤其关乎学习或纪律的关系。一旦我指出某位学生的学习或行为不符合要求，他们将会感受到羞耻。教师这个职业就在于帮助学生接纳他们的羞耻，并因为羞耻感而成长。

当然，羞耻可以表现为不同形式。约翰·布拉德肖(John Bradshaw)把上述应对羞耻的表现称为“健康的羞耻”[22]。“健康的羞耻”帮助我们认识自身的限制,知道我们会犯错,它建立在信任的关系上。布拉德肖将其与“有害的羞耻”区分开来,后者是一种羞辱性的处理方式,使人相信“作为人类我只有缺点”。令人伤心的是,父母因为孩子在公共场合“淘气”而无力管教,竟然公开地羞辱孩子,以使孩子符合理想行为的规范,这并不鲜见。“健康的羞耻”使我们在信任和爱的情境中认识彼此的局限,这至关重要。“有害的羞耻”和羞辱行为对人伤害极大。

可以预见,有关羞耻在教育中的作用存在着激烈争论。有的人本能地不接受羞耻作为学习工具使用。羞耻使得人与人之间的操纵成为可能。有人可能会认为羞耻在矫正行为方面的运用是教师权利的滥用,因此这是不可接受的控制手段。克里斯蒂安·克里斯蒂安松引用了辩论另一方的论据,认为羞耻情绪给学生带来强大的内在动力,使其能够面对将来的失败。[23]我将在以下几个方面对羞耻的这种作用提出质疑。首先,内在形式的动力似乎存在疑问,关于这点我将在第七章有更多的说明。其次,内桑森描述了我们如何发展出独一无二的羞耻印记:

> 我一而再再而三地强调,人们对羞耻的描述和外在的表现都是大异其趣的。我们究竟是谁,取决于我们的经历,每个人都是自身发展的产物。我们如何体验和识别羞耻,取决于引发羞耻的情境对我们而言的重要性。[24]

作为教师,如果我们选择使用羞耻,那么就需要谨慎地选择使用对象。羞耻在有些学生身上很见效,当他们感受到羞耻时,他们会非常清楚地表现出羞耻带来的影响:他们可能会发脾气、大哭或者公开表示下次会做得更好。其他人则表现出沉默。我们无从得知羞耻到底给孩子带来了什么影响,可能也没有机会通过对话重建关系,把孩子从退缩状态拉回来。我的第三个保留意见与第二个有关。当我们体验到羞耻,它将会阻碍我们体验兴趣、愉悦和兴奋等情绪,而这些情绪对学习至关重要。一旦使孩子感到羞耻,就切断了学习的情感来源,最后反而加重了羞耻的程度,因为接下来的学习将变得不可能。我对一堂音乐课有着清晰的记忆。那时我九岁,老师听到我们三十个人中有一个唱歌走调,就让我们一个个单独出来唱特定的音符,以便分辨出到底是谁跑了调。我知道,只要她开始一个个检查过去,我将是跑调最严重的那一个。事实证明,我确实是。恐惧、羞耻和羞辱需要十分谨慎地使用,而且需要高度的技巧。

学校教育中有两种教学技巧越来越常用,它们可以帮助教师在其他技巧的基础上更好地处理羞耻经历:正义的修复和教练式辅导法。

正义的修复

1993年,我正读高中。当时,英格兰默西赛德郡(Merseyside)两名十岁的男孩诱拐并杀害詹姆斯·巴尔杰(James Bulger)的新闻使我十分震惊。一个让当时的我感到困惑的画面,是人群聚集在法院门前,声讨那两名男孩的场景。对此布莱克·莫里森(Blake Morrison)有如下记载:

> 好几百人聚集在法院门口——他们中有爷爷奶奶、母亲、青少年,甚至固定在推车里的儿童。年轻人表现得最为愤怒,他们攥紧拳头,不停地高声喊叫,恨不得将凶手碎尸万段。恶有恶报的信念,冷酷的裁决,群情激奋,当地人通过这种方式实现了法律正义。人们想要杀了那两个孩子,因为他们杀害了一个孩子,而世上没有比杀害孩子更加令人痛心的事情了。警车试图载着那两个男孩离开法院,人群却冲过警戒线,朝着警车扔鸡蛋和石头。警方不得不拘捕一些人,来制止人群的混乱。[25]

那两个男孩从社区中消失了,他们被关进了监狱。他们和他们的家人受到了媒体的大肆诋毁。笼罩在他们的行为之上的,总是邪恶的语言。对许多人而言,那两个男孩就是精神变态、不可饶恕的恶魔。詹姆斯·巴尔杰的死亡通常与另外一则案例联系起来。1994年,挪威特隆赫姆(Trondheim)发生了五岁的西莉亚·蕾德加尔(Silje Redergard)被两名六岁的男孩杀害的案件。[26]两个案件最显著的不同在于社区对此做出的反应。特隆赫姆的这起案件,没有愤怒咆哮的人群,也没有恨不得杀之而后快的人。两周之内,那两名男孩就被转移到新的幼儿园,他们的身份从未被公之于众。社区和机构付出了巨大努力去理解这一切背后的根源，同时努力弥补已经造成的伤害。正如欧文·詹姆斯（Erwin James）和伊恩·麦克杜格尔（Ian MacDougall）所言：

> 西莉亚的家人在她去世的这些年来依然会感到深深的痛苦，这毫不奇怪。也许——尽管社区付出了巨大的努力，杀害她的男孩应该一直都背负着心理创伤，这也在意料之中。但奇怪的是——至少英国人会觉得奇怪，挪威人似乎原谅了杀人凶手，也把他们忘却了。其实挪威人明白，通过争论，人们已经从中获益。[27]

任何社区里的个人都有可能出现引起冲突和伤害的行为，这不可避免。社区的选择权在于，对冲突和伤害应如何做出反应。玛丽亚·阿尔帕指出，我们倾向于认为现有的解决方案是符合事物发展规律的，除此之外别无他法。关于冲突和伤害，阿尔帕提出了如下质疑：

> 西方主流社会建立在控制系统之上，包括对和错、善和恶的道德判断。依赖权威（即知道得比别人多的人）设立道德界限，要求人们遵守。该系统使用赏罚制度，激励人们做出相应的行为。一旦做错事，系统将会把违抗者边缘化，并诊断出他们有某种问题。违抗者在系统中失去了话语权，转而以更加极端的行为让自己“被听见”。[28]

冲突发生了，伤害已经造成。一个办法是通过法律途径解决。法律至上主义需要确定哪一部法律、哪一条法规被打破，破坏者是谁，以及他们应当受到什么惩罚。通过这种途径，正义的天平重新得到平衡。一旦采取了这个办法，就很容易把焦点放在规则和惩罚上，而忽视了人、关系和伤害。伤害被去语境化了，并从造成伤害的关系中抽离，变成了违法者的犯罪行为，因此需要进行制裁或惩罚。法律至上主义容易忽视伤害牵涉到的所有人，包括施害者。施害者容易忽略一个简单的事实，即他们造成的伤害意味着对被害者——而不是立法者——负有义务。只是受到诸如拘留、社区服务或者监禁之类的惩罚，施害者可能永远无法真正意识到他们的伤害行为对他们所在的社区造成的影响。如果伤害造成的情感影响没有得到探讨，就可能会酝酿下一次爆发，这对施害者和被害者来说都是一样的，特别是在觉察到伤害诉求没有得到公正处理之时。案件牵涉到的人员没有机会在安全和支持的环境中接纳他们的羞耻感，这可能会让那些施害者很难再次融入社区。法律至上主义的关注点在于法律，惩罚具有排他性，这正好"制造"出了一群因为犯罪而被边缘化、被社会舆论抨击的人。如果没有特隆赫姆的成功案例，犯法者身上的污名化标签会依然存在。这使得社区只把施害者看成造成伤害的人，而不是因为罪行被定义成犯法者这一做法更加艰难。

修复正义是一门古老的解决冲突的技术，旨在通过受害者和施害者之间的对话来解决上述问题，同时尽力弥补犯错造成的伤害。恢复性模式把犯错看成建立在关系语境上的伤害，而非立法者视角的违法行为。恢复性模式关注的问题是：(1) 谁被伤害了？(2) 受害者的诉求是什么？(3) 谁负责满足这些诉求？这一办法与之前最直接的差异，是把重心从规则和惩罚转向了关系和伤害，因而它对教育的关怀伦理也十分有用。正如霍华德·泽尔(Howard Zehr)所认为的：

> 修复性世界观将犯罪问题看成社区的一道伤口、关系网的一滴眼泪。犯罪代表了被损害的关系。实际上，被损害的关系既是犯罪的因，也是果。许多文化认为个人的伤害就是全体的伤害，这种观点由来已久。犯罪带来的伤害如同涟漪波及整张网。进一步说，犯错常常是因为网中的某些事物失去了平衡而显现出的征兆。[29]

约翰·布雷思韦特(John Braithwaiter)认为恢复性模式即是"明耻整合"(reintegrative shaming)，这意味着事件的再次体验。犯错者的羞耻感将得到认可，通过履行伤害带来的义务，犯错者再次融入了社区。[30]"明耻整合"，或者恢复性模式可以应用在不同的范畴，从相对非正式的对话，到牵涉到许多人的完整的正式会议。但他们都遵循相似的模式：施害者首先发言，陈述发生了什么事情，继而描述案发时他们的想法和感受，然后描述他们的行为产生的后果。受害者接着发言，同样是描述发生了什么、他们的想法和感受、伤害对他们造成了什么影响。接着邀请双方谈谈如何弥补伤害，从而达成协议,要求施害者履行双方对话中提出的义务。因为双方会面是对话形式,各自的发言具有平等的价值,因此冲突的深层根源显现了出来。比如宿怨,施害者同时也是被害者,彼此之间没有明确界限,或者参与会面的各方都负有一定责任。通过权衡各自的发言,施害者得以接纳他们的羞耻感,履行他们的义务,从而重新融入社区,而不是像大多数情况那样,使用惩罚性模式,把施害者驱逐出社区。

这种模式应用在学校教育中效果是显著的。学习社群产生冲突是家常便饭,[31]而且教师几乎没有接受过解决这类问题的正式训练。我们当然知道行为管理技术,通过奖赏和处罚获得学生的服从,迅速恢复课堂纪律。这种办法有它的作用,但重要的是,此模式下的关系质量受到了限制。注重服从而非平等,这样的关系总是存在权利的不平衡,从而给信任蒙上阴影。教师常常关注的是如何快速解决冲突,让课堂继续。但首先这里不存在任何对话,探讨冲突为何发生:如果你发现同一名学生出现了同样的问题,你却用不变的办法去解决,那么冲突并没有真正完结。同时我越来越担心信息技术在行为管理方面的应用。教师可以通过电脑或智能手机远程控制并处罚学生,这里不存在任何对话。我认为如果教师不敢对自己不认可的行为提出反对,或者不认可某种技术的应用,那么这正好表现出教师某种程度的怯懦。这不禁使人想起侏儒和巨人的肉搏,巨人轻而易举地把侏儒举起至一臂之遥,从而避开了侏儒的拳打脚踢。作为教师,我们应当接受,冲突可能源自我们的行为,而唯一的解决办法就是坦诚地沟通。

赏罚制度的另一个局限在于对外在动机的强调,换句话说,赏罚制度使学生的行为受到教师的干预,而不是让学生学会自律。赏罚制度可能有短期的好处,可以快速获得学生的服从。但是根据阿尔菲·科恩(Alfie Kohn)在《奖励性惩罚》(*Punished by Rewards*)一书中所言,赏罚制度有两大弊端(以及许多其他的缺点)。首先,只要奖赏或惩罚消失了,人们将恢复原状,比如,他们将不再学习。其次,赏罚制度教会我们最低级的道德逻辑,即避免痛苦和惩罚,而不是去理解为什么某些行为是有害的。[32]通过让人们进行对话,一起探讨已发生的伤害有什么性质的影响,人们可以更加深刻地反思他们的动机、行为的后果以及由于造成了伤害而对他人负有的责任,同时创造契机培养共情,因为共情是人际关系的核心。

修复性模式应用于解决冲突，这种做法在学校教育中越来越常见，并且取得了令人鼓舞的效果。[33]然而，我必须提出一些需要注意的事项。恢复性模式不应被轻率地看待。应当认识到，学校须负责训练教员恰当运用上述模式，而不只是分发一本小册子，然后告诉他们照着做就行了。伤害不可避免地与受害者有关，在与施害者见面之前，受害者的利益应当得到恰当的评估。评估同时显示，恢复性模式在动员了整所学校的力量时，效果最为显著。换句话说，解决冲突的默认办法是恢复性模式，而不是一种混合模式，即把恢复性模式应用于有争议的事件，惩罚性模式应用于更加“严肃”的违纪事件。[34]把恢复性模式看成可有可无的选项是错误的想法：把它看成一场舒适的闲聊，只是谈谈心，因而只适用于低级的冲突。我认为，犯错最艰难的部分在于直面我们所造成的伤害，从而产生羞耻感。只有修复性模式才能将积极的羞耻感融入整个过程。

教练式辅导

我的书房墙上挂着一张照片，那是在2014年即将离开学校之前，十二个年轻人坐在宿舍前面的红砖墙上的合影。这十二个男生曾经在我的授课小组待了长达五年。每次看到照片，我都能从他们的坐姿、面部表情和手势中看到每个人性格与人格中的各种因素：这些因素都是我担任他们的导师时从谈话里了解到的。我认为，导师要扮演的主要角色就是学生的支持者。这并不是说导师要同意学生说的一切，或是放任他们做任何事情，而是意味着导师应该尽可能地找出学生最重要的目标，并且帮助他们找到实现目标的方法。有时，这可能需要挑战、刺激，甚至挑衅学生，要求他们学会负责，与此同时，也要鼓励他们，为他们的成功而欢庆。

促使我成为更好的导师（也是教师）的技巧之一是教练式辅导法。教练式辅导法是一种基于合作和善意的开放式的对话。这种方式最初是由教练和学员共同讨论创造的，是为了尊重和满足双方（主要是学员）的需求。奎因·辛普森（Quinn Simpson）和麦肯齐·塞里（McKenzie Cerri）创立的格雷丁（Graydin）教练式辅导法培训组织提出，[35]教练式辅导法始于三个有趣的假设：(1) 学员是有能力的、完整的个体；(2) 学员自己知道答案；(3) 教练的职责是提问,而不是回答。这三个假设在学校中似乎并不适用。在校园里,导师、教师通常采用家长式的方法来教育,相信自己知道什么是对学生最好的,只需要更清晰地将其传达给学生即可。一定要谨防错误的二分法。

当然,老师的教导有时候是正确的,但年轻人有巨大的未经开发的潜力。一旦有了良好的引导,年轻人可以自己找到挑战的答案,并且通过这个过程发展出宝贵的个人意识、力量感和自主性。

教练式辅导需要利用一系列技术来帮助学员找到答案,教练的两种基本技能是良好的倾听与提问。下次和某人谈话时,你可以留意一下自己是否存在以下几点问题:

1. 读心术:假设自己不需要问,就知道他人的感受与想法。

2. 排练:计划下一步要说的内容,却忘了正在说的言辞。

3. 过滤:只倾听与自己相关的内容,忽略了其他部分。

4. 评判:评价他人的话,而不是真正去理解他们看待世界的方式。

5. 白日梦:别人说话时,你陷入记忆或幻想之中。

6. 建议:习惯为别人找出建议和解决方案,而非倾听和理解。

7. 争吵:通过争论和辩论击败他人。

8. 坚持自己的正确性:对于那些暗示你有错误,或要求你改变的交流,采取抵制或忽略的态度。

9. 岔开话题:一旦听到任何困扰或威胁自己的事情,就立即改变话题。

10. 让步:同意得太快(“我知道……”“你说得对……”“我很抱歉……”),而没有真正注意他人的感受或关注点。[36]

这些问题都被称为“倾听障碍”,会对我们发展倾听他人说话的能力产生阻碍。教练式辅导法取决于我们注意的能力、向倾诉者反馈自己所听的能力,也取决于提问的技巧。正如约翰·霍尔特所说的,教师变得善于在头脑中设置某个特定的答案,然后小心地引导学生得到它。教练式辅导法要求我们提出开放式问题,并促使学生得到他们自己的答案,而不是我们认为他们应有的答案。当然,教练要知道对于学员而言什么是重要的,要知道他们可能拥有的愿望、目标和欲望，也要知道导致他们行动失败的习惯，这样才能知道应该问什么样的问题。

教练式辅导法的模式有许多种，其中一种由格雷丁组织提出，认为教练应该通过心—脑—步骤的三阶段方式帮助学员进步。[37]第一阶段，帮助学员确定什么是最重要的，也就是认清他们心里装的是什么。第二阶段，脑，包括探索那些对学员内心的认识有所帮助或阻碍的思维习惯，也许是特别的"小恶魔"或消极的自我对话，例如，"我总是轻易放弃"或"他人都不可信"等。诀窍不是试图改变那些我们认为没有用的思维习惯，相反，应该帮助学员去想象不同的现实，或者透过不同的"滤镜"来判断学员的思维习惯与生命中最重要的事是否一致。第三阶段，询问学员，在这种全新的意识状态下，他接下来会做些什么。要求学员在某种程度上为自己同意做出的变化负责也许是种不错的办法，但这种方式的重点永远在于学员的自主性以及自己的决策与行动。

最近，一个学生在相当痛苦的状态下来看我。他坐在我面前的沙发上，描述了自己正在体验的恐惧感。这种恐惧源自即将到来的学校旅行。旅行目的地很远，他所有的朋友都不参加，因此他极为焦虑，害怕自己将会远离家人，独自一人与世隔绝，在非洲一个极为荒凉的地方待上整整十天。我给了他一些时间来描述自己的感受。然后，我请他离开沙发，坐在左边的飘窗上。我让他想象自己已经结束了旅行，完成了这次人生经历，回到了家。请他描述旅途中的一切，包括发生的事情，也包括他自己对这次旅行的看法，这些都是让这段经历非同凡响的原因。通过对话、倾听和提问，学生得以从自己想象的未来中解脱出来，认识到他自己的能力可以让他充分把握眼前的机会。当然，我本来可以告诉他加紧努力，或者建议他退出旅行，或许多不同的解决方案，但在使用教练式辅导法的时候，学生依靠自己的力量得到了答案，同时也知道了自己努力寻找答案的重要性与意义。[38]

修复正义和集体辅导

教练式辅导不仅适用于教师和学生之间的互动，而且它也可以并且应该成为教师之间的专业性对话模式，特别是在绩效管理部门。正如第一章结尾所引用的汤姆·贝内特的话，证据表明，教育行业中的不满直接来自拙劣的质量控制和绩效管理技术，这些技术通常采用高等级（high levels）的审查和问责制，导致了职业焦虑和低信任度。这是当然的！谁会认为一个人受到了持续的审查和问责（基于他不称职甚至懒散疏忽的假设），他的表现会变好?！处于羞愧或焦虑状态的人，无法获得需要的认知和情感资源——拥有这些资源才能使人表现出最佳水平。当然，有些时候，同事们没有达到专业水准，或者在教学技巧方面需要帮助才能更好地教育学生，在这种情况下，恢复性的方法、“明耻整合”和教练式辅导法技术能够得到最有效的应用。如果一个教师的行为造成了伤害，为什么不与受伤的人（们）进行对话，使之得以解决？如果一个教师在促进学生学习方面有一定困难，为什么不假设学生本身具有能力，相信他们进步的欲望，并指导他们达到自己设定的目标？然而，不幸的是，由于痴迷于快速、可见的结果，缺乏对个人成长的欣赏，无法处理开放性对话中的冲突与情感，一些教学专家对待同事和学生的方式一模一样，这很令人震惊。

这一问题的一大部分可以通过我们社会中的责任文化来解释，这种文化要求个人在犯错之后必须受到惩罚。例如，2007 年，十七个月大的彼得·康奈利（Peter Connelly，被称为 P 宝宝）悲惨地死去了。后来，因为导致或放任彼得的死亡，他的母亲、哥哥和母亲的男友都被判有罪。但公众的愤怒不是直接针对凶手，而是裹挟了社会医疗和卫生的多个部门，谴责他们在一长段时间内都没能准确判断出彼得的伤情。当时的反对党领袖戴维·卡梅伦（David Cameron）向下议院提出问责指控，《太阳报》（*The Sun*）组织了一份一百多万人签名的请愿书，要求解雇相关的社工和医生。哈林盖议会（Haringey Council）的儿童服务中心主任沙龙·休史密斯（Sharon Shoesmith）被解雇，萨巴·阿尔-扎伊特医生（Dr. Sabah Al-Zayyat）由于在彼得去世前两天未能发现其脊椎断裂，而被指控并被吊销医疗执照。

问责文化有利于简单化解释，也有利于更明确地找出人来谴责，所以，正义可以被视为可利用的。2014 年，BBC 的一个丑闻揭秘节目揭示出了这个故事复杂的真实内情。[39]其中一个关键的问题是，彼得逝世前的几个月里，管理者不愿倾听专家提出的忧虑。该节目称，治疗彼得的医院长期处于医护人员和资源不足的状态，儿科医生提出的问题无人聆听。在对彼得案的审查中，相关机构声称“信息缺乏”，这对案情侦破产生了阻碍，而这些阻碍都源自工作人员对失业的合理恐惧。问责文化依靠羞辱式的（且有害的）公众规则创造了绝不容错的氛围，在这里，人们不承认自己的错误，也无法理解犯错之后改正的过程。

举个例子，在美国的弗吉尼亚州梅森医院（Mason Hospital）曾经发生过这样一个案例：这一医疗机构试图消解正义驱动欲望（justice-driven desire）下的报复心理。2004 年，一位六十九岁的妇女因错服药物而死亡，随后，医院实施了这样的政策，旗下五千多名员工都可以坦承自己犯了错误，不用担心后果——除非这个错误“异乎寻常”，或者行为人确实过于鲁莽。实施这一政策以来，医院的法律诉讼从每月约一百起下降到二十五起，节省下来数百万美元，用以投入更高端的安全技术。最重要的是，当错误报告出炉后，系统会检查这项举措是否“注定会失败”，那些犯错的人得到的是安慰而非责备。[40]

学校可以从这两个例子中学到许多东西。

结 论

幸福论和关怀伦理学都强调成长。在幸福论中，我们被要求发展美德，而在关怀伦理学中，我们被要求发展移情，建构强大的关怀关系。成长是一个需要时间和耐心的过程，通常由主体自己决定在哪方面、以什么速度进行。我们也许可以干涉这个过程，以某种方式加速成长，或者阻断不需要的特征发展，但是正如高明的园丁所知，过多干涉生长过程会导致一些可怕的畸形，甚至会致使发展停滞。

教育同样与成长有关，成长则包括以下两个方面：美德以及使这些美德得以维持和发展的关系。打个比方，在绝大多数情况下，学校对园艺表演的兴趣高于对成长本身，前者是指一种内在的乐趣——培育某种植物是为了欣赏它的绽放。他们痴迷于研究怎么施肥、怎么修剪，而不是用熟练的手和锐利的剪刀，明智而审慎地干预植物生长。一旦表演结束，颁奖完毕，他们就开始关心下一个奖什么时候颁发，并不会去检查花园是否生机勃勃，是否能够承载接下来的成长。他们也许还会忘记某些植物需要再过几年才会开出花来,而应该留给其他园丁培育。

在这一章中,我试图描述学校作为赋能机构的一些特征。如果一所学校对教育事业持幸福论的、关怀的思想,那么它将不仅仅致力于提供一套强调内容上的美德设置的课程(如"我的世界"或MYP),而且会试图发展那些能够让美德成长最大化的关系。我提出了两种可能对学习关系产生显著影响的方法,包括面对冲突的恢复性方法和教练式辅导法。这两种方法都基于对人类情感的理解,及这种理解对美德发展的贡献方式。

在第一章中,我将教育区分为幸福与培养幸福。本章探讨了一些要素,关于学校应如何将教育视为幸福。本书的其他部分将探索的问题是:为了培养幸福,学校应该如何构建课程。

第二部分

为幸福和快乐创建课程

第三章　奠定基础

章节预览
让幸福变得不同:避免健康恐怖主义 幸福与课程 幸福课:意识、干预、反馈 实验性课程

简　介

在第一章和第二章中,我们把焦点放在了幸福和关怀的概念是如何影响感受快乐的教育理念,以及学校应当将自身看成促进学生和教师等人幸福的"赋能机构"的看法上。在本章,我们把目光转向了追求教育的快乐上,在此我们考量如何建构出明确的幸福课程主线。提醒自己,必须理解正在使用的"快乐"这个词,这是很重要的。在幸福论看来,快乐是一种活动,是获取幸福生活的一种行为,而非在某些条件满足了之后被动地感受到的状态。幸福生活在于道德品质、智慧品质、行为品质和公民品质等的获得和践行,这些品质并非通过独处获得,而是在有其他学习者和教师的社群中发展而来的。本书接下来的章节将会探讨形成课程的多种因素。在本章,让我们来看看在建构幸福课程之前需要考虑的事项。

让幸福变得不同:避免健康恐怖主义

幸福在课程中的地位与其他事物——比如个人、社会、健康方面的教育

（或英国的 PSHE 课程）——不同，因为课程关注的焦点不一样了。我在第一章谈论过，教育的目的，与幸福课程的目的是相同的，都在于人类的幸福。课程建构的重要工作开始之前，首先要明确幸福的含义，这是很重要的。幸福并非仅仅在于清除获得幸福的障碍，而在于培养带来幸福感的积极性格或品质时所付出的努力。许多教育工作者因为年轻人参与危害健康的活动——例如药物滥用或者无保护性行为——而忧心忡忡，他们关注年轻人的高度危险行为，比如自残、进食障碍、抑郁、校园欺凌和自杀行为。我的同事们将其描述为“健康恐怖主义”，教师试图通过可怕的场景和恐怖的故事来吓住学生，他们把 PSHE 课程当成《吸血鬼猎人巴菲》（*Buffy the Vampire Slayer*）连续剧，因为学生在每堂课都会听到关于血腥场景的描述。

隐藏在这种忧虑之下的是被称为“青少年成长恐惧症”的倾向：过分担心社会的变化对青少年儿童的影响。[1]美国新罕布什尔大学（University of New Hampshire）儿童伤害研究中心的戴维·芬克霍尔（David Finkelhor）认为，“青少年成长恐惧症”在某种程度上可以用成人脑中某些起作用的知觉偏见来解释。他认为某些成人不能欣赏青少年的现实生活，反而偏爱这样一种说法，即当今社会和科技的变化使得儿童更加脆弱，现代的儿童与往时大大不同（某些变化则是邪恶的）。发生的所有变化都被媒体用最极端的故事脚本加以渲染和丑化。

我绝非对青春期悲剧的严重后果轻描淡写，或者弱化他们对吸烟和吸毒进行理性选择的重要性。这一切对个体及其家庭有着极大的影响。然而，我们作为成人，对真正存在的问题的严重程度应有精确的认知，对媒体哗众取宠的报道应采取谨慎的态度，这是义不容辞的责任。一个例子就是，10%的英国青少年患有心理健康疾病，该数据被广泛引用。对此，英国国家统计局在近年进行过两项研究，其中第一项研究发布于 1999 年，[2]第二项研究发布于 2005 年。[3]在 2005 年的调查研究中，约有 8 000 个不同社会经济状况的家庭接受了访问。调查发现，在 11—16 岁的孩子中，11.5%有过诊断性心理健康疾病。疾病的范围十分广泛，涵盖了 19 种不同的疾病，包括自闭症、缄默症、恐怖症、饮食失调症、对抗性功能障碍和抑郁症。据调查，11—16 岁的孩子中，有 1.4%被诊断为抑郁症。两项研究的数据或多或少都有一致性。我们应警惕教育专家谈论的青少年恶化的心理健康状况，[4]因为此数据似乎并不直接指向这一结论。[5]我们应该更加警惕这种看法:所有儿童都容易患上心理疾病,所以应采取普遍干预方案来防止儿童变得抑郁或患上饮食失调症。事实上,大多数儿童是不会的。该数据也使得认为年轻人容易受伤害、脆弱而且缺乏资源的看法正常化,并且使儿童不能很好地利用现有的品质,成为有能力、有智慧和独立自主的道德主体(moral agent)。

围绕青少年使用酒精、烟草和违禁药物而产生的“成长恐惧症”亦是同理。哗众取宠者对年轻人因吸食海洛因、摇头丸等毒品和某些合法的药物而不幸死亡的报道,还有媒体上经常看到的年轻人浪荡街头、吸烟、喝酒、吸毒和发生无保护性行为的画面,使我们远离了年轻人的真实生活。1990年以来,英国国民医疗服务制度正致力于收集年轻人吸烟、喝酒和吸毒普遍程度的统计数据。与流行的错误观点相左的是,该数据反映出的是近年来青少年吸烟率的显著下降,有问题的酒精消费和吸毒率也大幅下降。该数据凸显了这样的事实:经常喝酒、酗酒以及吸毒只限于极少数青少年。[6]同样,家庭与关系研究中心在2010年进行的调查显示,年轻人倾向于拥有负责的、积极的性经验。他们中的90%以上能够享受上一次的性经验,不存在强迫发生的性关系。80%的年轻人采取了避孕手段,70%的年轻人并非是在醉酒或麻木的情况下发生初次性关系。[7]

这些数据向我们表明,至少在幸福、品德和实践理性的语境下,大多数青少年面对有风险的行为时,能够有良好的判断。显而易见,需要对某些年轻人进行教育,但是一个将焦点放在吸烟、吸毒和性行为上的课程,只会向年轻人暗示,这些行为不仅是青少年的常态,而且幸福的生活仅仅在于避免受到伤害。这将失去一个绝佳机会来帮助年轻人丰富其对人类生活可能性的认知。

尽管许多年轻人在面对使直升机式的父母(helicopter parents,第一时间提供帮助的父母)和教师害怕的行为时能够进行理智的选择,然而我们可以这么认为,在进行道德辩论时,并没有把青少年纳入最重要的考虑范畴。大多数时候,我们或者是告诉孩子应当采取什么行为——“不要吸毒!”“不要吸烟!”——就好像这样说会奏效似的,或者,如果我们更加开明的话,我们会参与关于个体面对烟草或毒品时应该如何选择的辩论,但是这样做就把道德抉择从活生生的语境中抽离出来了。对幸福论者而言,问题不仅仅是“我应当如何做”，而且在于“我应当成为什么样的人”。

哲学家罗莎琳德·赫斯特豪斯（Rosalind Hursthouse）在1991年发表的论文《道德伦理和堕胎》（Virtue Theory and Abortion）里讨论过这个问题。她认为关于堕胎的争论经常围绕着诸如胎儿成型的状况或者作为母亲的权利等问题，在决定是否堕胎时，我们应当考虑所有复杂的因素，诸如胎儿是否成型或者母亲的自然权利是什么。但她认为，恰恰相反，这方面的争论或多或少与人的品德无关，有德之人应当考虑的是，终止妊娠对人格有什么影响：

> 现在，如果运用道德伦理学，我们的第一个问题不会是我们能否从这些常见的生物事实中获知胚胎成型的状况，而是这些事实在实践理性、行为、激情、思想和反应中扮演什么角色，无论是道德的还是非道德的。对待这些事实，什么是正确态度的标志？什么表明了错误的态度？这不仅与上述有关人类繁殖的事实密切相关，而且也与大量事件产生的情感相关。我的意思是，人类的父母，不管男性还是女性，都倾向于关心爱护他们的后代。家庭关系是我们一生中最深厚和强有力的纽带，显然也是最持久的。[8]

我们大多数的毒品和性行为教育，都落入了赫斯特豪斯所描述的关于堕胎的争论的困境。似乎只要青少年知道了烟草、毒品或性传染病的危害，就能使他们做出良好的选择，而不管他们对事件的态度如何。做出良好的选择不仅仅是因为知道了这些事实：良好的选择从品德的践行中产生，尤其是考虑到行为对人格产生影响的实践理性元道德（meta-virtue）。[9]

年轻人进行正确选择的能力可能受到这些笨拙行为的阻碍，人们总是出于好心，把吸毒者和贩毒者妖魔化，试图把青少年从危险行为边缘吓走，这样反而误入了歧途。这扭曲了年轻人经常体验到的现实，这些吸食毒品的年轻人品行大多不错，他们只是因为好玩而吸毒，而并非品行不端。在年轻人当中，吸毒者扭曲的形象被广为传播，并常常与成瘾、赤贫和死亡有关。这削弱了事件所传达的信息的真实价值，即吸毒是有抱负、有德行的年轻人需要认真考虑的问题，且常常与品德相关。我认为过分渲染“吸毒等于死亡”的信息事实上使孩子们更容易做出错误决定，因为一旦他们意识到成人告诉他们的关于毒品的信息大部分不属实，他们就会无视最核心的信息，即毒品就像火，需要极端谨慎地对待。归根结底，每个人都有选择的自主权。无视年轻人的自主选择权，只诉诸行动，将阻碍年轻人发展他们最需要的品质。[10]

幸福与课程

> 我真的很喜欢幸福课，因为它离学术类课程还有一步之遥，但又不仅限于帮助我的日常生活和学习工作得到快速而显著的提升。

我特别喜欢这位九年级学生在 2013 年冬天写下的反馈。他凭直觉发现了幸福课与其他学科的“一步之遥”，认为在幸福课上学到的东西可以学以致用，不但有利于学术探索，还可以运用于生活的每个角落。也就是说，不知不觉中，他概述了幸福课和其他学术课程之间关系的动态性。在设想幸福课在他生活中的作用时，他希望，关于美德和美德贯穿整个生命的方式的统一问题，能在伦理学著作中看到更复杂的论证。安纳斯在《理智的德性》一书中解释了这个问题：

> 一些迹象表明，美德在生活中实践时，并没有被划分为一个单一的领域或背景。同时，学习实践不同的美德也不会相互区隔。这两个观点结合在一起，可以认为各种美德在个人生活中不是相互独立的，它们彼此包含，或者说是“相互成全”。[11]

这同样适用于课程设置。重要的是，我们不能在幸福课和其他课程之间设置障碍，因为整个课程设置应被视为美德发展的整体。然而，幸福课确实占据了一个特殊的位置，因为它是学生毕生美德发展开始的入门机会，也是对未来人生将会如何展开的思考。[12]

正如上面的学生所描述的，幸福课的纤细触手延伸出来，不仅贯穿了整个课程，而且延展到学生及其同伴的未来人生之中。

这给我们带来了另一种看待幸福课的方式,它与其他课程有所区别,却又相互补益。一般来说,学科设置会包括对若干种事物的学习,如果存在任何个人的转变,都是出于误会和偶然,而不是故意的教学意图。理想情况下,当我给哲学学生讲授伦理学时,除了希望他们在描述伦理学争议方面能够更专业之外,我也希望他们能够成为道德的行为者。在很大程度上,地理或数学老师或许也希望通过学习自己的学科,学生能出现一些个人的变化,这种意图却以同样的方式被隐藏了起来,往往排在技能的第二位。幸福课则应该有所不同。幸福课应该有意识地教育学生生而为人,教育他们如何生活得更好,应该为学生提供实践的空间和策略,而不仅仅是教学。这是另一段来自十年级学生的反馈:

> 截至目前,在这个学期的幸福课上,我们已经学习了压力、学习、睡眠、体形以及运动等内容。我认为这门课非常有用,因为所学的一切都与我的日常生活有某种关联。我已经学会了如何控制压力,如何更快地入睡,更加在意食物(因为知道了垃圾食品的危害),运动量也加大了,这使我能在学习之前保持头脑清醒,还有助于提高睡眠质量。我发现,在每一堂幸福课上,我都学到了一些新的东西,也学到了一些日常生活的技巧,这些都能够提高我的个人幸福感。

幸福课:意识、干预、反馈

> 你是如此年轻啊,所以在开始之前,我想尽我所能地请求你,亲爱的先生,试着耐心地对待那些在你心中无法解决的问题,试着去爱那些问题,尽管它们就像锁着的房间一样费解,像用完全陌生的语言写的书一样难懂。不要急着去寻找答案,因为你未曾真正经历过,答案不会自动浮现。关键是要去经历一切。现在,就开始经历这些问题吧。也许在某个遥远的日子里,你会渐渐地、不知不觉地发现答案已经在心里了。[13]

这段话摘录自诗人里尔克(Rilke)的一封信,它揭示了幸福是学习的一种重要动力。对教师而言,我们有满腹智慧和经验,很容易就会对学生说教起来,不光会谈到智力或技术专业技能,也会谈到人生哲理。我们有充分的证据去支持某些生活方式,而且似乎让学生按照这种方式去生活就真的可以过得很好。但是,美德的发展需要行为者培养实践智慧的元美德,即判断在特定情况下如何表现良好的能力。但是,如果行为者被剥夺了自主性,成为提线木偶,实践智慧就无法完全发展。这一点是由朱尔斯·埃文斯(Jules Evans)在著作《人生和其他险境的哲学》(*Philosophy for Life and Other Dangerous Situations*)中提出的:

> 关于幸福问题,实证研究可以告诉我们一些有趣的事情,但是我们也需要训练自己的实践判断或道德判断能力,也就是希腊人所谓的实践智慧(phronesis)。正如苏格拉底(Socrates)所坚持的那样,单独或与他人一起思考这些问题,并且做出自己的独立回答,这本身就是美好生活的重要组成部分。政府(和学校?)不应该否定那些处于探索过程中的人,强迫他们进入一个由“专家”设计的幸福模型之中,这否定了他们的自主性、推理和选择权。我认为,所有这些都是人之丰盈的重要组成部分。[14]

为了尊重和促进实践智慧,幸福课应促使学生进入一种非常简单的三阶段循环过程:(1) 意识,(2) 干预,(3) 评价。这个过程从意识或者说从注意开始:要求学生注意与自己有关的人、事以及周围的环境。这种注意的来源非常广泛:从意识到自己身上的变化——比如心流(flow,指专注的心理状态)或悲伤,到发现别人的肢体语言,乃至自然世界或人造世界中的事物。这是幸福的基本技能:它是一种警报系统,能告诉我们事情是否进展顺利;它是对“账目”或“库存”的检查,能帮我们意识到自己的生活必须发生改变。在很多情况下,必须教育学生应该注意些什么。身体会提醒自己出现了问题,别人的肢体语言会告诉你犯了社交错误。注意是一种必须学习的技能,它需要沉静和耐心,如果我们经常被感觉噪音所轰炸,或总是一心二用,就不会注意到有关自己或他人的事情。

第二个阶段是干预或行动，它能促进学生茁壮成长。这一阶段发生在注意之后，包括了一些实践性的举动，且可能会形成习惯，并成为导向美好生活的美德。例如，在一堂以睡眠和休息为主题的课上，干预可能包括教学生如何形成有助于睡眠的睡眠模式，如关掉移动设备或学习放松技巧。在本书的剩余部分，主要纲领正是由干预及相关支持证据构成。

第三个也是最后一个阶段，是对干预效果的评估和反思。学生被要求通过干预而养成习惯，比如感恩、进入心流状态或开始运动等。它是如何影响身体与心灵的？它如何影响人际关系？它如何影响其他学科的学习？就在这个过程中，学生需要对他们第二阶段的活动效果进行评估。应该鼓励学生敞开心扉去面对干预措施的效果，尤其是去面对那些一开始自己并不喜欢的干预措施（如少看电视）。对于那些由意识而起的问题，评价为学生提供了有效的答案，同时，评价又能反过来将学生带回第一阶段——意识。

进行这项试验的最有效方法是布置家庭作业。幸福和家庭作业乍一看似乎是矛盾的，但实际上，只有当我们对幸福的理解是基于享乐主义时，当我们把家庭作业看成繁重的负担时，幸福与家庭作业才存在矛盾。学生需要离开课堂的不自然状态，在适宜的环境下，用自己决定和设计的方式，测试他们学到的干预技能。举个例子，下面是一个九年级的学生交的家庭作业，此前我曾要求他注意共情（empathy）的作用：

> 在过去的两周里，我发现对共情的思考使我去留意身边的人和事了。我尝试运用共情，结果发现我们其实可以比自己想象中更善于共情。我认为，共情有助于让你知道他人对你的感受，他们希望你伸出援手，像处理自己的问题一样帮助他们，从而有助于你更好地与人相处。上个周末，我是和我妈妈的朋友及其六岁的儿子一起度过的。他显出非常不耐烦的样子，而我猜想，所有这么大的孩子都会比较容易感到不耐烦，这有助于我理解他为什么有点暴躁。
>
> 在学校里，我有一群不错的朋友，因为我们都不太擅长体育。我们能够理解对方不喜欢运动，这有助于大家更好地相处。另外，我也能对爸爸感到共情，因为他的岳祖母正在病中，我能想象他的感受。共情有助于他人更好地了解你，使你们的关系趋于亲密。

我们的课堂讨论让这个学生对共情有了理论上的理解，并提供了探讨其重要性的机会，但是只有当他自己走出去，看到它在校园和家庭生活经验中的重要性，才能真正加深理解。这一点在学生的课程反馈中得到了证实：

> 我们的家庭作业不是简单地回答问题，而是要求我们付诸实践。举个例子，其中一次作业是改变我们日常生活中习惯了的某些事情，并写下改变带来的帮助。

还有：

> 我发现我们的作业非常有趣，特别是其中一个让我们花时间去注意自己和周围人的情绪。结果令我瞠目结舌，因为我看到了许多通常不会注意到的东西。

不言自明的是，我们不应对家庭作业进行评分，也不应尝试将其塞入某种评估框架。学生愿意分享自己的幸福课作业，分享那些关于自我意识增长和个人行为的私人故事，而如果教师收到作业后评出分数或等级，那么就是强迫性地将其塞入不匹配的系统，这种行为总让我感觉是种异乎寻常的特权。化学或法语的成绩可以被认为是线性的——尽管这同样具有争议，但基于专家们普遍同意的不断增加的复杂性，我们可以相对合理地将知识、理解和技能的发展水平划分为不同等级。有时，美德的发展也可能以类似的方式发生，例如，安纳斯用技能来类比美德，也就是把学生的性格和同一性结合在一起，赋予其相应的评价标准，而不是去评价学生究竟做了些什么。这涉及另一个我们应该注意的问题，那就是尊重孩子的内心隐私。在我教的每一个班级，都有一些学生从不完成任何家庭作业，也从不在课堂对话中分享个人经验。在某种程度上，这应该受到尊重。我的内心世界我做主，我有权利选择和谁分享，也有权利选择分享多少内容。也许和一个我信任的人分享内心世界，有助于我更深入地了解自己，然而，是否要分享这个决定应该由我自己，而且是我自己一个人做出。关于尊重孩子内心世界的问题，重要的是把幸福课作为一个安全的空间，在那里可以探索有关个人意义的观念,但不要过多地暴露学生的脆弱面。这就到了教师利用电影、电视、文学和艺术产生刺激的时候了。通过讨论由他人经验引出的问题(无论是虚构的还是真实的),学生同样可以更深入地了解自己,而不是非要分享个人的经验和资料不可。

在《治疗教育增加的危险性》(*The Dangerous Rise of Therapeutic Education*)一书中,凯瑟琳·埃克尔斯通(Kathryn Ecclestone)和丹尼斯·海斯(Dennis Hayes)描述了一种新型的教育方法,它假设人类脆弱而易受伤害,于是他们用治疗的语言和仪式来迫使个体进入感觉幸福的状态,从而引导人们信仰这一机制。"治疗教育"理所当然地认为高自尊和积极情绪状态是最高的善,当每个孩子或多或少地遇到情绪上的困境时,教师就会使用治疗工具来彻底解决这些问题,使孩子们重新感到快乐。埃克尔斯通和海斯认为,这会使孩子成为自恋而眼界狭窄的人,只专注于自己的问题和自己的"幸福",而不会对因为自己的智力发展导致自己和世界发生变化感到乐观:

> 我们把治疗教育视为彻底的反教育,我们认为,不管它背后有什么好的出发点,其结果和影响都是放弃了教育的解放工程(liberating project)。治疗教育创造了一套专门的课程体系,降低了教育和社会对个人相关性、包容性、吸引力的探索和追求,抑制了学生的真实需要。这种反教育的趋势会造成两种结果。其一,以包容、宽容和共情为名,设置了一套自我介绍活动的课程,鼓励人们向专业人士展示脆弱的自我,导致越来越多的朋辈导师、生活教练、咨询顾问、心理学家和治疗师被聘为"治疗支持人员"。这不会让人拥有自主力量,而会导致人们降低对自己和他人的期望,同时也会看到,他人拥有同自己一样的缺陷和脆弱。其二,这些活动及其潜在的假设正在为更正式的尝试铺平道路,将训练"适当的情绪"作为发展"幸福感"的一部分。[15]

幸福论不仅强调每个个体的力量,还很重视行为者良好道德和情绪判断的发展。它也强调了这些发展并不是在真空中发生的:在自己获得美德的同时,对周围的人和环境也产生了深深的影响;另外,也扩展了自我意识,并将人际关系和更广阔的世界纳入其中。自私又自恋的人无法获得美德。

如果幸福教育的产物只有这些自私而自恋的人，那么从幸福论的视角来看，这种教育就是失败的。[16]

实验性课程

那么接下来我们该做什么才能把外面的带进来、把里面的带出去，打破外面的世界和我们称之为学校的这样一个非常虚伪/人工的环境之间的屏障？雷蒙德·梅根(Raymond Meighan)以敢于在着装上挑战皇帝的小男孩来作为相似的教育的比喻。这就是孩子们目前的境遇，因人为的课程使得学校的学习变得枯燥乏味、毫无意义。[17]

伊恩·吉尔伯特(Ian Gilbert)

在教授这些概念的过程中，有许多概念往往能引入幸福课程，但由于是在教室里进行教学，因此这些概念往往与真实语境脱离，成为干枯的标本，失去了鲜活的生命力。在可能的情况下，重新创造一个体验式的环境是很重要的，如此，大多数的幸福课程才有其现实的意义。当我在培养十一年级学生的好奇心时，我会将他们带出教室，给他们下一个指令，让他们给我带回一些有趣的东西。当我在教导他们心流状态时，我会让他们在一间堆满玩具的屋子里，完全自由地玩耍半个小时。学会理解抽象的概念是一回事，但将这一概念与现实生活中的情景体验联系起来是另一回事，后者会给学习带来更加深刻的影响。

我们为十六七岁的学生开设的十二年级幸福课程，探究了各式各样的观念，如适应力、情感技能、教练法、专注冥想和评估风险。我们设立了许多趣味十足的课程，这些课程轻松愉快，内容丰富且含有大量的对话。然而，学生最期待的，却是高空绳索课上的最后一项活动，尤其是其中一个他们用一种肃穆且虔诚的语气谈论着的环节——他们称之为“信仰之跃”(leap of faith)。想象一下，一根约10米高的电线杆，上面嵌着帮助高空作业工人攀爬的铁钉。当学生攀爬这个电线杆时(当然是系有牢固的安全绳的情况下)，他必须找到一种方式，能让他们在30厘米直径的柱子顶上站直。倘若你未曾尝试如此，你就无法体会到情绪的力量，尤其是在这一顶点上所感受到的——特别是在一个大风天,电线杆在轻微摇晃的时候,而一旦学生在柱子上站定,他面对的就会是一个巨大的绿色的球,这个球悬挂在距离他几米的前方。然后,带着人类在二十多万年的进化中产生的本能恐惧,他必须跳跃到半空中,去尝试拍打那个球。

今年的早些时候,就在一次早休前的课上,我曾带着一组学生进行高空绳索训练。除了汉娜(Hannah),其余的每一个人都成功地完成了"信仰之跃"。汉娜一直小心翼翼地拖着脚步走在队伍的后面,希望这堂课能在她被套上绳索前结束。下课前五分钟,我把两个弹簧钩扣到汉娜身上的安全带上,并确保四名手持安全绳的学生(他们手持汉娜系着的绳索)全神贯注。汉娜开始攀爬。但爬到大约电线杆半腰时,她询问能否下来。她怕极了。然而,正是因为她先询问了一番,而不是直接爬下来,于是我产生了一种直觉:在正确的鼓励下,她一定能够成功爬上电线杆的顶点并完成跳跃。尽管这让她花了半个小时的时间来激励、安慰和鼓励自己,但她成功地做到了她曾认为不可能做到的事,甚至她还完成跳跃,拍打了球。不仅仅是那四名持绳的学生保护着汉娜,班级里的其他同学也都放弃了休息时间来帮助汉娜完成"信仰之跃"。如今在教室里进行适应力和情感技能的教学效果不错,然而通过亲身体验,学生对这些概念理解的广度和深度是不可估量的。

另一个简单得多的办法,虽然不那么富有戏剧性,但是能够取得类似的学习效果,就是走绳(slackline)。走绳使用的是尼龙绳索和棘轮,将绳索系在两棵树之间,离地 2—3 英尺(1 英尺约为 0.3 米)。绳索宽度在 5 厘米左右,用棘轮拉紧绳索后,就可以在上面行走。正如你可以想象得到的,走绳是很难的,尤其是在身边还有二十五个同学围观的时候。为了能够熟练地操作,必须坚持不懈,克服情感和认知里的"捣蛋小精灵",这些"捣蛋小精灵"在阻碍着我们面对挑战。我曾经使用走绳的方法训练学生的适应力、成长型思维、心流状态和自我效能感,以及训练团队中的个体相互支持、完成困难任务的合作精神。大多数情况下,这些课程都是乐趣十足的,但是攻克难题的经历正是辨认出某些珍贵品质的试金石,这些品质反过来可以延伸到生活的其他领域。[18]

对学习者而言,还有许多其他的方式可以把对美德和幸福概念的理解应用到生活之中,从而避免"学生因作业负担过重而死亡"的诅咒。例如,在进行延迟满足、抵制诱惑和执行功能的教育时，重现这场始于19世纪70年代的实验是很有趣的。该实验提出了初步的洞见(early insight)：孩子为了把精力集中于长期目标而发展出认知策略，延迟了短期的满足。根据实验心理学的经典研究，沃尔特·米歇尔(Walter Mischel)请一些小孩子(四五岁左右)来到美国斯坦福大学(Stanford University)的托儿所实验室。这些小孩子被带到只有一张桌子和一些椅子的房间，房间里没有其他分散注意力的东西。桌子上有一只小盘子，里面有一颗糖果，比如棉花糖，另外一只盘子里放着两颗糖果。实验开始了，大人离开房间十五分钟，并告诉孩子们，如果他们能够等到大人回来，就可以吃掉所有的糖果，如果不能等，就摇动小铃铛，实验人员会回来，孩子们就只能吃到一颗糖果，另外两颗就不能吃了。[19]我在十年级学生身上重现了这项实验，我用的是豆形软糖。课程开始时，分发给他们每人一颗豆形软糖，并告诉他们如果能够抵制诱惑不去吃自己那颗糖，或者使别人不能多得两颗糖，下课时就能得到另外两颗糖。在一堂课上，一位男孩十分了解自己，为了把诱惑从脑中赶走，他为糖果造了一个纸棺材。因为学生是真正在抵制诱惑，这就触及了课程的学习重点，即存在可以延迟满足的认知策略，这是更为重要的，同时也给学生提供了机会，以分享他们的策略。

某些把学习应用于生活的最有效的策略来自戏剧课堂的角色扮演和角色刻画。你让学生想象一个特定的状态和情境，并让学生以在场的同学为人物蓝本刻画出一个静止的场景。为了取得多重效果，可以采用戏剧课堂的热身游戏。一个最好用的技术被称为“论坛戏剧”(forum theatre)。该技术由阿根廷戏剧专业人员奥古斯托·博尔(Augusto Boal)研发，目的是为了帮助受压迫的拉丁美洲人民接触并回归到主宰他们生活的重要议题。其基本理念是创造出一段短篇戏剧，其结局悬而未决。观众受邀来到现场，通过被称为“小丑”的主持人来决定接下来该发生什么，或者改变故事的前半部分，以获得不一样的、更加理想的结果。观众是演员的一部分，故事经过全体成员的共同修改，看看是否存在不同的结局。好几年前，我有幸观看了一场“论坛戏剧”，它是由一位了不起的老师罗伯特·巴伯(Robert Barber)指导的。这场戏剧在英国德文郡(Devon)的巴恩斯特布公园社区学校(The Park Community School in Barnstaple)演出，主题是青少年怀孕问题。[20]这对于以幸福为目的的教育来说意义重大,因为这是一个让学生使用戏剧技术探索动机、美德,并认识到我们的行为如何一步步影响他人的绝佳机会。创造出“论坛戏剧”的成品在某种意义上可以算是一项事业,但是该技术的元素可以应用于短篇教学。“接下来发生了什么呢?”这就是极其有用的技术,可以应用在课堂的视频刺激物或者学生虚构的故事的教学之中。角色扮演对帮助学生想象意图、动机、品质,还有他人的处境,从而发展出共情,是极为重要的,同时也给予了学生检验人格完整性的理念是否可靠的机会。换句话说,通过已知的虚构角色,想象在特定情境下他会如何行动。如果他是根据人格特质而做出某些行为,呈现出的什么情境因素导致了这一切的发生? 近年来,我们使用了这一方法,让十二年级学生当小老师,教育九年级学生物质滥用的危害。经过三天的训练和准备,一小群十二年级学生开始演出一场短剧,他们把九年级学生带入工作坊,并在此讨论出现的问题。这能帮助削弱诸如物质滥用教学的去语境化(de-contextualisation)带来的负面影响。通常,学生会遇到一大堆干巴巴的数据,而无法考虑上述事件存在的丰富社会语境。

结　论

在构建幸福课程之前,厘清基础理论很重要。幸福课程在课程中占据了一个与众不同却又与其他课程相辅相成的地位,许多学生把它称为“建设性的休息”。设法提供与更广泛的课程理念相契合的学习经验也很重要,因为如果你的课程不连贯,就会被学生发现,并且项目的可信度会被破坏。同样重要的是,要把一些评论家,如凯瑟琳·埃克尔斯通和朱迪思·苏伊莎提出的警示和担忧纳入考虑,这些警示和担忧并非臆想。它们迫使我们认真思考——尽管我们带着最好的意图——这类课程将会如何弱化我们学生的人生观,降低他们的能动作用和自我效能感。

在第四至第九章中,我们将把注意力放在建构幸福课程的内容以及传授幸福课程的方法上。

第四章　身体关怀

章节预览
满足身体的需要 美味与美德 锻炼 睡觉 关心我们的情绪 基础情绪 了解情绪 二级情绪 大脑与学习 失控和执行力

简　介

在《格列佛游记》(*Gulliver's Travel*)中，乔纳森·斯威夫特(Jonathan Swift)讲述了浮岛拉普达(Laputa)上居民奇异的生活方式。拉普达岛悬浮在巴尔尼巴比(Balnibarbi)领土上空。拉普达岛上的大多数男性居民都是只专注于思考的思想家，由于他们太沉湎于苦思冥想，以至于需要一个"拍手"跟着他们，当他们过于一门心思想问题时，"拍手"好拍醒他们：

> 当主人在街上散步时，"拍手"更是毫无松懈地跟着主人，不时地轻拍主人眼睛。因为如果不这样的话，一门心思想问题的主人可能会走

到悬崖边上都不知道，或者头会撞到柱子上，那样就太危险了。没有“拍手”的提醒，他们在大街上会被撞得人仰马翻，或者掉到水沟里。[1]

有意思的是，许多拉普达岛男人的老婆对她们专注思考的丈夫非常不满，于是她们去下面的大陆寻找情人，当然，她们的丈夫察觉不到。拉普达岛的男人只关心音乐和数学，对任何非智力型的事物都不感兴趣，因此，他们的生活极不和谐：

尽管他们能够在纸上熟练地使用尺子、圆规等仪器，但在现实生活中的寻常举止简直是我见过的人中最笨拙的了。[2]

斯威夫特的观点很明确：锱铢必较会使生活变得很糟糕。不关心身体和心灵后患无穷。拉普达男人的行为可以通过理解左右脑的不同功能来解释，正如伊恩·麦吉克里斯特所说：

左右脑控制身体的不同功能。右脑负责我们的感官，使我们感受到“活着”。当侧脑室受伤时会有奇妙的变化，我们会无法分辨自我和世界，会把两者混为一谈。相反，对左脑而言，身体是相对独立地存在于世界上的，是一个物体，就像其他物体一样[en soi，而不是 pour soi，用萨特(Sartre)术语来说]。加布里埃尔·马塞尔(Gabriel Marcel)曾说：有时我是一具身体，有时我有一具身体。[3]

麦吉克里斯特解释道，我们有可能以两种不同方式看待身体：一种是我们的身体和自我意识之间无差别，即肉体与灵魂统一，另一种就是像拉普达人，身体几乎被视为无用的负担，阻碍了更重要的智力的发展。对麦吉克里斯特来说，认为思想和肉体在某种程度上是分开的观点对构建完整人生是毫无帮助的，这种观点同时还允许左脑占据主导地位，从而使得身体客观化，并把它变为工具：

虽然看起来我们似乎过分重视身体和身体存在的价值，但对于身体和它本身的需求与欲望，我不是从运动、健康和饮食中推断的，而是由生活方式推断。身体已经变成了一个客观存在的物体，一个我们拥有的东西，一种机能，是一种为了娱乐而存在的机体，有点像一辆具有智能音响系统的跑车。左脑的世界最终是自恋的，在这个意义上，它把世界看成“外界”，且只不过是对自己的重新审视：身体只是我们在那里看到的最重要的东西，我们感觉到它“促使”我们去塑造它。[4]

本章我们将探讨幸福感的教学可能会涉及的对身体关爱的一些方法，在文章最初我引用了斯威夫特和麦吉克里斯特的观点，试图提出一个我们的设想，即当代消费文化对人体进行了巨大的改造。通过消费文化，我们误以为能发现真正的幸福——通过特定的衣着、外表和生活方式，它鼓励我们对身体采取一种器质性(instrumental)的看法，而不是把身体视为根植于这个世界，并作为我们体验世界的手段。当我们把身体看成精神需要的附属品时，我们就很容易忽视身体所服从的自然的基本法则，而不能正确地照顾它。幸福教育应该试图释放这些文化压力，使年轻人把对身体的关心视为好好生活的一种学习方式，而不是把身体当成一个生搬硬套的对象进行雕琢。

满足身体的需要

活得好，意味着要关爱身体，尊重和满足我们身体的需要，这些应被看成勇气、善良和毅力等美德的放大。我们可以选择去做一些基本的、简单的事情，这会极大增加我们过上美好生活的机会。年轻人常发现很难把这些基本的东西做好，因为他们得设法平衡学校、家庭、欲望、卓越的游戏技能或者游戏瘾的需求。学会关爱身体不是一蹴而就的，我们必须以年轻人健康生活的长期目标来培养他们对实验的渴望和对“营养食物”的热爱，年轻人比成年人更难控制风险和放弃享乐。一套好的课程应该使年轻人拥有充足的睡眠、合理的饮食、适量的锻炼，且能抽出时间玩耍和放松。通过更全面地了解身体机能，然后重复实验、评估和研究，年轻人能养成关爱身体的习惯。

美味与美德

良好的营养是健康之基。营养不良,迟早会导致一种或多种亚健康疾病。这对大脑和身体都是一种伤害。亚健康的孩子通常脾气暴躁、多动、学习注意力不集中,令人惊讶的是,表现也不好。[5]

最近,我和两个被逐出课堂的男孩一起进行试验。早上,我们在算术上取得了不错的成绩,午餐时我就想着下午如何和他们一起学英语,而他们吃完午饭回来后决定,当天剩下的两堂课什么事都不做了。我们闲下来聊会天。聊天内容自然而然转向了自我关爱的问题,我问他们午餐吃了什么。"没怎么吃,先生,我不需要吃太多。"其中一个回答道。接着我问他们早餐吃了什么。"我不吃早餐,先生,没必要吃早餐。"原来他们俩从前天晚上起就没吃过东西,这看起来是常态。打那以后,我为他们提供早餐和午餐。下午不适宜学习完全可以理解,因为男孩大脑在营养供应不足的情况下无法进行除法运算或者分析《人鼠之间》(*Mice and Men*)。

朱莉娅·安纳斯在《理智的德性》中介绍,美德的获得与技能的获得是相似的。[6]她告诉我们,要使某门学科知识变得更加熟练,不仅仅是死记硬背和循规蹈矩地学习,而是要基于学习需要和学习驱动力这两个要素。参加复杂的活动,需要有营养的饮食,得依靠学习知识、原则和技巧。当我准备跑半程马拉松时,我知道需要充足的水和缓释碳水化合物的食物,而不需要含酒精的饮品,要根据需要为自己准备食物。为了技能纯熟和德行教化,我不仅主动学习,而且渴望学习,正如安纳斯所说,渴望是由三个方面组成的。首先,渴望是建立在理解之上的。我之所以有特定的行事方式,是我观察有能力的人时发现,他们不仅仅为做事而做事,他们还明白为什么要做这些事。其次,渴望建立在为自己获得技能的基础上:能够在没有老师在场的情况下,独立且熟练地操作,这些行为得益于知识的融会贯通。最后,渴望学习的动力是建立在知识完善和技能提高的基础上。在德性教育的过程中,我们要塑造自我性格,并培养稳定的性情,当遇到新的且富有挑战性的事物时,这些品质可以引导我们。

学会通过供给(包括锻炼和休息)关爱身体应该被视为一种美德。对许多人来说,吃只是例行公事,是一种功能性行为,一种把各种富含能量的食物灌注于身体的行为,以便满足我们的日常所需。因为我们生活在供应充足、廉价、脂肪含量高、加工程度高,且富含大量碳水化合物的食品的社会,我们很容易机械地喂饱自己,而不思考如何吃得有营养,也不思考为什么要吃有营养的食物。这意味着身体运作不仅是行为德性也是道德德性。吃得不好有害身体健康。当我们营养不良时,身体就会遭罪,而且更严重时,营养不良会耗尽 NHS 的有限资源,导致这一问题日渐凸显。[7]饮食不善也会对社会造成影响,因为营养不良会影响我们的情绪,甚至可能使我们做出极端的反社会行为。亚历克斯·理查森(Alex Richardson)引用了伯纳德·盖什(Bernard Gesch)的研究,他发现调节年轻罪犯的饮食结构,包括多种维生素和脂肪酸,对减少犯罪和暴力行为有显著的积极作用。[8]

帮助儿童形成良好的营养饮食认知是一个必要环节,就像安纳斯所说的重叠的“嵌入式语义”(embedded contexts)。其中有些内容对年轻人营养饮食没有帮助,反而会让他们在营养饮食方面形成道德惰性(ethical lazy):

> 存在道德惰性的人只是模仿其父母或其他榜样的行为模式,而不去理解他们基于什么原因这样做,或者去思考自己为什么这样做。这样的人倾向于僵化式性格发展模式,这将不适合融入这个世界(因为即使在传统社会中,一代人的环境在许多方面都与上一代人不同)。存在道德惰性的人可能会逐渐认识到,在与世界的接触中,他的反应是被动的、痛苦的,而这种接触最终可能会剥夺他渴望的驱动力,即使仅仅是为了避免日常模仿角色所带来的道德败坏。[9]

社会如果能够接受营养饮食存在的道德惰性,那么也就应该帮助孩子们改善饮食,培养伦理技能和德性。幸福方案在较好的社会环境中才能实施,因为它着重强调如何通过学习生活得更好。该方案也有助于把烹制营养食物的机制同道德和性格培养问题结合起来,这就是为什么我们要费心去做这件事。孩子们应该有机会学习健康饮食,重新考虑我们的饮食变化可能带来的影响——亚历克斯·理查森的《人如其食》(*They Are What You*

Feed Them)，以及慢食运动(slow food movement)。他们还应该学习如何准备饭菜，获得为对方做饭的机会，一起享用餐桌上的饭菜。在远古社会和石器时代，人们很强调吃的社会仪式，而现在我们因要完成我们各自的工作任务，很容易忽略在一起吃饭的社会价值。

付诸实践：合理饮食

- **身体地图**：学生以小组为单位，在一张大纸上画出真人大小的人体结构图，显示出身体的不同部位，以及它们之间的相互影响，并对如何通过饮食来照顾我们的身体部位给出合理的建议，这是一个持续性的、需要花费好几个课时的艺术工程，因为我们需要在过程中搜集证据。
- **试验**：为学生提供有关营养的某些特定方面的信息，比如，血糖指数升高是由于过度摄入加工食品——以纪录片《大号的我》(*Supersize Me*)为例，或者是受到斋戒日 5:2 饮食比例(即 5 天饮食，2 天斋戒)的影响。让他们试验改变营养摄入，并对其产生的效果进行反馈，从而更好地理解为什么我们要注重饮食。
- **烹饪**：设法帮助孩子们制作健康饮食。和他们一起做饭，让他们享受把食材变成美味的过程，让他们发现烹饪和饮食是一种正常活动(参见第七章)。
- **进行跟踪**：让学生简单思考并列出正在他们身体里发生的变化，分析哪些变化是受到饮食的影响。他们平时一般很少思考这些。
- **细节**：让学生在一周的时间内留意身体某个器官的功能。它的作用是什么？营养摄入是如何提高或降低其功能的？
- **毒素**：让学生思考哪些物质和活动是损害健康的。要求他们详细解释这些有害物质的功效。他们也应该思考一下补救措施。如何将这些毒素从一个人的生活方式中清除出去？他们需要去哪里寻求帮助和建议？

锻　炼

来吧！这是我们期待已久的奇迹疗法。如果把运动比作一种药，那么它就是迄今为止被发明出来的性价比最高的一种药物。

国家卫生服务网站(National Health Service website)

在2008年的电影《机器人总动员》(*Wall-E*)中,我们得以一窥如果按照当前的消费趋势继续下去人类未来生活的模样。垃圾污染地球,人类被迫离开地球生活在一个叫作"真理号"(Axiom)的巨大空间飞行器上,它是由"大买家"(Buy n Large)所操控的,类似于今天的沃尔玛或者亚马逊。它能够满足人类所有的基本需求,人们不再有欲望。他们卧在躺椅上,只通过耳机和面前的屏幕进行交流。他们的身体变成模糊的一团,他们的反应变得迟钝,因为他们根本不需要努力奋斗了。这种恶搞暗示了锻炼绝对在人类生活中占据中心地位。作为有机体,运动是我们身体构成的基础,实际上,当我们养成久坐不动的生活方式后,我们的生理和心理状况就开始恶化。

锻炼对我们身体健康的益处是家喻户晓的,随便浏览下互联网就可得知。[10]但是我们不太了解的是锻炼对于增强我们的心理健康以及学习能力的重要性。在迈克尔·拜雅克(Michael Babyak)等人2000年进行的一项著名且经常被引用的研究中,156名重度抑郁症患者被分为3组,每组52人。医生给一组开了左洛复(Zoloft)——一种针对他们病情的选择性5-羟色胺再摄取抑制剂(SSRI);另一组则被规定每周进行3次锻炼,每次30分钟,并接受药物治疗;第三组仅仅是锻炼(每周3次,每次30分钟)。4个月之后,所有这3组患者的抑郁症状都已经减轻了约60%。然而,10个月之后,在症状已经消失了的仅接受药物治疗的一组患者中,38%的人再次抑郁;在接受药物治疗和锻炼的一组患者中,31%的人再次陷入抑郁状态;而只锻炼的一组,只有9%的患者复发。研究得出结论:

当下研究表明,一个适度的锻炼计划(例如,每周3次,每次30分钟,最高70%的心率储备)对于积极的重度抑郁症患者是一种有效的、健康的治疗方法,临床药物效果在那些坚持锻炼的病人身上更持久。[11]

人类的身体已经进化到必须运动和锻炼,所以不锻炼的身体相当于服用了镇静剂。体育锻炼可以释放多巴胺和血清素,这可以让你心情愉悦。

不运动的话我们就剥夺了自己的身体系统创造愉悦感的权利。英国维冈(Wigan)的一名医生十年来一直在组织他的病人散步。当曼彻斯特大学(Univetsity of Manchester)的一项研究在检验其效果时,在这些病人身上发现了很多改善之处,如情绪好转、血压降低、体重下降、药物包括抗抑郁药减少、事故和急救入院次数减少。[12]锻炼也能延长寿命。缺乏锻炼会让你早逝的风险增加50%。研究表明,你越早开始锻炼,对某些疾病,如骨关节炎的预防效果就越好,因为肌肉、骨骼系统可以通过运动得到强化。[13]

正如约翰·瑞提(John Ratey)在他的《火花》(*Spark*)和《大脑使用指南》(*A User's Guide to the Brain*)一书中所说的,锻炼可以从内改善大脑功能。当我们运动时,大脑中负责建立和加强神经元之间连接的化学元素就会被释放,一旦新的连接产生,我们便学到了新知。美国的很多学校已经为小学生引进了日常锻炼计划,效果是很令人震惊的:在标准化考试中,泰特斯威尔学校(Titusville School)学生的阅读能力从低于全国平均水平上升到超过平均水平17%,数学能力更是超过了平均水平18%。肯塔基州(Kentucky)的另一所学校的违纪问题减少了67%。运动可以提高我们的学习效率。德国研究人员发现,人们在运动后记单词比运动前快20%。[14]然而,正如瑞提所言,仅仅去散步是不够的,我们还应该进行一些技巧性的运动,因为它可以刺激、发展新的神经连接。比如攀岩、舞蹈和武术等活动都是非常棒的,因为其有复杂和精细的运动要求:

> 越来越多的证据表明,每个人掌握新信息和记忆旧信息的能力都可以通过体育锻炼在大脑中引起的生物变化得到提高。某些运动可以产生一些化学变化,使我们的大脑变得更强壮、更健康、更快乐。一个优化的大脑可以更好地思考、记忆和学习。练习一项运动,如现代舞或花样滑冰,需要掌握和协调很多动作。在练习过这些动作之后,人们的学术能力、记忆检索能力和认知能力都有了提高。[15]

以上所有这些都有助于我们为那些相信其功效的人提供一个锻炼的理由,但是对于某些已经发现了运动在生活中有不容置疑的作用,或是想把运动放在一个更大的背景中而不仅仅是优化生理过程的人来说,该怎么办呢?

村上春树(Haruki Murakami)在他的《当我谈论跑步时,我谈些什么》(*What I Talk About When I Talk About Running*)中谈到了长跑对他的影响。于他而言,跑步不只是为了保持身材,它还赋予他写作所需要的智慧能源:

> 人们有时候会嘲笑那些每天跑步的人,说他们是为了活得更久而竭尽全力。但我认为那不是大多数人跑步的原因。他们跑步不是为了生命的长度而是因为想要过充实的生活。如果你打算虚度年华,最好有一个明确的目标过充实的日子而不是浑浑噩噩度日,我相信跑步可以帮你做到这一点。挖掘你的潜能,发挥你的极限能力,这是跑步的本质,也是生活的隐喻——对我来说,也是写作的隐喻。我相信许多跑步者同意我的观点。[16]

我赞同。我十年前才开始长跑,最初是为了用更健康的方式来取代抽烟(就像村上春树那样)。从那以后,我在千万次的跑步声中发觉,体育锻炼最初的工具性目的很快消失不见,而一种更大的意义随即产生。它不仅仅是"挖掘你的潜能,发挥你的极限能力"——当然这种力量也是不可低估的,而且同时我还有一种感觉:当我的脚撞击地面,我的心怦怦直跳,我的肌肉在燃烧,我与周围的大自然融为一体,我便得到了修复和加强。我不在健身房的跑步机上跑,只要有机会我就去树林里跑,在小路上跑,往山上跑。这些年来,我曾经过许多美丽的地方、壮丽的景观——从我居住的英国伯克郡乡村清新爽快的下雪天,到被风吹过的伦迪岛(Lundy)以及北威尔士(North Wales)的斯诺登尼亚山(Snowdonia)和法国的科西嘉岛(Corsica)。在我跑步的时候,我常常为美丽的狐狸、鹿,或是飞扑过来的红色风筝而驻足不前,或者在返回的时候被魔鬼公路(Devil's Highway)上夕阳的柔光所吸引。尽管我苦苦挣扎,想要突破身体的极限,但与此同时,我也沉浸在那时的大自然之中。正是这种沉浸感赋予了跑步更重要的意义,它远比那些在潮湿、嘈杂、没有窗户的房间里进行的简单、实际、机械的运动好得多。伊恩·麦吉克里斯特在讨论崇高的重要性时抓住了这一点:

那些对所有伟大事物怀有敬畏之心的人——无论是对上帝还是对浩瀚、美丽而又复杂的大自然——不会把自己和它们分开。他们感受到一些“别的”东西，当然了，这也是他们与别人分享的东西。因为移情链接或者中介性——以深度为隐喻，他们与“其他人”拥有共同的性格，同时却也感到自己与之分离。[17]

另一位能够捕捉自然世界意义的作家是罗伯特·麦克法兰(Robert Macfarlane)，他将我们从自恋中拉出来，开始关注“他者”的感受，他的卓越作品《荒野之境》(*The Wild Places*)与《古道》(*The Old Ways*)以他人无可比拟的方式描绘了人类与自然的联系。在这两本书中，麦克法兰带领我们前往不列颠群岛最后一片伟大的荒野，徜徉在欧洲和中东一些最古老的人类旧路之上。优美的散文不仅再现了他曾遇见的风景，而且提醒着我们自然世界的潜在力量，它能使我们理解自己的存在。例如，他描写了在苏格兰的克鲁什克湖(Loch Coruisk)中游泳带来的影响：

简单地说，在湖中，能够提醒人类感知的狭隘界限，以及你对世界假设的暂时性。在这样一个地方，你惯用的计时单位(一个世纪、一生、十年、一年、一天、一次心跳)都变得难以察觉，你的身体姿势和心理冲动(手的升降、与水的对抗、愤怒的怒火、言语或思想的转向)都变得惊人地敏捷。人类世界更大的动力——战争、文明、时代——似乎遥不可及。湖泊中的时间变幻如此迅捷，却又如此缓慢，你无法理解，它没有兴趣遵守任何人类的时间表。湖泊自有其野生的时间。[18]

这种重新校准我们想法的观点同样出现在艾里斯·默多克(Iris Murdoch)的作品《善的主权》(*The Sovereignty of Good*)中：

我正向窗外望去，心里充满了焦虑和怨恨，浑然忘却了周围的环境，沉思着可能损害我声望的一些事物。然后我突然看到一只盘旋的红隼。顷刻之间，一切都变了。沉思的那个我，和受伤的虚荣心一同消失了。现在，除了红隼什么都没有。当我重新开始回想另一件事时，它似乎就没有那么重要了。当然，对于类似的事情，我们可以有意为之：为了清除自私的忧虑，将注意力转向自然。[19]

运动可以作为一种工具性的善，用来改善体质、情绪、学习和大脑功能，而它的潜力不止于此。运动可以将我们与其他事物联系在一起，在团队运动中获得友情和关系，伴随着艰难的壮举得到深刻的个人成就感。当我们在自然世界（而不是健身房）运动时，也可以从琐碎的人类事务中挣脱出来，得以建构基于环境的意义。

付诸实践：关于运动的教学

- **尽管去做吧**：要领会运动的好处，只有一条路径——在运动中尽情感受。许多孩子已经过上了运动生活，但也有些孩子总爱久坐不动，只有让他们尝到了运动的好处，他们才有可能摆脱这种习惯。
- **学会对比**：鼓励学生定期运动，并与久坐的活动（如玩电脑游戏、看电视）的结果进行对比。同时，也建议学生对比不同类型的运动，从单一形式的运动，到涉及更多技能的运动，以及团队运动。
- **家庭作业**：让学生记录运动对自己的影响，包括生理、情绪、学习的变化，以及对自己能力的影响。
- **消除竞争**：鼓励孩子只与自己竞争，或创造机会让学生一起玩合作类游戏，而非竞争类游戏。许多学生讨厌运动，因为他们把它与嘲笑、失败联系起来。[20]擅长运动的人做得太好，有时会让运动能力较差的孩子感到不安。
- **加强合作**：与体育专业合作，为学生、父母和同事建设清晨或晚间的锻炼/运动俱乐部。
- **走出教室**：上课时带着全体学生出去散步，让他们（独自且安静地）聆听鸟的鸣叫，或是倾听风钻温柔而充满节奏感的轰鸣。然后带他们回到课堂，让大家对比出去之前和之后的感受。要求学生留意一些特定的事情，比如心率、情绪或对其他人的感受。

睡 觉

孩子们需要多长时间睡眠？答案是多多益善。睡眠处于最优先考虑的位置，父母应该对此进行积极追求和保护。睡眠对儿童的健康和发展至关重要，我们已经知道，生命早期的睡眠不足，可能会给人带来长期甚至终生的影响。[21]

在睡眠状态中，我们的身体在休息和修复，大脑则开始处理白天的经验，着手巩固学习。人体每天需要八小时左右的睡眠，随着年龄的增长，对睡眠时间的需求逐渐下降。儿童和青少年需要的睡眠比成年人多，因为他们的身体正在经历着巨大的变化：5 岁的孩子每晚需要 11 个小时睡眠，13 岁的儿童需要 9.5 小时，在 16 岁时则逐渐下降为 8.5 小时。[22]睡眠剥夺——许多青少年都经历过的状态——减少了睡觉的机会，会产生显著的生理和心理影响。马克·韦斯布鲁斯（Marc Weissbluth）在《健康的睡眠习惯》（*Healthy Sleep Habits*）和《快乐儿童》（*Happy Child*）中引用了各种研究，说明睡眠剥夺会损害创造性思维（尽管不会损害死记硬背的学习和简单的记忆任务），而且，儿童的糟糕睡眠状况可能会成为以后情绪障碍和抑郁的预兆。睡眠时间更长的儿童表现出来的认知功能水平也越高。[23]美国哈佛大学（Harvard University）和加拿大麦吉尔大学（McGill University）的研究者在 2007 年 5 月发表了一项研究成果，认为深度睡眠对模式识别十分重要，提出第二阶段睡眠（位于快速眼动睡眠和轻度睡眠之间）有助于学习运动任务，如演奏乐器或完善运动中的特定动作。健康的睡眠者通常在大约 20 分钟后进入深度睡眠，所以即使是小睡打盹也有助于我们在观念和学习之间建立联系。[24]以色列魏茨曼研究所（Weizmann Institute）的艾维·卡尼（Avi Karni）和多夫·萨吉（Dov Sagi）发现，如果一个人的 REM 睡眠（快速眼动睡眠）一夜之间被打断 60 次，那么学习过程会被完全阻断，但如果打断的是非快速眼动睡眠，就不会产生同样的效果。[25]艾伦·霍布森（Allan Hobson）所做的另一项研究发现，在睡眠期间，记忆在脑中排练重演，有助于加强白天建立的神经连接，并加固那些正在衰退的连接。[26]

人体存在一定的节奏(可以被称为生理昼夜节律),它伴随着白天和夜晚的自然变化(被称为昼夜节律)而发生。睡眠也受到稳态控制机制的监督。作为一个自动化的系统,稳态控制机制试图确保我们有足够的睡眠:你保持清醒的时间越长,随后的睡眠时间就会越长。[27]生理昼夜节律和稳态系统是通过释放神经递质和激素而产生的,这些激素由环境条件(光和暗)和自身的生物钟刺激产生,能诱导人体进入清醒或睡眠状态。

在青少年中,尤其在男孩身上,昼夜节律系统会延迟,这意味着他们更有可能熬夜和赖床。这种延迟的昼夜节律会持续到20岁出头。洛克利和福斯特(Lockley & Foster)认为,这些生理变化常常会使青少年与成年人发生冲突,大人会错误地指责孩子懒惰,或是故意做出不当行为。[28]其中一个相关回应是有人建议学校推迟上学时间。2014年,英国牛津大学(Oxford University)主持了一项大型研究,在超过100所英国学校中选择了3 000名学生,将他们的上课时间推后到上午10点。在此之前,研究人员还在英国北泰恩赛德(North Tyneside)的蒙克西顿高中(Monkseaton High School)开展过一次推迟上学的初步试点研究,研究进行得非常成功。研究小组预计在2018年公布研究结果。[29]

虽然身体需要睡眠,有时却偏偏无法入睡。下面是一些能够帮助入睡的方法:

1. 尽量不要在睡前几小时内摄入任何类型的兴奋剂,特别是不要摄入咖啡因。这需要我们留意那些含有咖啡因的产品。

2. 避免在睡觉前使用明亮的屏幕(例如笔记本电脑、电视和手机),因为明亮的光线会导致内分泌系统释放激素,从而让人保持清醒。

3. 在白天进行大量的运动,但不要在睡前运动。

4. 既不要在睡前吃大餐,也不要在太饿的状态下睡觉。

5. 试着养成睡眠习惯,保持每天在相同的时间起床、入睡。

6. 保持卧室的黑暗(如有必要,使用隔光窗帘)和安静,在睡前两小时内尽量不要暴露在太强的光线下。

7. 睡觉之前,避免那些会让你兴奋、烦躁或紧张的事情,这会让你处于情绪警觉状态而难以入睡和放松。给自己规定一个固定的时间点,在此之后,就不要再查看短信和邮件了。

8. 在床上练习呼吸和放松技术。有很多优秀的引导放松技术可供学习。[30]

9. 下载并使用一些辅助睡眠的APP,如安睡宝(Sleepio)[31],这能帮你养成良好的睡眠习惯。

付诸实践:关于睡眠的教学

众所周知,很多关于睡眠的学习只能发生在课堂之外。以下是几组活动,可以鼓励学生在课后练习:

- **睡眠日记**:记录下自己一周内的睡眠模式,包括睡前发生的事情以及入睡时间和睡眠时间。让学生观察合理的睡眠量(或睡眠不足)对情绪、精力和学习的影响。要求学生列出“应该做/不能做”的睡眠清单,试试看自己能否改善睡眠卫生状况。
- **睡眠和学习**:尝试在睡前学习一些东西,第二天醒来,测试一下自己还记得多少。这可以用来检验“睡眠有助于学习和记忆”的假设是不是真的。试着学习各种难度不同的事物,比如背几组新单词或是学一段新音乐。

关心我们的情绪

正如我们在第一章和第二章中所谈到的,学会熟练掌控情绪是美德发展的核心。德性论认为,我们的情绪提供了行动的动机,其介于道德判断和道德行动之间。[32]如果我判断某人侵犯了我的权利,我感到的(正义的)愤怒将促使我采取某种方式的行动。作为人类,我们处理情绪的技能会日趋熟练,基于完善论的教育会负责教导孩子,为了过上好日子,必须学会理解自己的情绪,并且用技巧来管理它们。正如克里斯蒂安·克里斯蒂安松所说:

> 孩子的正义感并非源自崇高的政治见解,也不会因此而发展。事实上,孩子的正义感来自一系列个人情感的启发,而这些情感主要与孩子本身及其家人获得的结果有关——这些结果可能是应得的,也可能

> 不应得。因此，只有在年轻人的心灵完全习惯了——通过情绪教导——欣赏道德行为的高尚乐趣，关于“属人的善”的个人观点得以稳定下来，并将政治正确性相关问题加诸他们身上，才能在逻辑上有合理性，在心理上有可能性。[33]

至少在当代的观点中，情绪由以下四个部分构成：(1)认知因素。思想、信念或判断，例如“她刚刚插队到我前面了，我对此感到恼火”。(2)欲望。比如想要拍拍前面人的肩膀，让他回队伍后面去，无论这种欲望是否得到满足，都会产生情绪反应。(3)情绪反应。即情绪在身体中的感觉，如心率增加或肌肉紧张。(4)行为。思想、欲望和情绪反应的结果。[34]要学会情绪管理技巧，了解身体中的情感机制非常重要，这样我们才能学会阅读自己和他人的情绪，从而做出选择，判断当前的情绪是不是自己真正希望保持的状态。

进化论及其证据并不能确切地说明智人的脑结构从何时开始变成了我们现在拥有的形状，但至少也是在几万年前。情绪进化出了两种基本功能，它吸引我们走向那些有助于自己生存的物体、人和事件(通过副交感神经系统)，同时，驱使我们远离威胁自己生存的物体、人和事件(通过交感神经系统)。当孩子们到了青春期早期，他们的情绪发育已经完成了很大一部分，事实上，我们对情绪行为的许多预处理都源自遗传、婴儿时期的主要照顾者及其与我们的互动。

基础情绪

杰出的神经科学家安东尼奥·达马西奥(Antonio Damasio)认为情绪可以分为两种：原始情绪和次生情绪。[35]在我们最遥远的灵长类祖先身上，原始情感很可能就已经存在，现在则根植于脑的边缘系统。边缘系统像是一个被咬掉一块的硬面包圈，它位于脑干的顶端，往下通向脊柱，是生命信号的最初也是最后一道关卡：身体的死亡由脑干活动最终决定。边缘系统控制着维持生存的所有基本功能，除非出现险情，平时我们不会想到它。人脑中与理解原始情绪有关的关键部位是杏仁核，杏仁核共有两个，分别位于边缘系统顶部的左右两侧。要理解情绪是如何起作用的,杏仁核至关重要,因为它负责组织身体对外界刺激的最初反应,这被丹尼尔·戈尔曼(Daniel Goleman)称为"神经绊网"(neural tripwire)。[36]当我们感知到一个对生存有益或有害的物体、人或事件时,产生的知觉会由丘脑里的感知器接收。丘脑将知觉引向两个区域:杏仁核和新皮质。感受到恐惧时,杏仁核组织的回应会导致某些生理反应出现:儿茶酚胺(如肾上腺素和去甲肾上腺素一类的化学物质)激增,通过血流扩散,生理反应得以迅速出现。瞪大眼睛、扬起眉毛,从而扩大视野,看到可能的威胁。血液流向大的骨骼肌,使其能够逃避危险——这有时会导致脸部苍白,因为血液流向了最需要的地方。这就是达马西奥所说的原始情绪,它是一种与生俱来的、自然而然的情绪系统。当我们迅速从飞驰的公共汽车前跳开,安全地站在人行道上,几秒钟后才意识到自己逃过一劫时,自己可能不太能想清楚这一切是怎么做到的——正是原始情绪拯救了我们。这个系统也能让我们为了拯救溺水儿童而飞身跳入河中,不必多加思索。这一原始系统一部分由遗传指令决定——这些指令也决定了脑的结构、大小和功能,另一部分则取决于我们的学习经验,而这从童年的最早时期就开始了。

了解情绪

在生命的最初几年,婴儿从父母和主要照顾者身上获取情绪管理的线索。孩子和父母的情感风格[37]会影响他们相互交流的方式,通过成千上万次的小型对话,孩子们的情绪倾向逐渐形成。[38]当婴儿注视着父母时,他所做的行为之一是学习父母表现情绪的方式。一些心理学家和精神治疗师认为,在安全、安心、平静而充满爱的环境中长大的孩子,在自己的人生中也会采用这种情绪模式。[39]约翰·鲍尔比(John Bowlby)和玛丽·安斯沃思(Mary Ainsworth)提出的"依恋理论"(Attachment Theory)认为,孩子对主要照顾者的依恋属于安全型时,长大之后的情绪能力会发展得更好。[40]根据安斯沃思的实验,所谓安全依恋,就是指在母亲在场的情况下,这些孩子乐于探索外部世界,而当母亲离开,由陌生人代为照顾时,他们也能够调整、应对,在他们的母亲回来之后,他们又会重新开始探索。辛迪·哈赞(Cindy

Hazan)和菲尔·谢弗(Phil Shaver)对鲍尔比和安斯沃思的研究做了补充，他们认为，那些在婴儿期形成了安全依恋的孩子，成年之后也会在自己的亲密关系中复制这种安全的依恋模式。[41]

我们会一直学习、调整自己的情绪行为。因此，青春期的孩子不仅能了解他们自己的情绪系统，也有机会实践不同的情绪管理技术，这很重要。对我们来说，当好成人榜样至关重要，这样才能让青少年观察成年人如何调节、管理情绪，以便学习如何熟练地应对情境。

二级情绪

如我们所见，小时候周围的环境条件会塑造我们的原始情绪反应，这解释了为什么对于同一个事物，有人感到恐惧，也有人乐在其中。对于人们的情绪反应差异还有其他的解释，例如达马西奥所说的次生情绪。除了向杏仁核发出信号，产生快速的、往往是潜意识的反应之外，丘脑还会向大脑皮层(也可以被称为“思考的脑”)发送信号。在大脑皮层中，我们可以抑制原始情绪的生理冲动，使其服从于审视、判断、理性和选择。对青少年来说，要学会在陷入情境之后仍然采用深思熟虑的、次生的情绪反应，这并不是一件容易的事。虽然感觉系统和边缘系统基本都在青春期发育成熟了，但提供更细微情绪水平的前额皮层，在十几、二十几岁时仍在继续发育。通过一种被称为“神经剪枝”的过程，人脑在青春期时失去了大脑皮质中约15%的灰质。研究表明，虽然“神经剪枝”正在进行，情绪判断却不是由大脑皮层控制的，而是主要通过杏仁核。这有助于解释为什么有些青少年会表现出强烈的情绪反应，甚至与所发生的事件本身完全不成比例。[42]

要学会感受、认识并意识到我们的情绪状态，因为情绪状态在身体中的表现为我们提供了灵活应对各种生活事件的可能性。在青春期时学习情绪，有助于避免生活被不可预知的情绪波动所支配，反过来说，如果我们只拥有一套原始情绪系统，就很可能会被情绪波动控制。这是青少年实践、选择或管理自己心境的机会，也是学会根据情况选择特定情绪的机会，只有完成了这一目标，才有可能建立和维持强有力的关系。同时，意识到自己的感受，认识到我们拥有一定的超越情绪的力量，就可以训练自己脱离潜在危险情绪(如过度焦虑)的反应。

情绪地图能够帮助青少年对情绪做出可视化的诊断,也有助于管理自己当下的心境状态。在《情绪地图》(*Mood Mapping*)一书中,利兹·米勒(Liz Miller)画了一个圆,由水平、垂直的两条线分隔成四个象限。水平线表示消极—积极,垂直线表示高能量—低能量。消极—积极线表示我们感觉良好或快乐的程度,反映身体的血清素系统状态。垂直线表示我们的能量高低,反映身体的多巴胺系统状态。[43]两条线的交会产生了四个象限:表现区(高肾上腺素、高血清素),情绪表现为愉悦或兴奋等;恢复区(低肾上腺素、高血清素),情绪表现为平静或轻松等;倦怠区(低肾上腺素、低血清素),情绪表现为悲伤或抑郁等;生存区(高肾上腺素,低血清素),情绪表现为焦虑或愤怒等。情绪地图如图 4.1 所示。

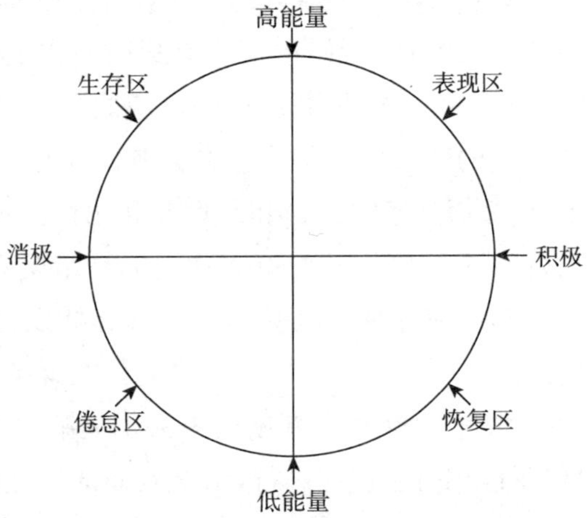

图 4.1　情绪地图

在识别自己所在的象限时,学生可以思考是什么将他们推到此处,也可以想一想,能采用什么策略改变自己的情绪(如果想要改变的话)。关于如何有意识地进入表现区或恢复区,芭芭拉·弗雷德里克森(Barbara Fredrickson)在《积极情绪的力量》(*Positivity*)一书中提供了一个有效的实用指南。在这本书的第十一章,她提出了十二个"工具"或者说是策略,它们都能够刺激与血清素增加相关的积极情绪的产生。这些策略包括:开放的态度、强有力的友谊、培养善良、分散注意力、与消极思想辩论(如第五章所述)、拥抱自然、欣赏并专注冥想。[44]有人开发出了一个令人兴奋的新软件，这款名为《情感体验》(Moodex)的软件能帮人们将这些策略付诸行动，并得到他人的支持。软件用户能使用情绪地图来识别情绪、选择策略改变情绪，还能加入治疗性的社交网络，与其他用户建立联系、获得建议，从而在情绪管理方面变得更成熟。

然而，需要提醒的是，埃克尔斯通和海斯在《治疗教育增加的危险性》中提到了一种危险信号，它是关于表达特定情绪的语言是否合适，或儿童以特定方式感受到的适当性。我们经常听到大人挑战孩子的情绪状态："你不累""没什么好害怕的""你不准生我的气"。这有点荒谬。我感受到的是自己的感觉。这可能是因为对某种情况产生了误解，或者是将某种特定情绪延长到了不必要的时候，但是这种感觉是真实的，不应受到质疑。重要的是，大人在训练孩子之前，先要了解他们的感受，只有在他们想改变自己的情绪的前提下，才能进行调整。关于这个问题，我们会在第五章中进一步探讨。另一个关注点围绕着积极和消极情绪的语言，以及对某些应该消除或弱化的情绪(如愤怒或焦虑)的感受。我不确定是否真的存在积极或消极的情绪，当然，我们确实会有感觉好或感觉糟糕的时候。我们也许可以探讨情绪反应的适当性或技巧性，但将一些情绪评价为消极的、不受欢迎的，另一些则评价为积极和可取的，可能会导致人类生活的丰富程度及情感的绝对中心性走向狭窄化、扁平化。为了拥有真实的生活，我们必须感受某些所谓的"消极情绪"。我们必须体验"消极情绪"，才能富有同情心，才能被处于困境中的人感动而伸出援手。没有那些"消极情绪"，我们就失去了人性的一个重要方面。芭芭拉·弗雷德里克森让我们把情绪想象成游艇的不同部分。"积极情绪"就像船帆，带领我们穿越茫茫水域；"消极情绪"就像龙骨，让我们保持稳定而不致倾覆。[45]只拥有积极情绪既不健康，也不真实。

付诸实践：关于情绪的教学

- **自我意识**：要求学生完成情感问卷，以培养他们对情绪的认知。这些问卷都可以在网上找到免费的版本，如在 www.authentichappiness.org 可以进行免费的 PANAS 量表测试。这一量表与芭芭拉·弗雷德里克森的积极性测试同样有效，后者见 http://www.positivityratio.com/

single. php。

- **指认识别**：使用图像、电影剪辑或书籍片段，要求学生识别角色的情绪状态，并解释原因。让学生寻找一系列识别的证据，包括语调、面部表情和肢体语言。
- **施加压力**：要求学生在限定时间内完成一项具有挑战性的任务（比如用卡片搭房子，或用积木玩叠叠乐），要求他们说出执行任务过程中出现的情绪，并注意在完成任务时情绪发生了什么变化。
- **塑造 1**：找一对志愿者，让一个学生"塑造"另一个学生的情绪，要特别注意面部表情和肢体语言。让班上其他学生识别这种情绪，并讨论它的生理和行为后果。
- **塑造 2**：给每个学生一张分成六部分的纸。要求他们用彩色造型黏土逐次塑造六种不同的情绪，包括三种积极情绪和三种消极情绪。这也许能通过引导想象力帮助学生展开对情绪的想象。[46]
- **情绪与道德**：在两次课的中间，要求学生注意在面对道德决策时他们的身体会产生什么样的情绪。当我们见到自己强烈赞同或强烈反对的事物时会有什么样的感觉？这种感觉是如何激励我们行动/不行动的？与情绪相伴的是什么样的想法？
- **保持注意**：在课间，要求学生"田野考察"情绪，观察自己及他人的情绪。比如出现了什么情绪，引发情绪的活动、信念，情绪的生理方面，情绪的持续时间，以及是什么让它开始改变（如果有的话）。在下一节课时组织反馈。

大脑与学习

了解并创造新的方法来掌控环境，这是人类独一无二的原因之一。我们从事教育工作，职责是让人们学会学习，但我们往往不太确认这是怎么发生的。

当神经细胞汇聚到大脑并形成突触（神经细胞之间的连接）时，学习就发生了。我们在学习新事物时，神经细胞连接成网络，这创造出了一个模板。我们做的事情越多，使用神经网络的次数越多，网络就变得越强大。当你学到一些新东西时，有没有在某些时刻感觉到神奇的“恍然大悟”和“柳暗花明”？为了记住某些东西，无意识记忆需要在皮质和纹状体之间建立联系，有意识记忆则必须在皮质和海马体之间建立联系，只有这样，我们才能将记住的事物迅速提取出来。从这个意义上说，大脑具有“可塑性”，换句话说，大脑会根据我们提供的经验来塑造自己，并且它对新的学习总是保持开放。智力并不像某些人认为的那样固定不变。[47]

当谷氨酸和多巴胺这两种化学物质被释放出来时，突触链就形成了。谷氨酸开启了学习过程，多巴胺则帮助它延续下去。如果谷氨酸过多，学习所需的细胞就会死亡。有谷氨酸和多巴胺存在，我们将注意力保持在什么事物之上，就能学会什么，不管自己喜不喜欢。

成功的学习有一些重要的影响因素。[48]除了睡眠充足、饮食合理等基本的身体健康因素外，还有三个特别因素：(1) 运动；(2) 正能量情绪状态，避免过度的压力；(3) 重复和练习。

运动与学习

运动在学习中起着很大的作用。如前所述，运动能促使大脑产生刺激学习的化学物质。也有证据表明，学习乐器有助于提高认知方面的能力，而这种能力正是学术工作所需要的。除了复杂的运动之外，简单地边走边思考、哼哼歌、无声地说话或打手势，都有助于学习和记忆的发展，正如约翰·瑞提所说：

> 这一现象的著名例子是爱因斯坦，他经常拉小提琴。有时他会突然停止演奏，从椅子上跳起来，潦草地写下一个想法或一部分方程式。那些一边思考一边哼歌或吹口哨的人——或者像我这样边思考边走楼梯练习机——正在使用脑中的运动程序，帮助自己四处搜寻神经元的连接。[49]

学习，保持积极情绪，避免过大压力

学习的敌人是压力。压力要么将记忆驱赶到纹状体中，使它们进入潜

意识（因此难以提取），要么通过产生类固醇而杀死海马体中的细胞，损害我们的有意识记忆，从而阻止学习的发生。

合适的学习条件是处在让我们感到安心的安全环境中，从信任的人身上学习足够多的东西，从而能够开始探索。当我们处于良好的情绪环境中时，创造力就产生了。学习中最重要的技能是管理压力水平，这是我们在人生最初几年中从主要照顾者那里获得的技能。在《爱情为何重要》（*Why Love Matters*）中，休·格哈德（Sue Gerhardt）提出了令人信服的证据证明了在童年早期，缺乏安全关系的孩子很难调节自己的皮质醇水平。皮质醇水平过高是学习的一个重要障碍。

然而，压力是不能完全避免的。学习的真正敌人是过度的、无法管理的压力。当我们处于有挑战但安全的境况中时，才能够取得重大的学习进展。在虚假的前提下消除一切压力，创建一个没有挑战的课堂，是错误的行为，正如约翰·瑞提提出的：

> 压力对脑和身体的影响，看起来就像疫苗对免疫系统的影响一样。在有限的剂量下，它会导致脑细胞出现过度代偿现象，从而为未来的需求做好准备。神经科学家称此过程为压力预防接种（stress inoculation）。在所有关于如何减轻现代生活压力的建议中，我们失去了一些东西，事实上，挑战能促使我们奋斗、成长和学习。在细胞层面上出现的类似现象是，压力能刺激脑的生长。在压力不是特别大的情况下，神经元有时间得到恢复，连接变得更强，我们的心理机制也能工作得更好。压力不能用好或坏来评价——它是一件必须存在的事物。[50]

重复与练习

学习的另一个障碍是不去练习或重复新的知识或技能。我们的每一个新的经验都会导致一部分突触的强化，另一部分突触则会减弱。某种特定的活动（如练习吉他的C和弦）重复次数越多，神经通路就越强，技能与脑的"硬连接"也越稳定。[51]马尔科姆·格拉德韦尔（Malcolm Gladwell）在《异类》(*Outliers*)一书中,描述了一个美国学校的有趣研究。研究者追踪了一学年内学生阅读能力的发展情况,以了解学校教育对家庭资质的影响,从而检验公立学校是否能够成功培养家庭背景较差的儿童。结果令人震惊,在学期内,贫困家庭的孩子们的进步至少与非贫困家庭的孩子一样大,甚至可能更大。但在长假中,由于贫困家庭的父母通常不鼓励孩子在家阅读或进行其他学术活动,这些孩子失去了所有在学校取得的进展。那些被父母鼓励阅读,在假期继续学习的孩子们,则持续不断地前进,越走越远。练习即便不能得到完美结果,但一定会让自己比以前更熟练。[52]

付诸实践：关于学习的学习

- **测试**:给学生一些挑战性任务,比如学习象形字母。给他们一段时间来学习,然后测试其学习程度。要求学生反思自己使用的学习策略。为了增加挑战的难度,可以提供一些难题或谜语,或者要求他们学习一系列更复杂的动作或步骤。
- **模拟**:给学生一些造型黏土,在解释形成神经连接的过程(网上有优秀的视频演示)之后,要求他们在反思大脑建构新连接的最优条件的同时,创造一系列的神经连接。也许你可以将学生置于不同的想象环境中,要求他们分别模拟在紧张或平静的环境中建立的神经联系。
- **家庭作业**:要求学生尝试能够最大限度地学习的不同策略,并写下这些策略的影响。

失控和执行力

要是这么简单就好了。完全知道某些事情对我们来说是好是坏,然后直截了当地积极去做对自己有利的事情,避免那些不好的事情——如果能够做到这样,那就太好了。问题在于我们不是机器,只需要一点程序就能循规蹈矩地执行。如果我们是预先编好程序的机器人,自己觅食、运动和休息,事情就会非常简单,我们也能过得很好。然而,即使我们在一定程度上被预先编程,但总有一些人会想方设法破解代码、重写程序。我们从猿类进化的代价是，与其他许多哺乳动物一样，我们会被快乐和痛苦激发，但我们庞大的脑又创造出了需要、愿望和欲望等概念，它们的诱惑很难抗拒。

亚里士多德认识到了这个问题——我们并不总是根据长远利益行事，即使我们希望能够如此，他称之为不自制（incontinence）。[53]亚里士多德认为，人可以被分为理性部分和非理性部分，他相信品格教育有助于我们将非理性的欲望置于理性的统治之下。然而，欲望十分强大。以吸烟为例，人们普遍了解吸烟的危险后果，除非有人一直与世隔绝，否则就一定会意识到吸烟的危害性。然而，仍有很多人选择无视这些知识。屈服于社会压力——比如希望能被吸烟者接纳——导致我们去做一些不仅仅在生理上，而且在智力上和经济上都令人厌恶的事情。当这种社会压力被尼古丁成瘾替代时，满足身体渴求的欲望就会比社交欲望更强大。在选择开始并持续吸烟时，我们无法将欲望置于理性的支配之下，我们不能自制，对亚里士多德来说，这是一种品格缺陷。培养美德的德性教育为我们提供了资源，有助于我们将欲望与理性结合起来，并使我们的行事方式不仅“本身即善”，而且在长时间内为善服务。

当沃尔特·米歇尔在美国斯坦福大学进行著名的棉花糖实验时（见第三章），他对孩子们发展出来的策略很感兴趣，这些策略使他们能够延迟满足，将欲望置于理性的统治之下。这些策略不是天生的（尽管它们可以被谨慎等人格特征所引导）。孩子们可以选择为善服务的满足，也能从他们的欲望中解脱出来，这些都是通过学习得到的。我们在一生中都会对这些策略的发展持开放态度，这是培养美德的过程。在第五章《精神关怀》中，我们会探讨这些策略可能涉及的一部分内容。

在现代术语中，克服不自制的能力被称为执行功能（executive funtion，EF）。执行功能是在任何给定的情况下调节行为、情绪、思想、情感和欲望的能力，它能帮我们记住短期目标和长期目标，并克服内部冲突。举个例子，如果此刻我在一个晚宴上，但第二天，我需要去跑半程马拉松，EF 将帮助我决定不喝醉，不要吃太多。它是一套认知或思维技能，能帮助我茁壮成长。人们认为，EF 系统位于大脑额叶[54]上，事实上，额叶损伤的患者确实有时难以调节自己的行为。EF 技能对许多事都很重要：

> 对于个人的发展、工作中的幸福感和成就感，以及学业上的成功来说，良好的EF技能都十分重要。培养幼儿的EF技能将使他们具有更强的应对能力和应变能力……强大的EF技能也可以提高学习方法的灵活性。[55]

EF是一门学问，它的基础是在幼儿时期打下来的。根据2008年的《前瞻性计划项目报告》，EF技能建立在一个积极的自我概念（即一个积极的自我形象）、自尊，以及良好的社交和情感技能之上。儿童不是通过直接的教学获得这些技能，而是通过训练，换句话说，随着真实的情景出现，儿童被引导着解决这些问题。《前瞻性计划项目报告》认为，艺术课堂也许为发展执行功能提供了典型的环境：

> 艺术教师从学生的兴趣出发，在个体参加任务的过程中，实现培养幸福的关键目标，而此类任务通常是充实而有意义的。因此，围绕学习的互动是反应热烈的，包括倾听儿童的观点和意见。艺术教师欣赏这样的学生：他们想要创造出具有审美意义的作品。教师鼓励学生去冒险，并帮助他们从失败中汲取经验。他们教会学生坚持，并战胜挫折。[56]

请注意这份摘录所使用的语言。艺术教师被描述成这样的角色：他们帮助学生参与产生幸福感的有意义的活动。教师能够帮助学生获得和发展某种性格，使得他们能够完成这些有意义的活动。这是另一种形式的美德语言。将欲望归属理性管辖，使之成为可能，以及关于达成这一切的认知手段，请参见第五章。

付诸实践：执行功能的教学以及有关放纵的观点

- **房间里的大象**：解释了乔纳森·海特关于大象和骑象者的比喻（参见《导论》）。让学生想象他们身上发生了某些事情，这个时候大象居于主导地位。让学生以小组形式重现这一场景，并请观众推断，是大象还是骑象者应该为发生在同班同学身上的事情负起责任。
- **决定过程的剖析**：让学生做出一个决定（例如，要不要吃披萨，要不要做作业,要不要为妈妈做一些美好的事情,等等),然后让学生对决定进行剖析,分析构成的因素,比如欲望、做某项具体事情的原因、是否存在冲突(想要给妈妈买一样礼物,但是怕麻烦,不愿去买)。让学生推断,每做一项决定时,有哪些因素在起作用。让学生区分出大象和骑象者各自角色的不同。学生分成小组,每一位组员扮演决定过程中的一个角色(例如,“我是杰克的价值观。我帮助他分辨出何为对错。在这种情况下……”)。

- **深思熟虑还是随心所欲**:向学生解释,一种深思熟虑的生活是个体能对发生在他们身上的事件进行控制,反之,随心所欲的生活则是个体无法用理智控制欲望,并且缺乏执行能力。让学生描述一个人。这个人的生活是深思熟虑的还是随心所欲的?他们如何走路、如何与人交谈、如何与人互动?他们的生活发生了什么?使用“论坛戏剧”创造出一个场景,让观众帮助这个放纵的人格走出困难的情境。
- **人物传记**:让学生发现并描述一个具有美德的人,而不是放纵之人。他们的生活是怎样的?他们如何在生活的所有领域都做出了明智的选择,而不仅仅是一次决定?
- **查理和巧克力工厂**:这些与查理一同参观威利·旺卡(Willy Wonka)的工厂的小孩有着令人不快的性格,他们无法控制自己的欲望,因为他们被宠坏了,并且还是儿童。他们用可爱的方式说明了做决策和执行能力的重要性。查理和其他角色形成了鲜明的对比,这其中有许多值得研究的地方。

第五章　精神关怀

章节预览
适应能力 逆境、信念与抗压(ABC) 思维陷阱 身临其境:佩恩适应力训练项目(PRP)技能 弹性学习者 精神食粮 哲学家思维 从哲学开始 道德思维 实践智慧和道德思维 道德心理学

简　介

2009年1月15日,切斯利·萨利·萨伦伯格三世(Chesley 'Sully' Sullenberger III)做了一件了不起的事。在短短5分钟的时间内,他挽救了155人的生命,包括他自己。萨利机长驾驶全美航空1549次航班,从美国纽约拉瓜迪亚机场飞往北卡罗来纳州夏洛特。飞机起飞后90秒,便遭飞鸟撞击,两个发动机停止工作。飞机失去了前进的推动力,开始加速降落,为了挽救飞机上所有人的生命,萨利必须快速思考和行动。60秒之内,他已经推算出摆在他面前的3个行动方案(回到拉瓜迪亚、试图在泰特波罗机场着陆、将飞机迫降在哈德逊河上),只有这个选择是切实可行的:将飞机迫降在哈德逊河。萨利现在要做的,就是像变戏法一样,使用所有与水上迫降有关的复杂飞行技术,并保证飞机——现在是滑翔机了——与河面上行驶的船只足够接近,以便更快地获得救援。众所周知,萨利在飞机起飞后5分钟即将飞机成功迫降,机上人员全部幸免于难。

本章简述的故事发生在纽约寒冷的一月,萨利完成的事情,在学校教育中也有其现实意义,即学校在学生的心智成长中发挥着什么作用。1549次航班的机上人员幸存,是因为萨利的心智品质和在巨大压力下保持思维清晰的能力。但是萨利不是生来就具备这样的心智品质。多年来,他不断培养和训练心智品质的方方面面,才能成功挽救这155个生命。也许,就我们所见,这个故事中起作用的基本心智品质是意识:自始至终,萨利都将注意力全部集中在使飞机安全迫降上。这个意识使得他有效收集周边环境的信息,从一系列资源中得出行动方案。为了做出更好的抉择,他必须控制情感,避免对危机四伏的环境产生反应,并运用了缜密的思维。以下这条短短的描述摘录自哥伦比亚广播公司的采访:

> 萨利:面对这样的情况,我的生理反应是很强烈的。我不得不使用训练和意志力来平息场面的混乱。
>
> 采访者:那会很难吗?
>
> 萨利:不。只需要集中注意力。[1]

相关因素:意识、收集信息、做出良好的决定、情感控制,这些元素常见于有关适应力的现代教学,请参见本章第一部分。适应力训练源自古代哲学,特别是斯多葛学派(Stoicism),这是我们接下来要探讨的。然而,仅仅是适应力强,或者是拥有坚忍的品质,还远远不够。指引萨利机长做出每一个关键决定的都是他的道德意识:他把挽救机上全部人员的生命当成他的职责,并且避免对地面上的人造成伤害。因此,把适应力训练与道德教育分开是错误的,因为人们有可能使用适应力从事不道德的活动——大多数犯下人类历史上最严重罪行的个体,都展现出了适应力、高度的自尊和情商。斯蒂芬·科特(Stephane Cote)引人入胜的研究证明了"马基雅维利异议"(the

Machiavellian objection)。该研究认为,高情商的人仍然有可能发生伤害他人的行为。[2]巧妙地理解和利用情感的能力,对于操控他人从而得到你想要的东西,是不可或缺的一种能力。所以,除非我们的情感技能由服务他人、服务大众的认知掌控,否则我们有的只是不择手段的聪明。

本章最后的部分讨论如何发展道德意识,这与适应力密不可分。

适应能力

在第三章,我讲述了汉娜遭遇"信仰之跃"的故事。汉娜害怕极了,这不仅仅因为在当时的情境下,大家都冷静地完成了练习,而且产生于她对情境的感知。人类行为中令人称奇的一方面,是在完全相同的情境下,不同人做出的反应是不同的。这个变化可以部分地由不同个体对所面对环境的不同看法来解释,这个看法的变化,或者个体的"解释风格",形成了适应力元认知(meta-cognitive)技能的核心内容。

元认知是思考我们如何思考的能力,我们对生命中遭遇的情境持有何种看法,构成了适应力的认知因素。适应力不仅仅是认知技能,它在很大程度上依靠的也不仅仅是我们的思考,而且是体力、耐力和与他人的关系质量。在第四章,我讲述了自己长跑的经历,这不仅使得我在认知上更加富有弹性,而且使得我的身体更加有能力应对挑战。在第六章,我将探讨拥有积极有力的关系的重要性,这将使人更好地应对生活中的情境。

刚开始的时候,我们通过对过往逆境的关注和反思,发展适应力的认知技能。随着时间的流逝,我们开始对这个过程得心应手,就像切斯利·萨伦伯格一样,我们能够根据挑战转变思维,以便更有效地解决当前的问题。适应力训练由一系列思维技能的获得构成,而这些思维技能可以通过教学传授。在这类教学工具中,最广为人知的是佩恩适应力训练项目(Penn Resiliency Program,PRP)。该项目与斯多葛学派和艾伯特·艾利斯(Albert Illis)的认知行为疗法有着深厚的渊源。佩恩适应力训练项目是在美国宾夕法尼亚大学(University of Pennsylvania)的马丁·塞利格曼(Martin Seligman)教授的领导下开发的。19 世纪 60 年代,塞利格曼参与了"习得性无助"现象的研究。心理学家在狗身上进行实验,并且发现,当达到某一点时,狗和人都会放弃一项任务,并停止学习。狗被安置在笼子里,笼子的地板是带电的,随机地对狗进行电击,狗只能被动接受。二十四小时过后,狗回到笼子里,并且给狗一根控制杆以停止电击。实验结果如下:

> 当电击无法躲避时,狗狗认识到无法用任何自发行为对电击施加影响(原文如此)。它预见,未来也将是如此。这种对不可控制性的预期,使得它在未来失去了学习能力。当动物认识到无法施加控制,并且预料到将来也是如此的时候,它将经历动机和认知上的改变,这解释了动物将不再学习逃脱的原因。[3]

换句话说,当一只狗认识到它对某种情况无能为力时,它将走向失败,它会放弃努力,屈服于命运。这与控制组的狗形成了鲜明的对比。实验开始,控制组的狗就有一只相同的控制杆,它们学会使用控制杆来停止电击,并始终没有放弃。从这个实验出发,塞利格曼领悟到,必须让年轻人建立心理防御机制来承受无助感,而这些无助感可能会导致抑郁。他与卡伦·赖维奇(Karen Reivich)和简·吉勒姆(Jane Gillham)合作研发出了一个项目,以帮助年轻人获得这些心理资源。

佩恩适应力训练项目致力于使我们认识并调整面对困境时的典型心态,即我们所谓的解释风格。塞利格曼将解释风格分为两类:积极的和消极的。积极的人相信他可以影响世界,并且做出改变,而悲观主义者倾向于相信宿命论:世界一贯如此,我们很少有改变的空间。佩恩适应力训练项目致力于帮助年轻人发展积极的解释风格,帮助他们发展出一套价值观,并建立自我效能感(相信自己能有所作为的信念)。这是很重要的。在教育领域,我们经常被自我尊重的言论分散了注意力,并曲解了这个理论,认为只要直接向孩子教授有关自尊的理论,学习效果就会得到提升。正如塞利格曼在摇尾狗的案例中解释的:

> 不存在只是教育人要感觉良好,而不是教育人拥有良好的行为就能达到效果的技术。教育人拥有良好的行为,会让人收获快乐,特别是自尊,另外还有其他意想不到的收获,如掌控挑战、成功运作、克服沮丧

和厌倦，并最终赢得胜利。一旦孩子的自尊感被摆在适当的位置，他将会取得更进一步的成功。毫无疑问，高度的自尊感是很愉悦的状态，但是只是想直接体验到自尊感，而不是先与世界好好交流，这样的做法已经颠倒了过程和结果。[4]

佩恩适应力训练项目在帮助孩子避免抑郁方面卓有成效。佩恩适应力训练项目在2 000多个孩子身上进行的17项研究发现，在学习佩恩适应力训练项目技能2年之后，控制组的孩子身上中等到严重程度的抑郁症状只有原来的一半。[5]而且，30个月之后，参与佩恩适应力训练项目的学生表现出问题行为的可能性是那些没有参加项目的学生的一半。[6]很多的抑郁症状产生于这样的信念，即在终极意义上，世界的建立是为了让我们体验挫败感。适应力的教学试图给年轻人提供思想的工具来克服这些信念，这些思想工具能帮助他们更加清醒地意识到周围发生了什么，并且收集信息以增进对事件的理解。然而，如果我们接受了第三章驳斥的有关年轻人普遍抑郁的观点，那么对是否应该在广泛人群中进行抑郁症的预防式教学是存在疑问的，因为大多数人不会体验到这种症状。正如我希望澄清的，佩恩适应力训练项目与斯多葛学派的训练要素相类似，它使得年轻人拥有不仅仅局限于避免焦虑和抑郁的思维习惯，并使他们拥有学习和过上幸福生活的能力。

逆境、信念与抗压(ABC)

佩恩适应力训练项目从扩展我们的意识开始，这样的过程被称为ABC。心理学家艾伯特·艾利斯受到斯多葛哲学家爱比克泰德(Epictetus)的启发，在19世纪50年代开发了ABC。爱比克泰德认为，人的行为并非受到环境的干扰，而是由于他们的意念所致。[7]在ABC中，A代表逆境(adversity)，或者采用最新的说法，叫作“激活事件”(activating event)，这是我们现实所处的境况；B代表信念(beliefs)，或者此时此刻的想法；C代表抗压(consequences)，是根据对待逆境的信念而得出的情感和行为。爱比克泰德和艾利斯的天才洞见确认了这样的事实：我们在一个既定情境中如何去感觉和行动,并不完全是我们生活中呈现的事件的结果,而是源于我们如何解释这些呈现的事件,这更多地取决于我们的选择,而不是我们的意识。正如我们在第四章中所见,某些情感和行为反应是基础性的,并且不受我们控制。假如我让你用鼻子闻狗的排泄物,你会因厌恶而退缩;如果一只饥肠辘辘的狮子踱步进了教室,你定会不顾一切地逃命。然而,很快地,大脑的理智部分开始与生命中的事件链接,并且解释这些事件为何发生、意味着什么。

ABC帮助孩子们剖析事件中的不同元素,因而能更加全面地理解并且确定哪些元素是他们能够控制的。把事件解构为组成的部分,这能帮助学生意识到信念和事实并不相同,而我们的信念、情感和行为之间有着十分深厚的关系。一旦我们确认了某一情境中发生的事件,根据事件我们会产生什么想法,根据信念产生什么样的感情和行为,那么通过寻找思维陷阱,我们就可以检验我们的思维是否灵活而精确。

思维陷阱

思维陷阱是我们认知中的错误,是对我们生活中发生的事件的错误解释。所有的思维陷阱都是一种形式的假想:认为某事是真实的,而没有适当地寻找相关证据。一旦我们把某一情境分解为ABC理论的一部分,那么要成为有弹性的、积极的思想者,下一个任务就是辨认出认知中的错误:发现思维陷阱。

卡伦·赖维奇和安德鲁·夏特(Andrew Shatte),根据阿伦·贝克(Aaron Beck)的著作,辨认出八种常见的思维陷阱:

1. 妄下结论:如前所述,这是所有思维陷阱的根源,包括没有注意到手里持有的所有证据。赖维奇和夏特引述了一个例子:员工被叫去和业务主管谈话,他一下子就推断出“我一定是做错了什么”。

2. 视野狭隘:当切斯利·萨伦伯格意识到飞机的引擎坏掉了,他就开始收集尽可能多的相关信息,以便解决问题。在这个过程中,他谨慎地避开了视野狭隘的问题,因为他的注意力扩展至一切可能的解决方案,而不是仅仅局限于一点上。

3. 夸大和低估事情的严重性：在这种情况下，我们将鼹鼠丘当成一座大山，或者将大山当成鼹鼠丘。思维陷阱使我们不能看清事情的本来面貌，比如，看到流鼻涕立刻联想到流感，或者把严重的腹部疼痛当成了消化不良。

4. 个人化，或者"我，我，我"：这个思维陷阱认为所有事件完全是自己造成的，并错失了导致某一情境的不同因素。例如，如果你不能保住一份新工作，一个个人化的反应会把一切仅仅解释为是你做错了什么。

5. 外部化，或者"他们，他们，他们"：这是个人化的对立面，把他人当成了问题的根源。人们遭遇到公路事件时，可能会错误地把开车时的一切不顺归咎于其他车主的考虑不周和无能。

6. 以偏概全，或者"总是/从不"：这个思维陷阱把我们生活中的情境当成一成不变的，现在怎么样，将来也怎么样："我永远学不好历史""我作业老是得低分"。

7. 读心术：我们总是认为自己善于猜出别人的意图，但是实际上，我们不可能完全知道，除非他们主动告诉我们。读心术与猜测另外一个人做出特定行为的意图有关。举个例子，这会使我们把诸如发一个"有趣的"视频邮件给我们的行为当成"故意漠不关心的做法"。当然，这个"故意漠不关心"只存在于我们的脑海之中，后来我们才发现这一点。

8. 情绪推理：这个思维陷阱根据情感做决定，而不是理性和逻辑。我坐飞机时总是不大舒服，特别是在起飞和遇到乱流时。众所周知，飞机是最安全的交通出行方式，但是在一架不停颠簸的飞机里，经常会感受到强烈的情绪，比如恐惧，这让我感觉飞机十分不安全，尽管机上乘务员行为举止都很冷静，我还是认为自己就快死了。[8]

意识到思维陷阱的存在，能帮助我们在情感技巧方面更加熟练。艾利斯的ABC理论模型认为，我们的信念导致了大部分的情感和行为，某一类型的思维会导致相应的情感反应。这正是赖维奇和夏特所说的"信念和结果之间的联系"。比如，假如我的解释风格中存在着大量的外部化，或者"他们，他们，他们"的倾向，我将更多地体验到愤怒的情绪。原因就在于，当认为我或者另一个人的权利被侵犯时，愤怒就产生了。假如我认为自己的困难处境是他人造成的,我就会把这些困难处境理解为他人对我的权利侵犯,自然就会产生愤怒情绪。同样,如果我认为自己不如别人,那么就更加容易产生羞耻感。一旦认识到我们的情绪中有认知的因素,这些情绪部分是从我们的思想中产生的,我们就可能开始意识到,某些想法是适得其反、不准确、不灵活的,我们应该努力收集信息,来帮助我们更好地理解情境,即 ABC 理论中的 A。

学会找出思维陷阱的另外一个好处就是提升我们的理解能力,理解什么在我们控制的范围之内,什么是我们不可控制的——这就是我们的动力来源。如果我经常把原因归咎于外部因素,我就会减少对内部动力的信念,因为如果事情出了偏差,错误原因是在他人身上。反过来说,如果我把所有事情都归咎于内部因素,我会将所有的不顺利都怪罪到自己头上,过分夸大了我所拥有的控制能力和内部动力,会更加强烈地感觉到焦虑、羞耻和窘迫,或者更糟的是,在很长时间内,不必要地拥有这些感觉。学习的重心总是放在理解我能够对当前的情况做些什么,对于无能为力的事情,要学会看开一点,不去想那么多。

发现思维陷阱并非轻而易举之事,因为我们不一定能建立认知来客观看待生命中的事件。斯图尔特·萨瑟兰(Stewart Sutherland)的《无理性》(*Irrationality*)和本·高德克里(Ben Goldacre)的《坏科学》(*Bad Science*)显示了我们一再地犯下这样的错误,我们的内在信念并不能匹配外部的迹象。一个知觉障碍的例子就是证实性偏见,或者叫作"维克罗-特氟龙效应"(Velcro-Teflon effect)。一般来说,我们不喜欢这样的信念,它会过多地动摇我们的世界观,因为世界观经常受到挑战的感觉是十分令人不安的。每当那些与我们的信念相违背的证据从眼皮底下溜走——比如对特氟龙的评价,只看到确认我们信念的证据,再比如像维克罗这样的魔术贴——我们就屈服于证实性偏见。正是因为如此,我们倾向于生活在拥有共同的政治观点和信仰的人中间,这也正是为什么当我们认为受到不公正的对待时,我们倾向于选择能给予我们支持和安慰的朋友,而不是那些充当"魔鬼代言人"角色的人——怀疑我们的认知是否正确的人。要获得灵活的、精确的、有弹性的思维,需要努力、时间和耐心。

需要注意的是,学会有弹性地思考,与埃克尔斯通和海斯认为的"指导孩子感受正确的情感”是没有任何关系的。适应力并非试图压抑某种情感，因为这种情感是痛苦的。适应力强的人，远非将自己包裹在情感盔甲里，从而不去感受痛苦的情绪，适应力强的人能够通过感知内部思维活动和外部触动他们的情境，形成情感和行动。在这种意义上，有弹性的思维方式将有助于品德的培养，正如克里斯蒂安·克里斯蒂安松认为的：

> 在亚里士多德的品德伦理系统中，很重要的是，不仅合理的行为有助于构建品德幸福论，恰当的反馈也有同样的作用。情绪的作用丝毫不逊色于行为，情绪在这种情况下可以发挥最好的媒介作用：在恰当的时间，对恰当的事和恰当的人，以恰当的理由和方式，感受到的情绪。[9]

看到那些相信积极的思维方式能带来力量的人熟练地运用技巧，去和处在忧虑中的人做交易，这是很令人痛苦的。例如，我们因为别人的悲伤而产生不适，这使得我们习惯于用一些老生常谈去安慰那些丧失亲友的人，以让他们得到愉悦的情绪，而这通常是为了缓解我们自己面对死亡时产生的不可回避的情绪。建议年轻人避免感受到某种情绪，比如愤怒、悲伤、羞愧和焦虑，这正是以非人性的方式简化人性经验。所有的情绪都是人类生活的一部分，它们能帮助我们更好地理解世界和我们对世界的认知。适应力强的人，正如亚里士多德教导的那样，能把情绪和理智统一起来，服务于幸福生活的目的。

身临其境：佩恩适应力训练项目(PRP)技能

佩恩适应力训练项目提供的是一整套的技能——除了逆境、信念、抗压和思维陷阱之外。这套技能不仅能使我们意识到思维陷阱，而且如果掉入了思维陷阱，还能自己爬出来。更好的是，能看到它们在我们面前张开血盆大口，围绕着我们不停地转而毫无办法。佩恩适应力训练项目里教授的一项技能——身临其境(Putting It in Perspective, PIIP)——能帮助我们管理一种现象，这种现象被称为灾难化思考，或者做好最坏打算。我六岁的女儿最近在学骑自行车。在她进行了成功的尝试后的几天，我妻子提议她们两人一起骑车去参加附近的一场生日宴会。这段路程要穿越一条交通繁忙的主路。我妻子说她们在下午一点左右回家，所以我和儿子一起在花园里干一些活。一点钟过了，我开始想她们到底在哪里。然后我听到远处传来了救护车汽笛的哀号，我不禁开始了灾难化思考。几秒钟之内，我的想象力已经将我带到了意外事故现场，接下来准备参加我女儿的葬礼。灾难化思考就是这么运作的。我们的想象力建立起一幅灾难场景，并一点点仔细描绘它，尽管灾难完全没有发生。灾难化思考也有它的逻辑序列：如果A发生了，那么B也会发生，如果B发生了，那么C也会发生，等等，直到可怕的Z。你可能会发现自己对一个还没开始的会议感到极度焦虑不安，或者对一个想象中的谈话感到十分生气。情绪常常会自动消失，但有时候它是如此强烈，因此反而导致了虚弱。伴随灾难化思考的情绪是十分强烈的生存情绪，这会严重地损害我们清晰推理的能力。

对许多人而言，只是承认你在进行灾难化思考，就足够解决问题了（见上文萨利的评论）。但是，对其他人而言，则需要更多的干预。要使想象力不再把我们拖向灾难化思考的深渊，这是很难做得到的。所以，以长远眼光看问题，这种技能教导我们去跟随呈指数级增长的灾难化思考，直至那可怕的终点。有时候，这就足够了。因为我们从中认出了我们思维的荒谬性。如果这不可能发生，那么我们就要鼓励人们开始考虑最好的情境。我给学生举了一个例子：快放学时，他们被叫去见年级主任，但是没有任何理由。我们探索了最坏的情境，再来看看最好的情境吧，这样的情境通常是被加冕为“宇宙之王”。这么做背后的原因是，想象一个欢快的场景可以把我们从虚弱情绪的悬崖边拉回来，让我们自由地去完成重要的部分：问问我们自己最有可能的结果是什么，我们能对此做什么，在什么时候做。远离那些生存情绪，我们就可以创造出足够的认知空间，尽可能客观地看待出现的情境，并且更加冷静地应对。

弹性学习者

佩恩适应力训练项目一开始是为了应对青少年焦虑和抑郁的症状而开发的。我想，在青少年身上，它还可以有更加广泛的应用。学会在逆境中灵活而精确地思考的技能,包括一系列帮助孩子成为更好的学习者的操行品德,这是至关重要的。适应力训练项目也开发了一系列的情感理解训练,这种学习方法也是十分重要的。学习意味着挑战和挫折,如果是在教师或者导师的指导下进行,那么可能会及时收到批判性反馈和更正。年轻人很难在学习上取得进步,这不仅是因为他们发现学习的内容难度太大,而且部分地也可以用他们应对挑战的态度和感受到的情绪来解释。从这种意义上看,学习认识自我和学习态度,是不同的两件事情,如果要提高,就需要区别对待。适应力训练强调要学习精确地思考和灵活地应对。如果一个学生得到的作业反馈结果是没有达到要求,那么他会将其个人化,比如,“这门功课我根本学不好”,或者将其外部化,比如,“是老师的不好”,他们会立刻将认知和情感方面的障碍放大,使得他们不能获得应对学习上的失败的资源。对于此类失败,一个精确和灵活的解读可能是:“这次任务我没有成功,但我需要找找哪里出错了,然后再试试看。”佩恩适应力训练项目可以帮助老师弄清楚为何学生陷在了某种情境之中,并且给我们提供一套行之有效的工具,来帮助学生显著地改进他们的学习态度,目的是为了开启学习之门。[10]

付诸实践:适应力教学

- **注意**:教学的第一步就是要帮助学生在做事情的同时,密切注意浮现在脑海中的想法——听到“内部电台”播放着怎样的信念和判断。一个有效的技术是让学生在安静的环境里独立地建造一座“纸牌屋”,同时让他们注意在完成任务的同时大脑中有什么想法。任务完成后,让学生做笔记,并且分辨出哪些想法是积极的,哪些是消极的。
- **逆境、信念与抗压**:学生在一张纸上画出三列,并在顶端分别写上 A,B,C。在 A 栏,学生应写下最近一段时间他们遇到的困境或者充满挑战的情境;在 B 栏,他们应记录面对困境时怀有怎样的信念;而在 C 栏,他们应记录相应的信念导致了什么样的结果:他们如何感觉,如何行动。例如,在 A 栏,学生可能会写“一份作业得了低分”;在 B 栏,他们可能会写“我在这门科目的表现糟透了”;在 C 栏,他们可能会写“不继续努力,表现更差,丢下这门功课,越快越好”。你可以开始探索,在陷入、爬出或者规避思维陷阱时,相应的情感和行为结果,以及某种信念同情绪和行为之间,存在什么联系。这项技术应当有规律地运用,这样学生就学会了观察,并且会对不精确和不灵活的信念提出质疑。

- **质疑**:给学生提供他们可能遇到的一系列场景,这些场景可能会导致困境(比如,被叫到主任办公室,被忽视或者罚站,得了一个低分,参加团队选拔赛,和陌生人谈话),然后让他们列出一份清单,上面写着在上述情境下,对解决问题毫无帮助的想法或者思维陷阱。让学生试图去质疑这些思维陷阱:要对抗这些思维陷阱,需要什么证据?比如,在得了低分的情况下,产生的信念是"这门功课我一无是处",而质疑的证据可能是寻找以前取得的好成绩,或者仔细思考得低分的原因,比如没有完成作业,或者在某些地方不理解时没有主动寻求他人的帮助。应把重点放在质疑这些不灵活和不精确信念的方法上,看看学生在这样的情况下能做些什么。
- **ABC 日记**:让学生根据 ABC 写日记。他们应当特别注意自己拥有怎样的信念模式,并开始思考如何召唤有益的信念,质疑和克服无用的信念。
- **角色扮演**:让学生分成小组,创造出两个角色——一个掉入了思维陷阱,另一个规避了思维陷阱。学生选出一个讲述者,扮演"内部电台"的角色(在此种情境下,每个角色脑中出现的信念)。这两个角色根据不同信念表演出相应的结果:他们如何感受以及如何行动。
- **论坛**:进行上述的角色扮演,但是请观众参与并指导角色如何应对该情境。如果他们感受到了不灵活或者不精确的信念,观众要如何根据证据,建议他们对抗或克服这些信念?
- **自我对话的"太空入侵者"**:一旦我们把他人对我们的消极的、羞辱性的、过分的评论纳入考虑范畴,这些评论就变成了我们对自身信念的一部分。我们需要做的是,找出一种方式,处理那些无益于我们的评论、情感、身体语言等。一个办法就是想象你在和他们玩"太空入侵者"的游戏。如果你已经不记得游戏怎么玩了,那么可以在互联网搜索引擎输入"太空入侵者",网络上有许多版本可供选择。让学生想一些短语,用它们来对抗来自他人的轻率评论。让学生想象,他们的自我对话消灭了那些消极的评论。这正像太空入侵者用手里的枪支消灭了新来的外星人。可以问学生，哪些评论直到最后都未经改动。这些评论可以帮助他们去接受批判性反馈，能使我们不断进步。

- **自我对话镜头**：找一些场景：运动员在比赛开始之前排成一行，足球比赛开始之前，音乐家在演奏之前进行调音，或者赛车手在绿灯前严阵以待。让学生推断，他们在准备开始比赛或演奏时，脑海里出现了什么样的信念和判断。学生认为什么样的思维能保证比赛或者演奏的成功？什么样的信念或判断阻碍了成功？我们能不能从他们的身体语言中推断出他们的信念？
- **避开思维陷阱**：让学生想出尽可能多的不同种类的陷阱（捕鼠器/陷阱/地洞等），让他们画出其中一个陷阱，并想出一个办法来避开陷阱，然后再把它画出来（比如，在地洞上面铺木板）。现在，让学生想象一个即将到来的重要事件，推断可能出现的思维陷阱。让学生想出办法来避开思维陷阱，并使用他们刚才创造出的视觉比喻（比如，在音乐表演之前保持平稳呼吸，也许就像在洞口上面铺木板一样，能起到规避的效果）。

精神食粮

适应力训练能培养我们使用大脑的好习惯。亚里士多德告诉我们，品德是在不断重复构成品德的行为的基础之上建立起来的。这对大脑也同样适用：我们是由重复出现的想法来定义的。同样，如果我们一直吃垃圾食品，身体就会变得肥胖，健康就被损坏了。如果不去滋养我们的大脑，在隐喻层面上，大脑就会变得肥胖，大脑的健康也会受损。这里没有必要就大脑的自然构造进行辩论，但是说精神是从物质的大脑中产生的现象则是合理的。大脑是可以被重新塑造的器官，在人年老时，它还能够很好地形成新的链接，而这部分地依赖于我们提供给它的经验。一个广为人知的例子就是伦敦出租车司机大脑拥有的“导航”功能。伦敦出租车司机必须创造出一幅城市的“心理地图”，这被称为“知识”，在学习伦敦城市错综复杂的街道名称以及如何在街道之间自由穿梭时，伦敦出租车司机发展出明显比其他人更大的海马体，以便更好地记忆。[11]诺曼·多伊奇（Norman Doidge）认为，不仅仅是像上述“功能性”的活动能改变大脑构造，文化活动也可以达到上述效果。在《改变是大脑的天性》(*The Brain That Changes Itself*)一书中，他写道：

> 神经整形研究向我们表明，任何一项被记录下来的持续活动，其中包括躯体活动、感觉器官的活动、学习、思考和想象，都会改变大脑和心智。文化理念和文化活动也不例外。我们的大脑被我们参与的文化活动所改变——无论是阅读，还是学习音乐和一门新的语言。我们都有一个被文化改变了的大脑，文化在不断地进化，并且引导我们的大脑做出持续的改变。[12]

同样，在19世纪80年代，我们被告知：人如其食。多伊奇引用这句话，暗示着我们给大脑"吃"什么，大脑就会变成什么样。关注大脑，要求我们不仅要知道大脑的运作方式，还要在大脑出现不精确、不灵活、不道德的想法时，学会质疑，而且需要关注我们给大脑"吃"了什么"食物"，即所谓的精神食粮。理查德·多克拉(Richard Docwra)的网站 www. lifesquared. org 里有大量的资源可以帮助我们过好幸福生活，而在我们生活的环境中存在的大量的文化压力，让我们无法获得幸福。这里有十条冲破"囚笼"(lifesquared)的建议，可以帮助我们开发一套"精神食粮"[13]：

> 1. 注意你的理念：每天，我们都要吸收几千条来源广泛的信息，其来源包括广告、报纸、电视、网络和朋友。想一想这些信息来源中是否存在着某种偏见。注意你接收的消息中是否存在着偏见。
>
> 2. 批判地思考：当你接收到一则消息，考虑一下你是否想要接受。记住，你并非一定要接受它，这是你自己的选择。如果某项消息存在着偏见，你可能会想要知道关于此话题更加中立的观点。探索不同来源、不同视角的消息，或者找到可靠的信息源，然后再做出判断。
>
> 3. 过滤广告宣传：我们生活的环境充斥着广告和消息，它们告诉我们只有长得好看、住在大房子里、十分有钱并且成堆成堆地买东西，我们才会开心。这当然是无稽之谈。所以，为什么不过滤掉这些广告，将之挡在我们的生活之外呢？

4. 成为深谙宣传手段的人：过滤掉广告宣传并不容易，因为很难分辨出到底什么在做广告而什么不是，比如有些会藏在报纸文章里。让自己成为深谙宣传手段的人，注意哪些信息可能会发展成为广告。

5. 少看电视：把看电视的时间用来做其他事情——阅读、与朋友交谈、锻炼，只要你喜欢就行。如果你一直想要看电视，试着把电视插头拔掉，对着墙壁静坐几个星期。

6. 拥有平衡的大脑饮食清单：阅读八卦杂志和看电视并不一定是错误的，但是需要用其他事物进行平衡，包括读更多的书、更深入地了解世界、探索新的文化思想，这会开阔你的视野。

7. 获得多种视角：花点时间审视你的生活，理解身边世界的真相。了解我们身边的世界能帮助我们掌控现实，并且更好地理解接收到的信息。学习历史，了解大部分人的经济情况，知道其他人怎样生活，能帮助我们拥有多种视角。

8. 讨论：问问你的朋友对一些宏大的问题的看法，诸如生活的意义或者他们的价值观是什么，并就此进行讨论。不要因为提出这些话题而感到难为情——只要有机会，大多数人都很乐意谈论宏大的话题，这能帮助我们认真思考此类问题，并且能从对方身上学到东西。

9. 反思：找一个固定的时间，也许是每天十分钟，从日常生活的匆忙和压力中解放出来，静静地坐着，清空你的大脑。有的人冥想，其他人只是找个安静的地方坐下来。

10. 锻炼：有规律地进行锻炼不仅仅是对身体健康有好处，而且对心灵健康也大有裨益。有规律的锻炼会对思维方式产生巨大的促进作用，它将会使你大为惊讶。

哲学家思维

哲学是一种实际的生活态度和坚定的生活方式，与人类的整个存在有关。哲学行为并不仅仅停留在认知水平，它还与自我和存在有关。这是一种进步，它使我们更加完整和完善。这种与哲学的对话将会完全颠覆我们的生活,彻底改变个体的生活。哲学让个体成长,并从不真实的生活状态中脱离出来,个体之前的生活因为无意识而黯淡无光,因为忧愁而心烦意乱,哲学使他们获得了真实的生活状态,获得了自我意识、对世界的确切看法,以及内心的平静和自由。[14]

在变得更加有弹性或者开发健脑饮食法的过程中,我们使用了源于古代世界的哲学流派的技术。上述引言出自皮埃尔·哈多(Pierre Hadot)的著作《作为一种生活方式的哲学》(*Philosophy as a Way of Life*),它想要表达的是,古代哲学并非抽象的智力追求。哲学是一场个人旅行,哲学的词根“philo-sophos”表明她认为自己是追求智慧的学生,[15]这种追求是通过自由生活的尝试,渴望彻底地转变再现世界的方式、内在环境和外在行为实现的。[16]哲学训练的中心在于心智和精神上的训练,这是哲学训练的主体。[17]哈多在斯多葛学派身上寻找这些训练方式。对于斯多葛学派来说,生活的根本原则在于分辨出哪些取决于我们,而哪些不是。斯多葛学派呼吁我们发展对生活的理解,知道哪些领域我们可以训练手段,加以控制,而哪些生活领域超出我们掌控之外,我们无须训练。对斯多葛学派来说,当我们把注意力集中在无法掌控的事情上时,烦恼就产生了。我们唯一能掌控的领域就是选择道德的善和恶。例如,我被诊断出一种疾病,这超出了我的控制范围,我必须接受它。然而,道德的因素,比如我如何对待那些照顾、关心我的人,或者我要不要接受治疗,这完全在我掌控之中。

斯多葛学派发展了精神训练,帮助哲学分辨出哪些在我们的掌控之中,哪些则不是,以此开启了追寻智慧的旅程。斯多葛的基础训练是有关注意力的练习。注意力要求我们对当下的情景全神贯注,并清醒地意识到我们每时每刻的行为,因此,我们能够通过选择和训练来掌控行为,而不是被欲望和激情牵着鼻子走。当然,提升注意力的方式有很多种。对斯多葛学派来说,正如哈多告诉我们的,注意力是提高警觉,“保持精神的持续紧张”;对于伊壁鸠鲁学派(Epicurean)而言,我们只要注意哪些事情在我们掌控之中,哪些不是。通过专注于当下,我们进入了安详而平静的生活,自由地享受当下的每一个时刻。

一旦注意力集中了,我们就需要去理解脑海中呈现出来的意识。在斯多葛学派看来,应当鼓励学生冥想,勇于直面生活中的情境,特别是诸如贫困、痛苦、死亡这样的困境。哈多把冥想定义为：

> 一种与自己或他人的对话形式，同样也可以通过写作来实现，因为写作能帮助人有序地进行反思。[18]

然而，斯多葛学派鼓励在生活的困难情境具体呈现出来之前就进行冥想，以便做好准备应对困境。伊壁鸠鲁学派则首先教育我们回忆过去和现在生活中的快乐情境，并且与深刻的感激之情链接，因为自然给我们提供了那么多生活的愉悦。对伊壁鸠鲁学派而言，快乐并不等同于转瞬即逝的感官满足，而是更加深刻的感激之情，因为人的一生能获得这么多的快乐。冥想需要进行训练，如仔细地调查、研究、阅读、聆听，以及任何有助于拓展我们的认知视野和丰富我们对世界的理解的活动。这些理解的提升，反过来能深化我们对基本原则的理解——学会分辨哪些事情取决于我们，而哪些不是。通过检验它在不同生活领域中的作用，以及对基本原则的理解，我们能欣赏自己在宇宙中的位置。在这层意义上，学校课程安排展现出的对智慧品质的关注，比仅仅是取得优异成绩有着更加深远的意义：通过学习揭开宇宙的神秘面纱，伊壁鸠鲁学派相信我们的灵魂能因此得到疗愈：

> 世界的墙伸展开来，我看见了在整个虚空里进行的种种活动，这里的一切，变成了一道神圣的光，照亮了我的身体，使我战栗，因为自然，是如此清晰地在我面前展开，每一部分都被自然的神圣之光照亮。[19]

古代学派的精神训练从未与道德、社会和关系截然分开。实践训练，如自我掌控、履行职责、管理欲望、避免流言和虚荣心、控制愤怒、休闲和培养友谊，这些都是古代幸福课程的题中应有之义。为了达成个人目标而发展心理韧性会让人更加有效率，这是现代的、个人主义的，也可以说是自私的想法。古代精神训练的根本，是认为我们主要是由跟他人的友谊和关系而确立自身的，如果适应力训练和哲学只是为了帮助我们得到自己想要的东西，那么将不会使我们获得幸福。

从哲学开始

哲学始于疑问。人们对某事为何会发生感到好奇,这就是哲学。大多数孩子花大量时间问别人为什么事物是它呈现出来的面貌,在这个过程中,他们拓展了对周围世界的理解。可惜的是,很多孩子害怕问那种问题,因为从大人或者其他孩子身上得到的回答令人失望。盖伊·克拉克斯顿引用的一项研究发现,在某一堂课上,孩子问了两个问题,并与教师的问题进行比较,这反映出约翰·霍尔特观察到的问题:大多数的教学是“为了更快得出答案”,而不是为了增加年轻人的好奇心。[20]一旦孩子们停止问问题,或者对问问题感到不自在,他们就关闭了通往好奇心的道路,也切断了与外部世界的联系。他们开始依赖于个人成见或者采用容易被接受的说法,而不是试图更好地理解现实。

对教师而言,进行哲学教学时,开启学生大脑的方式,就是要引导学生多问问题。为了达成这个目标,我们需要做的,就是给学生提供一些有趣的东西让他们观赏和动手操作。令人惊讶的是,刺激物的选择竟然如此简单:一颗松果、一个盒子、一张拳击比赛的照片、一只手表,什么都行。下一步就是让学生根据刺激物提出开放式的哲学问题。如果我们把小丑的鞋子放在桌上,向学生提出封闭式的问题:“鞋子这个单词怎么拼写?”那么任何讨论注定都是仓促的。但是,如果学生问:“小丑会脚痛吗?”我们可能会有更开放的讨论。

学生提出问题后,下一步就是收集信息创建相关的讨论。这是哲学家的第二个任务:建立合理的论点。如果我们密切关注别人说了什么,或者以一种调查取证的方式看待别人在博客上写了什么,就会发现,很多说出口的话或者写的文字只不过是轻易的断言——这种说法经常伪装成事实出现。一旦我们拥有了哲学工具,就能应对那些盲目的、偏颇的、固执己见的观点。这是公民必须具备的品质。正如玛莎·努斯鲍姆在《告别功利》一书中提出的,合理运用辩论的艺术,并且出发点是好的,对处理此类盲目固执的观点具有十分重要的意义,因为此类观点使社区变得四分五裂。一旦我们有了自己的论点,就可以开始不断地完善它们,让这些论点更有说服力。

一个好的论点是前提(论点的独立元素)能支撑起结论。比如：

前提 1：所有的狗都会死。
前提 2：罗孚是狗。
结论：罗孚会死。

令人惊讶的是,通常我们很容易得出一个坏的论点。一个好的论点里面所有的前提应当有序排列,并且证据确凿。在帮助年轻人阐述好的论点时,应为他们提供一个工具箱,使其能够发现坏的论点,而且能解释为什么是坏的,这是十分有用的。有许多具体的资源可以提供帮助,[21]而这仅仅是一个导论。但是,以下十个例子可以帮助我们初步地将好的论点与坏的区分开来。意识到论点存在哲学上的错误,有利于发展适应力,因为思维陷阱是一种坏论点:它们是不精确、不灵活的思想。发现哲学上的错误,也有利于发展道德推理和实践理性,如下面将要讲述的。

“魔鬼代言人”

在罗马天主教,“魔鬼代言人”的主要工作是搜集证据,目的是为了反对某位候选人被追封为圣徒,并且再次核实已经成为圣徒的人过着十分虔诚的生活。他们不断查证,确保没有秘密和丑闻。在哲学上,“魔鬼代言人”是一个重要的角色,充当这一角色的人帮助消灭不可靠的思想,并指出论点中的错误。任何哲学流派都需要在一个人提出一个论点时,另外一个人,或者一群人会更好,来充当“魔鬼代言人”的角色。这份工作必须进行,而且应当表现出充分的尊重,而不是嘲笑讥讽,哪怕“魔鬼代言人”提出的论点是错误的。

设想

设想,是在没有证据的情况下判定对错的方法。有句老话说:“永远不要设想,设想会让你和我变成蠢驴。”这句话在某种程度上是不对的。有些设想是正确的,比如设想天空并不会在三十秒内吞没我们。我们总是基于过去的经验来做假设(被称为启发式的心理捷径)。设想本身没有错。然而,有些假设是不对的,例如,假设所有穷人都很愚蠢或懒惰。[22]

权威

一个“有权威”的人告诉你这件事是真的或者假的,你就相信它是真的或者假的。比如,没有证据的时候,经常使用的句式“研究表明……”“我爸爸说……”“我在BBC上看到了……”就是这样的例子。年轻人必须学会批判性地思考,而不是不假思索地接受别人告知的信息。我们有必要和学生探讨一下不同的权威形式并辨别出哪些是我们最信任的及其原因。

邪恶联想

“你不能赞同安乐死,因为希特勒用过它。如果你赞成安乐死,那么你就和希特勒一样坏。”邪恶联想指的是你因为某个坏人曾做过某件事而认为这种行为是坏的。这种想法的错误在于,因为某个坏人做过这件事,所以这件事就是坏事。坏人做了好事,好人做了坏事,关键是要识别一个行为内在的善与恶,而不是在于希特勒是否曾做过。

黑与白:错误的二分法

坚信在某种情况下只有两个选择:要么是这个,要么是那个。乔治·布什(George Bush)曾有句名言:“你要么和我们在一起,要么和恐怖分子在一起。”那如果你既不站在布什政府这一边,也不站在恐怖分子那一边呢?哲学家总是能够意识到形势的复杂性并且避免过于简单的解释。

循环论证

这样的论证于我们没有任何益处。例如,有人也许会说上帝是存在的,因为《圣经》上这样写。你可能会问我们为什么要相信《圣经》,而他们这样回答:“《圣经》是上帝的话语,必须是真的。”这个论点对我们毫无用处,因为我们不知道上帝是否存在,或者《圣经》是不是可靠的信息来源。我们被要求在没有进一步证据的情况下相信这两个互相论证的论点。

以偏概全

你认为某件事对任何人来说或者在任何情况下都是正确的,如同我们所说的“总是”思维陷阱。例如，认为所有公立学校的学生表现都很差劲，所有私立学校的学生都表现得很好（反之亦然）。再次强调，哲学家总是关注复杂的情况，而不是提供一个简单的“一刀切”的解释。

隔离法

隔离法指的是把某个话题视为越界，通常是出于神圣或品味的考虑。

英国古老的渎神法令就是这么做的，而电影《最后的诱惑》（*The Last Temptation*）和《布莱恩传》（*The Life of Brian*）被禁止上映据说就是因为它们亵渎了耶稣。有些人可能会说你不能质疑圣书的真理，因为它是神的语言。这是一个哲学错误，因为它假设某些知识本质上是真实的，是无懈可击的。

每当有人告诉我们“你不能那样说”或“你不能那样想”时，我们都应该持非常怀疑的态度。这种迹象表明这些被保护的信息是建立在相当不稳固的哲学基础之上的，并且只有禁止批评才能得到保护。

人身攻击：对人不对事

你可能会因为一条个人信息而拒绝别人的观点。在争论中这是一个常见的、略微阴险的技巧。例如，我可能会对你说抽烟不好。如果你回答“这是健康法西斯主义者的典型论点”，那么你就是对我进行了人身攻击（称我为“健康的法西斯主义者”），而不是反驳了我的论点。这是错误的，因为反对吸烟的论点是正确的，无论我是否特别热衷于健康论。带有个人偏见（对人不对事）的争论可能会激起人们的情绪，让争论越来越偏离路线，最终演变成一场骂战。

稻草人

你提出一个讽刺你对手的论点以表明他们的立场是荒谬的。例如，在理查德·道金斯（Richard Dawkins）的纪录片《万恶之源》（*The Root of all Evil*）中，他提出了一个论点：宗教是一系列社会弊病的根源。在第一集，他采访了两个有着极端宗教观点的基要主义者，其隐喻是所有宗教人士都持有非理性、极端的观点。他犯的这个错误被称为“稻草人”谬论，因为他创造出了一种宗教界的“稻草人”，其信徒是非理性的、偏执的。他成功地反驳了“稻草人”，但他并没有提到理性的、符合哲学或者神学逻辑的、普世行善的宗教信仰。与此相关，他还犯了一个叫作“起源谬误”(genetic fallacy)的错误，总是纠结于人们为什么对他们所做之事深信不疑的原因(比如，因为他们是非理性的)，而不是去思考信仰本身。

一旦质疑、争论或者辩论出现在你的课堂上，就说明哲学思维的发展正在悄然发生。这些哲学技能在年轻人的人生道路上起着至关重要的引导作用，且无疑支撑着哲学最重要的因素：学会辨别是非。

道德思维

1961 年，美国耶鲁大学一位年轻的心理学教授在当地的一家报纸上发布了一条广告，寻求学习实验的参与者。当所有的男性被试者到达现场时，他们被介绍给另一位男性，他们以为这位男性也是一名志愿者，但是实际上他是实验组织者的“同谋”。志愿者被告知，他们将要进行词对(word pairs)学习的实验，学习效果将通过施加电击进行巩固，并且从 15 伏特递增到 450 伏特。一个志愿者是学习者，另外一个则是“教师”。学习过程被操纵，实际上真正的被试是“教师”。志愿者被带入一间用薄墙隔开的房间，“教师”读出一串词，学习者则必须读出与之相应的词，比如 lake，luck，hay，sun，tree，loon，laughter，child。[23] 如果学习者犯下一个错误，“教师”将对其施加电击，依犯错次数，从 15 伏特依次增加到 450 伏特的总量(英国电力供应通常是 240 伏特)。

在每一场实验中，学习者都不会全对，他们会犯一些错误。当伏特数增加时，在墙的另一边，“教师”就会听到事先录制好的尖叫声，最后是一片寂静。一个穿着白大褂的男人坐在“教师”旁边，鼓励他继续下去。有一些“教师”表示抗议，却被告知实验必须继续，且不会对学习者造成伤害，如果造成了伤害，实验的组织者将承担责任。有多少男性将电压数增加到了 450 伏特？令人担忧的是，居然有 65％的人这么做了。

最后，“教师”被告知，实验是个假象，电极并没有被连接上。志愿者立刻意识到实验的真正目的：用来测试一个有理性的成年人有多容易屈服于不道德的权威。许多志愿者对令人不愉快的真相有了深刻的感悟：

> 该实验让我重新评估生活，让我面对顺从性，并且真正开始与它做斗争。我明白了发展强大的道德中心是如此重要。我感觉到了自己的道德弱点，并且十分震惊。所以我去了道德训练中心，如果你明白我在说什么的话。[24]

斯坦利·米尔格拉姆(Stanley Milgram)的顺从实验很快声名狼藉，大量类似实验相继出现在战后年代和大屠杀的余波中，学者试图去理解汉娜·阿伦特(Hannah Arendt)所说的“平庸之恶”(the banality of evil)：恶行通常不是由邪恶的人犯下的，而是产生于普通的缺乏思想的人。让人震惊的是，尽管有大量的文学作品描写了我们是如此容易被骗去做坏事——菲利普·津巴多(Philip Zimbardo)的路西法效应(The Lucifer Effect)是最佳的例子之一，恶行仍然在发生。

上述引文来自实验的参与者，它强调了进行道德哲学教育的重要性：仔细清楚地思考我们的行动如何为良好的结果服务。在米尔格拉姆的实验中，由于欺骗而导致的恶行对实验参与者形成了极大的冲击，使其开始思考如何重新获得道德中心，使我们能够达成目标的是一种哲学，尤其是被称为实践理性的技术。

实践智慧和道德思维

如果我们将切斯利·萨伦伯格和斯坦利·米尔格拉姆实验实施者之间的经历做比较，就会发现最显著的区别应该是前者表现出的良好判断力和后者判断力的缺失。切斯利·萨伦伯格不仅受过高度的训练，经验丰富，而且知道如何利用训练和经验，以便挽救1549次航班上人员的生命。米尔格拉姆实验的实施者，尽管知道他们正在造成伤害，还是不断把电压往上增加到450伏特，他们知道自己的行为是错误的，但是不知何故，他们不能分辨出正确的行动方案，并且利用了诸如勇气和善良等美德，以便使实验继续。这是道德的悲剧性失败，亚里士多德在实践理性(实践智慧)的概念中有过相

关阐述,对此克里斯蒂安·克里斯蒂安松有如下解释:

> 在亚里士多德的品德系统中,我们拥有具体的智慧品质和实践理性或实践智慧等品德。年轻人在习惯养成的过程中发展出某些性情品格,并在实践理性发挥作用时,以批判的眼光重新评估这些性情,允许它们在理智掌控下和平共处。实践理性的功能就是比较竞争价值、行动过程和幸福情感的相对权重,目的是为了人类的终极利益和无条件的目的王国。实践理性不仅使人对某些领域优良的品质深思熟虑,而且也包括了有益于全人类幸福的品质。获得了实践理性的个体,在冲突情境中,有智慧去评判不同品质的相对权重,从而得出有关如何感觉和行动的慎重的结论。[25]

克里斯蒂安·克里斯蒂安松和朱莉娅·安纳斯都描述了我们拥有的自然倾向或者特质引导我们以某种方式采取行动,但是这些特质必须由许多思维习惯引导,这些思维习惯在此章节多有阐述,比如意识和花时间收集信息:

> 自然特质(比如勇敢)如果没有智力的引导则是有害的。就像一个体格健壮的人会因为看不见而被绊倒,所以勇敢的自然倾向会因为盲目而陷入道德灾难,因为此人没有学会去看情境中的关键因素。我们自然的实践特质需要以聪明的方式固定下来并发展为品德,一个自然特质可能在盲目地运作,而品德会进行有选择的回应,且对新的信息和语境持开放态度。[26]

克里斯蒂安·克里斯蒂安松将实践理性描述成道德裁判,由一个更高层次的品德"监督"各个独立的品德是如何运作的,就像交响乐团的总指挥。实践理性与"感觉和行为的真正信念"[27]有关,并且鼓励我们根据真正的信念采取行动。米尔格拉姆实验中的人缺乏实践理性,因为尽管他们对应当如何感觉和行动有着真正的信念,但在录像中,我们看到他们中有人因陷入困境而痛苦,[28]他们没有能力根据信念采取行动。实践理性在学习熟练运用道德品质时必不可少，因为它使得我们分辨出情境中最重要的道德特质，并且使我们决定应当如何行动。例如，我的孩子正在发展对不公平和不公正的敏锐意识。然而，在他们的道德发展阶段，不公正常常等同于他们是否得到了想要的东西，而不是辨认出某一情境中真的有人被剥夺了应得的权利。因为我的孩子正在学习如何正确地感受，因此对于感知到的不公正，他们的情感反应是爆炸性、不妥协的，而不是慎重而开放的。一旦他们获得了实践理性，他们就会意识到，不能随时看英国广播公司少儿台[29]的节目并不是不公平（事实上会促进一般意义上的幸福），尖叫、哭泣和生气也并不是最理想的、有道德的选择。

实践理性是一种品德，就像其他品德一样，是通过认真的训练获得的。在将意识带入情感和行动的互相作用之中，拓展我们对生活情境的理解时，我们将反应加以完善，慢慢地，会更熟练地将感觉和行动引入正轨，而不仅仅用来为自己服务。实践理性也同样能帮助我们去欣赏某一情境，在其中我们可能会感觉到复杂的情绪，所以不同的行动方案对我们来说都是开放的，没有一个是绝对正确的。一旦我们承认了人类道德生活的复杂性，我们对于道德的理解就会进步。在学校，诸如修复正义和教练法等技巧（见第二章）有助于发展精细的反应，使之服务于善，因为它们要求通过对话和协商发展出将觉察和沉思应用于思想和情感的品质，并且确立一个行动方案，通过协议，修复任何有损关系的行为，以达到共同的善。同样，这些教学技巧促使孩子进入更高层次的道德推理，因为教学过程建立在拓展行为会对关系造成某种影响的理解上，并且通过对话使我们的情绪理解更为复杂，这比通过奖惩制度来保证纪律有着更加深远的意义。专注冥想的练习也能帮助达成并且丰富道德理解，这在第九章将有详细说明。

付诸实践：实践智慧的教学

- **关注感觉**：让学生想象自己身处一系列困境中，并推测他们会做出什么反应。引入时间流逝的概念，问学生在十分钟、几小时、一天、一周的时间内，情感会发生什么变化。
- **情感和冲动**：让学生思考情感如何产生冲动，并以某种特定方式付诸行动。例如，如果他们感到焦虑，更加可能呈现出什么样的语言和行为模式？

- **感觉和思考**：向学生暗示，他们的情绪提供了如何思考的线索。例如，如果我感到愤怒，我会更倾向于认为我的权利（或者另外一人的权利）以某种方式被侵犯了。[30]让学生回顾他们在面对这些场景时有什么情绪反应，看看是否能够辨认出关于这些场景的想法的情绪。
- **收集更多信息**：我们在诠释生命中的事件时，经常妄下结论。让学生再次观察这些场景，看看是否能用另一种方式看待它们，或者是否能够收集更多有关事件以及相关人物的信息。
- **寻求建议**：让学生提名一个人，遇到了棘手的问题，可以向此人寻求帮助。应该选择这样的人：他并不仅仅认同学生的观点，而且会提出质疑，帮助他们更好地理解。回想这些场景，他们明智的顾问会怎么说呢？
- **我真的在听吗**：有一个心理学现象叫作证实性偏见，意思是我们倾向于证实我们想法的证据，那些质疑我们对事件的解释而提出的证据，我们却错过了。让学生结对，其中的一人扮演“魔鬼代言人”的角色，质疑他们对上述场景的阐释。被质疑的人可以听到对立的观点，并且承认这有可能是事实吗？
- **善**：将所有因素都考虑了。什么行动方案能够促进善？我们如何定义善？我们如何知道已经达到了善？我们是否将对他人的善和对自己的善混淆了？
- **专家**：找出表现出卓越道德判断力的人。让学生分析他们是如何进行良好判断的，以及我们可以从他们身上学到什么。
- **真实场景**：让学生看一些需要运用判断力的真实例子，问学生在这种场景中他们会如何做。在写此书时（2014 年 12 月），一个新闻被曝光了：美国中央情报局在“反恐战争”中使用了酷刑。学生可以探索做出此项决定的人内心的情绪是什么，他们是如何思考的，以及如何使用上面提到的实践理性的元素来质疑这类思维。

道德心理学

在我们看道德哲学或者伦理学的教学方式之前，我想探索一个关于当前品德心理的研究是如何运作的例子。很重要的是，要记住描写性的（descriptive)和功能性的(functionist)的说明(事情本来如何),以及规范性的(normative)说明(事情应当如何)之间的区别。近来有关青少年大脑的思考就是一个例证。众所周知,大脑支持分析能力的部分直到青春期才初步定型,甚至可能持续到二十几岁。这是否意味着我们应当在青少年做一些危险的事情时视而不见,因为这只是由于他们的大脑不能进行很好的判断?当然不是。在帮助青少年管理风险、考虑长远后果时,我们改变了他们的生物学状态(通过创造大脑新的连接和范式),帮助他们学会做出更好的决定。对道德来说也一样。人类不一定在生理和心理上都准备好做出无私的道德决定,这可能是真的,同样,这也并不意味着我们必须默认这种事实,而不采取行动。我们应当通过教育努力达成道德理想。

在《正义之心》(*The Righteous Mind*)这本书中,品德心理学家乔纳森·海特利用哲学、进化论和心理学帮助我们理解人类道德如何运作。海特想要知道,进化论是否能帮助我们理解为什么不同社会所推崇的品德竟然如此趋同。比如,同情心和善良品格得到了普遍的赞扬。他认为,人类的道德建立在某种被称为模块或者"道德基础"的倾向上,它在人类出生时已经存在,并且通过人类早期经历和教育而实现激活和完善。海特认为存在六个道德基础:面对外部刺激,以某种特定方式表现出来的性情。这些性情随着成长和社会道德标准的习得而发展,它们并不一定是内在固有的。海特引用了加里·马库斯(Gary Marcus)的比喻加以说明:

> 自然赐予新生儿一个相当复杂的大脑,这个大脑应当被看作预配的,即灵活而可以改变,而不是不可改变的和永恒的。

为了代替接线图(wiring diagram),马库斯提出了一个更好的比喻:

> 大脑就像一本书,开始的草稿是通过胚胎发展阶段的基因写成的。在出生时,没有一章是完整的,只有一些粗略的轮廓,等待着儿童时期来填充。但是没有单独的一章,无论是性、语言、食物、爱好或者道德,是完完全全的白纸一张,可以让社会在上面写下任何想得到的词语。[31]

海特提出的六个道德基础是：

1. 关怀—伤害
2. 公平—欺骗
3. 忠诚—背叛
4. 权威—破坏
5. 尊严—堕落
6. 自由—压迫

海特认为,这些基础从出生之时起就已经作为“模块”存在于大脑之中,我们所处的情境会触发这些模块,激发情绪,从而让我们做出相应的行为。每一个基础都是为了应对进化方面的挑战而提出的(比如,关怀—伤害源于关心弱小的需要),有着根源诱因(关怀—伤害是由孩子的痛苦和穷困引发的)和当前触发事件(比如小海豹和可爱的卡通形象),有典型的情绪(同情)和相关品德(关怀和善良)。[32]这让我们知道,根据我们的教育背景,某种情境会引起我们的情绪反应,这种情绪反应会导致某种品德行为产生。在关怀—伤害的实例中,如果我在一个充满温暖和爱的环境中成长,而且我的需求得到了满足,那么我就更可能对他人的痛苦做出情感上的反应,并践行善良的品德,减轻他人的痛苦。熟练的品德技术要求我们能够辨认出某一情境中至关重要的品德特征。海特认为这六个道德基础远远超出了典型的品德观点——典型的品德观点只辨认出了伤害,并且将我们的品德意识拓展至六种情境,这些情境会引起我们情绪上的反应,而我们将有条不紊地进行处理。

品德理论要求我们将情绪反应与理智联合起来,运用实践理性,对复杂的道德情境进行深思熟虑(见上文)。海特在这里提出了一个警告,并引用了诸多证据,说明理智远非只是客观地看待证据那么简单,理智实际上就像我们的辩护律师一样,要搜集证据,证明观点是由情绪支撑的——所谓的证实性偏见。海特使用了一些巧妙地运用道德困境的案例来揭示这一切是如何在起作用的。例如：

一只狗在自家门前被车撞死了。这一家子听说狗肉很美味，所以他们将狗的身体肢解，做成美味的晚餐。其他人并不知情。[33]

海特发现，在许多关于这类道德困境的采访中，人们对此有着强烈的情绪反应，而理智则试图证明人们的情绪反应是正当的。我们可能认为自己是深思熟虑的，并且有正当的理由，但事实上，这是在为最初的情绪反应找支撑点。相信理智总是给我们事实真相，道德决定应是完全理性的，这是唯理论者的幻想。海特认为，我们应当承认，道德决定在最初即受到情绪的影响，我们应当对自身的理性能否做出回应持谨慎态度，从而求助于集体理性来解决道德问题：

每个个体都擅长一件事：寻找支持他所持立场的证据，而且经常是以直觉作为出发点。我们不应期待个体会获得善意的、开放的、追寻真理的推理能力，尤其是在个人利益和声誉受到威胁时。但如果你正确地将个体组织起来，比如让一些个体使用他们的推理能力，来反对他人的主张，让所有的个体都感受到共同的纽带或者命运，便会使得他们之间能够文明地交流。你可以创造出一个团体，以发展出健全的理性为其最终目标，并且将之作为社会系统的新兴产业。[34]

这段摘录的最后一句暗指了海特的另一个重要论点，即人类大约90%都是自私的，大约10%是有“团体归属感”的。在通常情况下，我们会追求自己的利益，特别是在没人注意到我们，可以避免对自己的名誉造成损害的时候。然而，正如海特说的“轻触蜂箱开关”(flick the hive switch)，我们有时候可以战胜自私，将团体利益置于自身利益之上。海特认为，蜂箱开关可能在某些时刻打开，比如感受到能将我们带离自身烦恼的自然之美时(正如第四章所言)，或者参加团体活动时，比如加入唱诗班或者球队。在这里，集体的身份超越了任何一个个体。[35]

付诸实践：品德哲学的教学

- **寻找基础**：给学生两张便利贴。在第一张便利贴上，让他们写上真正关心的事物——必须是一些概念，如“诚实”，或者某种人际关系，如“家庭”，而不是诸如“我的苹果手机”之类的实物。在第二张便利贴上，他们应当写上别人的哪些行为引起了他们的愤怒。让学生观察，看是否能发现两个列表之间的联系。他们应当发现，写在第二张便利贴上的事情与他们最关心的事物发生了冲突。向他们介绍海特的六个基础（见上文），看看是否在这些价值观中有所体现。例如，在最近的一堂课上，我使用了该技术，一个学生说不良的个人卫生习惯使他感到愤怒，这表明了他拥有尊严—堕落维度的良好道德基础。

- **沙滩**：让学生想象他们独自走在沙滩上，四周空无一人。他们发现一个塞满钞票的钱包，里面还有一张驾驶证。让学生写下他们的情绪。他们感受到了什么思想和冲动？他们会如何行动？现在让学生重新想象这一场景，这次身边有人，而且此人对他的观感是十分重要的。这会改变他们的情感、想法、冲动和行动吗？为什么？
- **价值线**：给学生提供一条能产生真正的意见分歧的有争议的新闻（比如大麻的合法化）。在讨论之前，让学生按照持赞成意见、反对意见和中立意见各自分成小组。他们应当根据价值线将教室分成几个不同部分，并在各自领域待着。辩论开始了，让学生给出选择某一个立场的理由。如果学生改变观点，在陈述理由后，允许学生改变立场。
- **美德发现者**：给学生提供一些案例，这些案例要讲述值得钦佩的人做出了哪些了不起的事，或者是普通人做出了非凡的事——比如韦斯利·奥特里（Wesley Autrey），纽约的地铁英雄。[36]让学生发掘故事体现了哪些品德。让学生去想他们生活中的人做出善行的事例——也许是他们自己或者是认识的人。让学生结对，互相讲述这类故事，并且再次找出故事里体现的品德。
- **目的王国的立法者**：让学生想象自己刚刚被选为总理/总统，他们的朋友则是政府部门。现在整个国家就像一张空白的画布，他们可以在此制定新的法律。他们通过的哪些法律是为了普遍的益处？哪些法律不会为了多数人的利益而剥夺少数人的权利，或者只对大权在握的人有好处（比如对请得起价格昂贵的会计师的企业却实施了仁慈的法律）？确保学生将只是为了满足享乐的法律（比如某种药品的合法化）和致力于改善世界的法律(比如废除奴隶制)区分开来。

- **社会运动**:让学生组织一场针对道德议题的社会运动(真实的或者虚拟的都行)。他们会如何行动?法律允许他们做什么?什么是最有效的寻求支持的方式?他们的运动要如何保持道德的正义性(比如为了反对战争而进行暴力游行示威是否正确)?喜剧演员和社会活动家马克·托马斯(Mark Thomas)和电影《拯救世界的好人》(*The Yes Men Fix the World*)提供了生动有趣而富有启发性的事例。
- **反思**:让学生反思那些影响过他们的哲学思想。在其他话题上,这些哲学思想对他们有何帮助?这些思想是如何帮助了他们的个人生活,比如在意见分歧时,指导他们进行协商?

结　论

教育已经在很大程度上有助于年轻人的发展并关注他们的精神世界。通过将知识美德融入课程体系,大脑能够在更复杂的层次上运作。然而,我认为这对于人类社会的繁荣还不够。学习的化学反应是由掌握复杂知识体系的大脑思维弹性习惯(resilient habit),以及有益于人类的道德理解力构成的,而这种道德理解水平正是我们在第一章中提到的格拉德格林教育模式中明显缺失的,并因此给小说的主要人物带来了灾难。

然而,作为教育者,我们确实需要意识到本章内容的潜在张力。兰达尔·柯伦(Randall Curren)在他的《培养道德和智力的美德》(*Cultivating the Moral and Intellectual Virtues*)中提到了所谓的"进步道德悖论"(the paradox of progressive morality)。它一方面纠结于德育是否能够教化形成公认的道德价值观,另一方面害怕发展出一定的理性和批判性思维,使孩子们变得狡猾和自私。[37]对所有形式的德育的批判都源自一种恐惧,就是害怕孩子们在没有适当的考验下被迫接受道德真理。正如柯伦所说的,抵抗教育暴力:

> 对暴力的依赖会逐渐破坏对理性的反应能力的发展,因为孩子们很愿意去模仿那些受到表扬或他们欣赏的人,并且倾向于采用爱护他

> 们的人的生活方式和准则，所以暴力只能在很少的情况下使用。[38]

但是，一些人反对用批判性思维的教育取代灌输，因为它会导致道德“搭便车”的问题，也就是说，批判性思维的指导会鼓励孩子们抱着自私自利的观点，免费搭乘公共道德之车，以占尽那些接受道德要求和自我约束的人的便宜。[39]

这是一个巨大的挑战。如果教育的精神关怀仅仅是为了能够熟练地编造理由以确保得到自己想要的，那么幸福论的主要目标之一——能够让我们总体上生活得更好——就没有达到。对柯伦而言（还有上述提到的海特），答案不仅在于给出道德行为的理由，还在于使我们自己的道德理念与他人的相适应：

> 如果孩子们被引导着满怀热情地去付出和接受理性，包括道德层面的，他们将会变成被自身观念和道德同时激励的、为真理而献身的、严肃且忠实的批判性思考者。以这种方式被激励，孩子们便不会有“搭便车”现象，因为自私和搞特殊的欲望是与道德不相容的。但是如果对理性的深思熟虑习惯已经养成，那么由此而形成的观念和情感对当下基本道德的培养以及对未来道德水准的提升必定大有裨益。[40]

第六章　关心他人

章节预览

共情
倾听与陪伴
朴素实在论与判断力
善良
服务
信任
八卦
冲突解决办法
性与人际关系

简　介

临终关怀护士布朗妮·维尔(Bronnie Ware)在2009年写了一篇博客，讲述她在绝症患者生命晚期照顾他们的经历和感受。这篇博客主要讲述了病人临终前最遗憾的五件事。排在第二的普遍遗憾是，人们回顾自己的一生，才发现花费太多的精力去成就事业和献身工作，而没有足够的时间去维护人际关系。她护理过的每一位男性患者都表示很遗憾自己曾过于专注工作，很多时间都浪费在“单调乏味的工作”上，而没有时间去培养与孩子和伴侣的亲密关系。[1]

在第一章中，玛莎·努斯鲍姆认为发达国家把对国内生产总值和经济产出的贡献作为衡量一个人成功与否的标准，这扭曲了现实中为人类创造有质量的生活的本意。我们很容易被这样的观点所左右:幸福的决定因素(正如安纳斯所说)是我们生活的环境,而不是我们生活的方式和人际关系。人际关系的重要性本不需要任何科学研究的支持,但是对于那些需要用科学方法来说服自己的人来说,证明人际关系对于我们健康的重要性确实很有必要。在《异类》一书中,马尔科姆·格拉德韦尔提到了20世纪50年代斯图尔特·沃尔夫(Stewart Wolf)和约翰·布鲁恩(John Bruhn)在美国宾夕法尼亚的罗塞托(Roseto)针对异常低的心脏病发病率所做的研究。传统假设认为地中海地区的人们长寿是因为健康的饮食,而这能使南欧人寿命更长。然而,沃尔夫发现,罗塞托镇上的人饮食并不健康,他们很多人都在与肥胖抗争,而且镇上大部分人都吸烟。仔细观察后他发现,罗塞托人健康的关键因素是他们紧密的邻里关系和他们建立的融洽的人际关系:

> 当布鲁恩和沃尔夫漫步在这个小城镇中的时候,他们发现罗塞托人喜欢互相串门,在大街上停下来用意大利语拉家常,或者邀请别人在自家的后院聚餐。他们了解到宗族式的家庭模式构建了这样的社会结构。在这个不到两千人的小城镇中,他们发现的市民独立团体就有二十几个。为了让意大利南部的本土文化根植于宾夕法尼亚东部的丘陵地带,罗塞托人发展出了一个强大的、能够自我保护的社会结构,使得他们免于遭受现代社会的冲击。[2]

丹·比特纳(Dan Buettner)在《纽约时报》(*New York Times*)上发表了一篇有关他对长寿程度最高的地区的研究结果的文章。与沃尔夫和布鲁恩的结论一样,比特纳和他的同事们发现,社会结构在希腊伊卡利亚岛(Ikaria)居民长寿健康的生活中扮演着重要的角色:

> 在美国,当谈到提高健康生活品质的时候,人们往往把注意力放在锻炼身体上,或者关注吃什么——有机食物、欧米伽-3、微量元素等。我们每年仅在维生素和营养品上的花费就近300亿美元。然而在伊卡利亚和与其类似的其他地方,饮食只是在一定程度上解释了较高的预期寿命,而我们认为的锻炼(即有目的地完成任务式的体力活动)起到

的作用也很小，社会结构可能是更重要的原因。[3]

比特纳认为，长寿的秘诀不仅与人际关系有关，且与良好的社会生活规范有关，正如他所说的，当良好的生活习惯在一个地区普遍存在时，人们往往会效仿它。比特纳在采访西娅·帕里科斯(Thea Parikos)时这么写道：

> 帕里科斯正在煮一杯咖啡。阳光透过百叶窗照射进来。在早餐时的喧哗声中，可隐隐听到不远处爱琴海的浪涛声。"你知道吗？在希腊语中没有'隐私'这个词。"她说，"人们都知根知底，这让人觉得有种归属感和安全感。其实，没有隐私挺好的，民众监督就可以管住那些不希望被抓住，或者不希望让家人丢脸的人。如果你的孩子不乖，邻居可以教训他们。这儿的犯罪率较低，不是因为治安好，而是因为做坏事有让家人丢脸的风险。你问我食物的问题，是的，我们在这里吃得确实比美国好。但更大程度上是因为我们吃东西的方式。即使你在工作时，你也可以很放松地在休息时间享用你的午餐。谁陪你吃饭，你都很开心。在这里，人们总是边享用食物边聊天。"[4]

对于伊卡利亚岛和罗塞托镇的故事，我感到奇怪的是，现代西方幸福运动如此强调人际关系对于个人生活的重要性，倒让人觉得本末倒置了：人际关系成为使人幸福的工具，降低了幸福的内在价值。要我们注重营造舒适的人际关系，这种观点是对人性的错误认识。就好比我们在健身后感觉神清气爽，是因为运动是我们的天性，人际关系(除非它是反常的)使我们相处融洽，也是因为社交是我们的天性。马修·利伯曼(Matthew Lieberman)在《社交》(*Social*)一书中汇总了大量的研究成果，表明我们是善于社交的。利伯曼引用了戈登·舒尔曼(Gordon Shulman)20 世纪 90 年代末的研究，该研究着眼于大脑在不参与认知、运动或视觉任务时所处的状态。他发现，当我们不思考、不运动或不观察时，神经元网络变得活跃，这个网络就被称为默认网络。根据利伯曼的说法，我们对社交感兴趣是因为大脑的默认网络，它天生就会在我们空闲的时候被大脑"打开"：

> 默认网络会引导我们去考虑他人的心理——他们的思想、感情和目标。借用哲学家丹尼尔·丹尼特(Daniel Dennett)提出的“意向立场”概念，我们可以说默认网络促进了理解、同情、合作和关爱。这是大脑最喜欢的存在状态，当它有机会的时候，它就会回到它的存在状态。[5]

利伯曼在书中写道，出生仅两周的婴儿的大脑默认网络和成人的一样活跃。我们的天性就是善于社交，并试图妥善处理与他人的关系。也许这可以表明我们文化中倾向个人主义而远离社会群体的方式是何等错误，我们需要利用科学来指出这一点。

在第一章中，我建议教育应该由幸福感和关爱这两个相互联系的哲学驱动者引领。在第二章中，我们研究了如何在学校中通过强调幸福感和关爱来加强关系辅导并恢复正义，本章将探讨幸福计划中包含的一些元素，以使年轻人在人际交往中得心应手。

共　情

在英国皇家艺术协会(Royal Society of Arts，RSA)制作的一段动画短片中，布琳·布朗(Brene Brown)介绍了共情的一些主要特征。她将共情定义为“与他人感同身受”。它不同于同情心，同情心总是在一定程度上使处于痛苦中的人与同情他们的人之间关系变得疏远。就像她说的，“共情拉近人与人之间的距离，而同情心则使人与人之间疏远”[6]。布朗认为，共情包含四个要素：(1) 换位思考——设身处地为他人着想的能力；(2) 不去评判他人，接纳他人的立场；(3) 理解对方的情绪状态；(4) 交流中对他人的感受做出共情性回应。首先，共情需要想象自己与内在事物联系在一起，理解他人正在经历的事情，并与他们一起感受，其次，要能够接纳、理解他人的经历，而不试图改变它。同情心是布朗所指的“一线希望”，换句话说，就是试图在人经历痛苦时给予某种积极的影响，这样同情他人的人可以将因目睹他人情绪波动而出现的不适感最小化。

孩子五岁时就会共情了，他们有更多的机会和其他孩子一起玩耍。一个人的共情能力通常是在童年中期形成的。[7]大脑利用共情使我们与他人产生共鸣，而这由右脑主导，正如伊恩·麦吉克里斯特所说的：

> 当我们换位思考时，我们右下顶叶和右侧前额叶皮层发挥作用，它们会抑制人们不自觉的固执己见的倾向。当右脑处于活跃状态时，被试更倾向于与他人交流，更容易接受之前不被支持的观点。[8]

瑞士苏黎世大学(University of Zurich)的塔妮娅·辛格(Tania Singer)教授开展了一项独创性的研究，展示了共情产生时大脑的结构状态。辛格让一对已婚夫妇进入功能性磁共振成像(FMRI)扫描仪，该扫描仪可以定位大脑活动的皮层区域。仪器内有一个垫子，丈夫和妻子都各将一只手掌放在垫子上。垫子上会产生轻微的刺痛感电击。在垫子前面有一个屏幕，上面有一个箭头，指示这对夫妇中谁将受到电击，如果妻子即将经历电击，她的丈夫就会知道，反之亦然。辛格不仅能够观测到当我们自己经历痛苦时大脑活跃区域的状态，而且也能观测到我们看到关心的人遭受痛苦时的大脑状态。正如麦吉克里斯特所说的："我设想自己经历痛苦时，会同时使用两个半脑感知，但你经历痛苦时，我只使用右脑感知。"[9]

然而，两性之间对伤害过他们的人的态度是有差异的。在另一项实验中，辛格让一组男性和女性志愿者与"同伙"一起试验。"同伙"可能会背叛或者不背叛。然后，志愿者们躺在FMRI扫描仪中，以观测他们大脑中的共情中枢活动情况。试验中"同伙"遭受电击。当试验中没有背叛他们的人遭受电击时，男人和女人都会出现共情。当欺骗他们的人经历痛苦时，女性也会有共情，而男性看到欺骗他们的人经历痛苦时，他们共情减少，反而愉悦感增加了。[10]

共情不仅取决于我们感知他人情绪状态的能力，还取决于我们模仿他人情绪状态的能力。我们自然而然地适应周围人的情绪和生理状态。如果你在一个充满欢乐的氛围里，突然有一个非常沮丧的人加入进来，你就得适时调节你快乐的心情来与他们的不愉快共情。共情不仅可以通过改变情绪来表达，也可以通过肢体语言来表达。如果你看着一个悲伤的人，你的瞳孔会缩小到和他们的一样，你的体温也会下降到和他们的一样。[11]

20世纪90年代中期，里佐拉蒂(Rizzolatti)和加莱塞(Gallese)发现"镜像”神经元会在基础模仿中起作用。“镜像”神经元是当个体执行动作时,或当观察到另一个人执行动作时,促使我们模仿我们所看到的事物的活跃的脑细胞。伦敦大学学院(University College London)的丹尼尔·格拉泽(Daniel Glaser)博士进行了一项研究,他让两种不同类型舞蹈——芭蕾舞和卡波耶拉(Capoeira)——的舞者躺在FMRI扫描仪中,并向他们展示芭蕾舞和卡波耶拉舞的图像。他发现,当舞者看到其他人在做他们能做的事情时,大脑中控制运动的部分就会更加活跃——他们的大脑会促使他们模仿他们看到和识别的动作。[12]

人类有些行为似乎是倾向于模仿他人,但这种模仿不仅仅是单纯复制动作,麦吉克里斯特认为:

> “镜像”神经元是理解他人想法或者感受的媒介,而不仅仅是模仿动作。神经元系统使我们有能力理解他人和同情他人的感受。[13]

我们与他人建立一定联系,当然,这些联系正在产生深远的影响。接着麦吉克里斯特阐述了右脑的共情能力是如何缓解忧郁的情绪的:

> 我们意识到,越是同情自身以外的事物,越容易遭受痛苦。悲伤和共情关联度极高:从针对儿童和青少年的研究中就可以看到。一方面,悲伤和共情之间也有直接的联系,另一方面,“天性”中并不存在罪恶感、羞耻感和责任感:只有拥有左前额叶皮层优势才有能力蓄意产生恶意。内疚、羞愧和责任感之间也有直接的联系……残忍在“自然”中并不存在:具有左前额叶皮层优势的人可能会蓄意伤害别人,而具有右前额叶皮层优势的人则富有同情心。[14]

共情和道德的关系是显而易见的。在提倡关怀与共情伦理相结合的幸福论教育时,我认为教育更应该关注学生的道德意识和道德观念。他们在学校中仅获得优异成绩是不够的,他们也应致力于成为更好的人,更努力地为公益而行动。道德是建立在共情基础上的。除非大脑的共情中枢受损——那他们会像精神病人一样,[15]否则只要有足够的机会,共情都是可以培养出来的，因为大脑具有可塑性，可以探索培养的新方式，没有人是无法改变的。[16]塔妮娅・辛格认为，如果我们鼓励人们感知他们自己的情感痛苦(所谓的内在感受)，那么在让他们感知他人的痛苦感觉方面就前进了一小步。她还认为，我们的共情能力必须与大脑学习奖励制度相联(见第四章)。[17]如果我们认识到与他人共情其实是一个非常有益的过程，它可以增进友谊，还可以抵消过度的评判，那么我们就可以将共情发展成习惯性的反应，而不是为自己服务的自私的欲望。

付诸实践：共情能力学习

- **倾听和共情**：学生两人一组，一个学生用第一人称为另一个学生读小说中包含情感的节选，另一个学生倾听。故事结束后，“镜像”(观察和描述)他们的情感状态，并反馈给同伴(例如，当你的女朋友说她要和你分开，你会感到悲伤；你感到悲伤是因为……)。然后倾听者允许倾诉者纠正他们误解的观点，然后倾听者自我纠正。
- **共情情境**：给学生提供一些有冲突的情境(例如，十几岁的孩子想去参加派对却不被家长允许)，并让学生与情境中的每个人共情。学生必须站在每个人的角度考虑问题，并阐述角色的感受，不管学生认为谁是对的。
- **提示**：当与他人互动时，学生可以通过面部表情、肢体语言和语音语调来提示对方自己此时的感受。把学生分组，让他们考虑在以下场景中小组成员可能会给他们什么提示：

  1. 小组成员喜欢和你在一起。
  2. 你在小组中惹恼了某一个人，或者几个人。
  3. 你过早地向小组透露个人私事。
  4. 小组成员尊重你。
  5. 小组成员信任你。
  6. 你生病了、不开心了，或者很痛苦。

  要求学生特别注意肢体语言，尽可能区分开放式和封闭式的肢体语言。[18]然后让小组根据这些情况设计一个三十秒的情境表演。由学生参演，并听取观众的建议和点评。观看场景表演，小组选出一个人来对看到的提示做出反应并演示出来。

- **三二原则**：把学生分为三人一组。让三人中的一人离开房间，或者先站在角落里（组建一个新的小组）。让剩下的两人从黑板上列出的主题（最喜欢的节日，收到过最好的圣诞礼物，最喜欢的电影，上周末做了什么，如果有 100 万英镑的话想怎样）中选择一个话题聊天。让他们交谈三到四分钟，这样可以建立起融洽的关系。然后让第三个学生设法插入他们的对话。通过思考以下问题，让学生反思新来的学生如何成功介入对话：
  1. 对于要介入的对话情境，第三人是否在等待、观察对方的情绪并做出“镜像”反应？
  2. 第三人是否注意到非语言暗示？
  3. 他们是积极加入对话还是消极对待？
  4. 另外两人是否积极接纳第三人加入对话？
  5. 他们做得很好还是很糟糕？做得糟糕的话接下来怎么办？做得好的话，他们是如何成功的？
- **做两件事并观察他们**：让学生先观察试验者是如何与一群朋友交谈的。他们的朋友是如何接纳他们的？他们如何参与其中？然后让试验者和他们通常不会交谈的人展开对话。他们是怎么做到的？他们的反应如何？对话进展是否顺利？学生要对这两种场景进行比较。有什么样的提示？这些提示有何不同？他们是如何遵循提示的？在不同场景中，你需要多长时间才能感到被接受？

倾听与陪伴

我认为与他人建立关系最基本、最有效的方式就是倾听。倾听就好。或许最重要的是给对方足够的关注，特别是发自内心的关注。其实当他人在倾诉时，除了倾听什么都不需要做。用心接纳他们。听听他们在说什么。给予关心。大多数时候关心他们比听明白他们讲的内容更重要。我的一个病人对我说，她曾想和别人讲讲自己的故事，但经常被打断、被告诫，因为他们都曾经历过类似的事情。就这样，她的痛

> 苦离奇地变成了一个关于别人的故事。最后她不再和人们讲自己的故事了，那样反而更孤独。我们通过倾听联结彼此的关系。当我们打断别人的话，以表示我们理解他们讲的内容时，就是把注意力往自己身上转移，而我们静静聆听时，他们知道我们在意他们的感受……有时候安静的爱往往比贴心的话语更能治愈并拉近人与人之间的距离。[19]

在这段节选中，娜奥米·雷切尔·雷曼(Naomi Rachel Remen)清楚地表明，倾听对我们人际关系的作用不言而喻。建立一段人际关系的方法，如修复正义和辅导，其核心是强调集中注意力倾听他人，并不带任何评判。在第二章中我们学习了倾听障碍。我们自己的思维活动会阻碍与他人的交流，导致无法倾听他们的谈话。不要试图以任何方式去打断或改变倾诉者的讲话或者感受。怎样让自己学会倾听？要注意我们在多大程度上打扰了别人的倾诉以满足我们自己的需要。像雷曼上面所说的那样，学习倾听要敞开心扉，关心别人在说什么，就算我们不赞成别人说的内容，我们也要接受他们此刻的所述所感。正如迈克尔·斯洛特(Michael Slote)所说的：

> 一个真正关心别人的人得有包容性，要能够接受他人的实际状态，比如想法、欲望、恐惧等。当真正对他人展示自己的关心时(为了自己在乎的人好)，就不会简单粗暴地把自己的想法强加到他人身上，不会打着为他人好或者为他们所关心的人好的幌子。相反，在帮助他人的过程中，他们关注或者说更倾向于了解他人构建世界的方式以及与世界的关系。[20]

在帮助年轻人学习建立健康、稳定和积极的关系时，帮助他们学会倾听是很重要的。最好的做法是通过实践，而不仅仅是纸上谈兵。也可以以群体中的成年人来做榜样进行模仿学习，让年轻人了解倾听的功效。下面是一些帮助年轻人成为更好的倾听者的实用建议。

付诸实践：倾听学习

- **倾听障碍**：让学生分成两组，一组是 A，另一组是 B。在 B 组离开房间之前告诉他们，当他们返回时，要和A组同学讲他们度过的最好假期。B组离开后，给A组一些倾听指令：当他们倾听B组时，他们要保持冷静，不要有任何身体语言以表示他们在倾听，比如点头或者身体前倾等。然后，如果他们倾听时发现自己思想在神游，就要悄悄举起手，然后再放下。邀请B组回到房间开始试验。几分钟后，让两组讨论他们注意到什么。B组对A组的倾听感觉如何？B组对讲述故事的感觉如何？他们猜到举手的意义了吗？A组同学为什么觉得倾听很糟糕？他们想以何种方式来安抚B组同学呢？然后，向学生介绍倾听障碍的概念，而通常我们将糟糕的倾听能力隐藏得很好。

- **肢体语言**：邀请一个学生到教室前面。问问学生在上一个假期里做了些什么，在他们说话时，扮演倾听者的人给出消极的肢体语言予以回应：封闭的姿态（合抱双臂、交叉双腿、没有眼神接触），摆弄手机甚至接电话，假装赞同别人的说辞，等等。问一问他们的感觉如何，并请同学们评论。邀请一个学生站到你的位置，要他来示范良好倾听状态中的肢体语言，请全班同学根据他们自己的被倾听经历给出一些建议。
- **倾听榜样**：让学生谈谈他们生活中最善于倾听的人。他们做了什么使他们的倾听与众不同？
- **蒙住眼睛听**：两人一组，让学生蒙着眼睛听对方说话，然后思考，当他们看不到肢体语言的时候，蒙住眼睛的倾听是否会让他们觉得全心倾听是一件很舒服的事情。你也可以让学生背靠背坐着，让他们用手机或互联网设备上的即时信息进行对话。
- **非评判性倾听**：让学生分成两组，一人讲述另一人最近做的让他恼火的事情。另一个人应该倾听，故事讲完后，他要不带评判或偏见地复述倾诉者刚刚所说的话。然后他们互换角色。让学生反思不带评判是多么容易/困难，也要反思自己倾诉故事时是什么感受。不带评判：给学生听一篇有争议的演讲，并要他们复述演讲内容，同时尽量不去评价这个人、不去评论他说的内容。

朴素实在论与判断力

如果要我为“世界和平与社会和谐的最大障碍”提名，那么朴素实在论当之无愧。[21]

乔纳森·海特

我们交朋友时，不会随随便便就和别人成为朋友，我们更愿意同支持我们对世界所持某种信仰的人做朋友，或者同在某些方面对我们有用，且能提升我们对世界信仰的人交朋友。当想起我最要好的朋友时，他们一定是和我有最多共同点的人，在我关心的问题上，他们有着和我相似的世界观。这并不是想贬低友谊。引导我们择友的一个重要因素是，他们不会过多地质疑我们对世界的看法。这可以用"朴素实在论"来解释，该词汇是由埃米莉·普罗宁(Emily Pronin)和李·罗斯(Lee Ross)提出的。朴素实在论是坚信我们对世界的看法是正确的，任何不同意我们观点的人不仅是错误的，而且是不如我们的。朴素实在论使我们最小化自己的错误，同时放大我们周围人的错误。正如乔纳森·海特在上述引文中所言，这是造成社会不和谐的一个重要原因。朴素现实主义随处可见，它是引起群体冲突的主要原因，因为我们创造了这样一个奇怪的人：只要遇到与自己意见相左的人，就和朋友组成联盟，吐槽那些人错得离谱。这是一种认知上的错误，我们在第五章已经学到。正如海特指出的：

> 我们生活的世界并不只是由石头、树木和实在物体构成的，这个世界是充满侮辱、机遇、地位象征、背叛、圣人和罪人的复杂世界。它们都是人类的创造物，虽然它们并不像岩石和树木那样真实，但它们以自己的方式真实存在着。这些创造物就像 J. M. 巴里(J. M. Barrie)的《彼得·潘》(*Peter Pan*)中的精灵：只有你相信它们，它们才会存在。[22]

人与人之间的冲突，是由一个或多个团体不愿意放弃他们的个人见解或他人引起冲突的动机，又或者以旁观者的角度去看待说话恶毒和行为粗鲁的另一方所导致的。我并不是说无能或心怀恶意的人是不存在的——当然有这样的人，但是我们的错误是以那样的方式来判断别人。我们无法接受与自己的观念相冲突的想法，即使有时候错在于我们自己。这让我们想起朱尔斯·埃文斯的经典名句"我们太过于执着于自己的信念，即使这个信念会使我们毁灭”[23]。

当我们心胸狭隘地去看待他人的动机、行为和言论时，或者我们过度批判时，我们的信念就会对人际关系造成阻碍。我们不愿意承认事情可能不像我们想象的那样，也许我们需要收集更多的信息，转变我们的观念。正如上文有关倾听的章节所讲的那样，只有全身心投入去倾听别人讲话，我们才可能尽量避免做出评判。但这做起来并不容易。我们的大脑不断地审视周围的环境是否有利于我们，这种审视部分通过判断他人的肢体语言、行为动作和口头表达来衡量。我们很容易养成严厉地评判他人的思维习惯，同样也很容易将这种评判转向我们自己。专注冥想是训练有意识地关注当下的思想动态，当我们想要评判时，不要不管不顾地跟随已有的思维可能产生的任何感觉或行为，就像乔恩·卡巴特-津恩(Jon Kabat-Zinn)所说的：

> 我们在禅修中所获得的领悟，只是从坐禅、冥想、参悟等中发展而来，我们要认识它而不是去谴责或驱逐它，要知道批判思维是不可避免的，它必然会限制我们的体验与思考。我们对冥想感兴趣，是因为它与体验本身直接联系——无论是吸气、呼气、感受、声音、冲动、思想、知觉，还是判断。我们也知道有可能深陷评判或被评判之中，或者被贴上一些好的或者坏的标签。[24]

一种可以消除我们判断自己和他人影响的倾向的专注练习被称为“友谊”。练习中，试验者要回想，在我们的生活中有那么一个人给我们带来过快乐，我们与他曾有过美好的回忆。回忆的同时，我们对他说了三句话：“愿你健康安乐……愿你平安……愿你的生活安逸而仁慈……”当我们这样做的时候，感觉、想法、冲动蠢蠢欲动。然后我们努力回忆，把这三个意念加诸己身，然后把这些意念强加于我们觉得身陷困境中的人身上。[25]然而这个过程是把我们善意的爱的意念强行转嫁到我们关心的人身上，这带有强烈的批判意识，我们觉得他处于困难之中，想按我们的意识改造他，却不愿意接受他本来的样子。

善 良

就如我对人际关系的观点，我觉得当代文学中讲述的幸福观认为善良的行为可以增加我们个人的幸福感，这个观点是很奇怪的。更奇怪的是，科学语言研究竟然赞同这样的观点。[26]似乎没有这两种诱因（个人幸福和科学事实），我们就是精致的利己主义者，自私地以牺牲他人和群体的利益为代价来实现自己的愿望。这篇文章中认为善良本质上是一种自私的追求，我们只懂得让自己快乐，我们用他人遭受的苦难来衬托自己的善解人意，我们尽可能让自己善良，让群体更加团结。

本章的主题之一是，作为人类，生活在群体中是我们的天性，而进化决定了我们从出生起就倾心于建立牢固、积极的群体关系。天性和群体的复杂性决定着我们一方面会自私地关心安全和生存之间的紧张关系，另一方面我们又会无私地关心他人——正如乔纳森·海特说的，我们是约 90%的自私体和 10%的群居体的合体。但在我看来，他之所以这样说，是因为善良源于自私，这就出现了一个关于善良和人性的贫乏的观点，在这个观点中，当人类是善良的时候，他们渴望的不是对他人有益的东西，而是对自己有益的东西。

亚当·菲利普斯（Adam Phillips）和芭芭拉·泰勒（Barbara Taylor）在《论善良》（*On Kindness*）一书中，为了让我们充分理解善良，通过历史和精神分析的两种镜像来审视人性的善良。从这个角度来看，善良可以被视为有益的，尤其是如果你把人类社会看成一群自私的个体：

> 人们为什么要关心别人？关心别人的幸福？关心别人所急之事？仅仅是为了确保当别人需要自己时能满足别人的要求吗？这张图告诉我们，迄今为止，他人的存在对个体的意义是满足个体需求的一种工具。他们要提供令人满意的条件，否则没有任何意义。[27]

菲利普斯和泰勒将这一观点与心理学家唐纳德·温尼科特（Donald Winnicott）在 20 世纪提出的观点进行了对比。这一观点取决于两种类型的善良:非真实善良和真实善良。非真实善良,是童年时的一种经历,即试图通过对他人的关怀,以获得他人对自己的关怀,也是试图驱赶挫折、妥协和怨恨的尝试。非真实善良是一种善良幻想,正如菲利普斯和泰勒所说的:

> 小孩子的善良……在第一个例子中展现的,是依赖的反应。孩子关心父母是为了父母也关心自己,他的"善良"是一种非真实愿望,希望自己的焦虑和不快乐不要影响父母对自己的关爱。这种非真实善良一旦失败,就会给孩子造成心灵上的伤害,他就永远无法恢复。[28]

非真实善良之所以不奏效,是因为我们不能避免沮丧、敌意和怨恨的情绪:它们是人际关系中很正常的情绪现象。另一个不奏效的原因是,它建立在对他人理想化的看法之上,认为他人将永远满足我们的需求。当然,这是不可能的,他们有时会让我们失望,行为不可预测,这都会让我们痛苦。在菲利普斯和泰勒看来,非真实善良是一个错误的承诺,如果它持续到我们的成年时期,就会误导我们,因为它甜美而腻人,太过矫情。在理想化地认为人与人之间没有冲突的情况中,我们扭曲了生活中矛盾的现实,我们很难完全体验到各种各样的关系。

从温尼科特的作品出发,菲利普斯和泰勒认为,只有当我们认可非真实善良是无效的,真实的或者发自内心的善良才会出现,此时我们才真正接受人际关系间会有冲突:

> 真实善良、真实同情心,包括憎恨和被憎恨,也就是说,可以接受挫折,并通过这段关系来建立更现实的关系。有人可能会说,这是一种内在的更稳固的善良,一种可以接受挫折和仇恨等负面情感的善良,而不是一味否认负面情感的善良。[29]

菲利普斯和泰勒认为,一旦我们愿意敞开心扉接受真实善良,就可以使我们的人际关系更加和谐,我们可以更加包容地接受他人真实的模样,而不是要别人成为我们喜欢的模样,"敞开我们的胸怀,使我们对自己的社交天性满意度倍增"[30]。

从这个角度看，善良的行为远不止帮陌生人开门，善良成了一种综合了关注、接纳、专注、包容和理解冲突等的能力。它完全符合人际关系工作的要素，如辅导、修复正义和解决冲突、专注冥想等，它对学校有着重要的意义，学校的日常运行完全依赖于良好的人际关系。

服 务

当我们的自我保护意识将自己与他人隔离开来时，真正的善良就会受到阻碍。这种意识让我们看不到真实的他们，而是我们希望的样子，从而满足我们自己的需要。一个很好的解决方法就是服务。不是那种自我吹捧的居高临下的服务，也不是那种只让我们感觉良好的机械性服务，而是对他人的包容和热情关怀，这让我们“更有渗透力，不再孤立和分离”[31]。

在学校里，最好的服务就是把年轻人和那些他们通常不会遇到的容易带有偏见且无信念的人聚集在一起。通过为那些原本毫无关系的人创造联系的机会，让他们在共享的项目上合作，这就有可能消除善良的障碍。每年，我工作的学校里都会有一小部分青少年花一周的时间与有中度至重度学习障碍和身体残疾的人一起参与一个名为“关爱学习”(Phab)[32]的项目。照顾有特殊需求的人对任何人来说都是一种挑战，更不用说是没有经验的青少年了。然而，每年我的同事们让六年级学生将善良的故事表演出来，都会让大多数成年人感到尴尬，这真是耐人寻味。时间安排的美妙之处在于，对每一个刚刚认识彼此的人来说，关心排在第二位，而真实善良由内心而发的情况，往往基于一方对另一方的责任。

另一个为建立牢固联系服务的例子是澳大利亚的吉朗文法学校(Geelong Grammar School)。学校的学生部分时间待在校园，一年时间在蒂伯特(Timbertop)，校园建在山上，离曼斯菲尔德(Mansfield)很近。[33]每天，学生都要参加各种各样的服务活动：早上在寄宿公寓里准备烧锅炉的木头，烹饪，和食堂的工作人员一起吃午餐，和维修人员一起建造墙壁和比萨烤炉。学生每周还要花两天的时间和当地的家庭一起务农。

强迫人们善良是不可能的。我们都有善良和邪恶的一面，这将决定我们是否可以很容易地满足他人的需要。无论如何，强迫善良只会适得其反，因为它是通过奖励或惩罚这样外在的动机促成的,这会破坏它本身的意义,就像父母强迫孩子在聚会结束时向他人道谢,或者当孩子不听话时就在公共场合批评孩子粗鲁的行为。然而,学校可以为年轻人提供很多机会,让他们在一个安全的环境中有善待他人的经历,这可以使他们习惯于承认并满足他人的需要。

信　任

如果你问年轻人关于友谊中的信任问题,那么就会发现他们对一个好朋友的特征有非常清晰的界定:总是把诚实、尊重和忠诚放在榜首。得到信任是件很不容易的事。从根本上说,它包含了一套明确的价值观,且不允许被破坏。当我们行事正直时,他人觉得我们的言行是一致的,与他们价值观趋同。这也包含了自我意识:我们知道自己的欲望和动机,并能驾驭它。它还包括读心,比如语言和非语言式信号,表明我们是否信任另一个人,以及我们是否可能遭到背叛。信任取决于共情和同情心,要做一个善于倾听的人,欣赏别人的长处,承认自己的缺点,知道何时透露个人信息,知道什么接触是合适的,最重要的是,要把其他人视为绝对有价值的人,而不是作为达到目的的手段。[34]

教室为建立信任提供了一个极好的实验平台,并通过一些简单的练习(在本节结束时描述)来实现。我最喜欢的一个建立信任的游戏名叫"信任背摔"(wind in the willows)。一群人围成一个圈,一个人站在圆圈中心。圆圈中心的人闭上眼睛,让自己"倒下",注意保持身体挺直,双脚并拢。当他倒下时,围成圈的人接住他,轻轻地把他扶起,让他重新站起来。在游戏中,建立信任后,圆圈可以不断扩大,站在中心倒下的人动作幅度也可以更大。

游戏中,你会发现人与人之间信任的差异点。你可以想想为什么站在中心的人敢倒下,或者不敢倒下,以及站在中心的人和围成圈的群体是如何发展自我觉察能力的。例如,我最近教的一个小组中,站在中间的人总是不敢闭眼倒下,其他成员就取笑、捉弄他。小组成员埋怨他,但学生要知道的是,我们不能因为某人不信任他人而责怪他,小组成员要做出更多的努力来获取这个"倒下"的人的信任。师生也可以通过设置一些开放性的问答来建立信任，我们在练习中参与的次数越多，就越能与学生建立信任。我们是不是会经常问学生，他们是否认为我们信任他们，以及他们能做些什么来与我们建立信任？

付诸实践：信任学习

- **信任练习**：有许多信任练习可以帮助学生理解什么是信任他人。你可能很熟悉这个练习：学生们成双成对地练习，他们轮流倒地，而另一个学生及时接住他们。另一个练习是前面提到过的“信任背摔”，它需要八到十个学生参与。一个学生站在中间，闭着眼睛，其他学生聚集在学生周围，形成一个圆圈。周围的人用手轻轻扶住中间的人，中间的人放松下来，让自己跌倒，周围的人接住他，再帮他回到站立时的位置。如果站在中间的人无法放松，可以请他讲讲为什么感到很紧张，以及要做些什么才能使他信任团队。为这些练习制定明确的规则很重要。你必须强调，只要一个参与者说“停下来”，其他参与者必须立即停止，以确保每个人都是安全的。如果你觉得情况变得不安全，你必须停止它。这个练习通过一个较为有趣的方式讨论了个人与团队的关系以及他们是否取得了你的信任。
- **信任和动物**：探索信任的一个有趣的方式是看看人类是如何同野生动物建立信任的。如果你在网络视频搜索栏输入“克里斯蒂安的狮子”，你就会看到一个有趣的故事：20 世纪 60 年代末，两个年轻人在百货商店买了一只小狮子，他们在伦敦人工饲养，然后在肯尼亚的野外放生。这有点伤感，但这两个人和狮子之间建立了深刻且令人动容的信任。另一个例子是电影《尼姆计划》(*Project NIM*)，它讲述了黑猩猩尼姆的故事。尼姆被人从母亲身边带走，由人类抚养长大，目的是研究黑猩猩是否能学习人类语言。故事的主题是与尼姆建立信任，但最后又背叛了它。
- **信任信号**：让学生思考他们释放的信任信号。他们做什么才能获取别人的信任？他们做什么会使人们难以信任他们？他们如何增强信任信号呢？
- **角色扮演**：让学生设计一个表示自己值得信任或不值得信任的场景。

要他们注意肢体语言、语音语调,以及他们做的和说的事情。

- **马语者**:电影《马语者》(*The Horse Whisperer*)中有一些非常有意思的片段,展示了人类如何同动物建立信任。罗伯特·雷德福(Robert Redford)饰演的角色让斯嘉丽·约翰逊(Scarlett Johansson)饰演的小女孩开卡车,他故意表现出对她的信任,这让她有了安全感,觉得自己可以畅所欲言,聊一聊她那场悲惨的骑马事故。

八 卦

在2008年的电影《虐童疑云》(*Doubt*)中,有这样一个场景:布伦丹·弗林(Brendan Flynn)神父针对流言蜚语进行训诫。弗林神父讲了一个女人去找奥罗克(O'Rourke)神父忏悔的故事,她忏悔自己说别人闲话,而且还是个素不相识的人。奥罗克神父要她拿一个枕头到楼顶,用刀把它划开,然后再回来。"你看到了什么?"奥罗克神父问那女人。"羽毛。"她回答。然后,奥罗克要那个女人回去,把被微风带走的每一根羽毛都找回来。"这不可能。风把它们都吹走了,我上哪里去找?"神父说:"这就如同谣言。"[35]

大多数人都喜欢带着诡秘的幸灾乐祸的心情与他人叨咕一些未经证实的趣闻,而且八卦似乎确实会让人们团结起来以道德的名义反对他人。但它也会致使群体分裂成小团体。扼杀友谊的最好方法之一就是背后议论他人。但是,八卦的冲动行为比我们想象中的难克服多了。有一种观点认为,语言已经进化为八卦的功能了。语言出现前,社会关系纽带主要是通过梳理联结:从彼此的皮毛中去除蜱虫、虱子和螨虫。黑猩猩仍是这样,它们大约三十只一起过群居生活。

人类通常是一百到一百五十人群居在一起:大团体仅依赖梳理毛发来维系社会关系是不够的。然而,人类拥有语言后,就可以迅速地八卦群体中其他人的新闻,罗宾·邓巴(Robin Dunbar)认为,语言的进化使我们能够八卦闲聊,从而加强社会联系。[36]

互联网是一个考验我们是否值得信任、是否对自己的八卦程度和技能有所警觉的公众环境。达娜·博伊德(Danah Boyd)在《复杂的世界》(*It's Complicated*)中探究了年轻人在她所谓的"网络公众"(社交网站等网络空

间)中的经历,以及他们在那里所面临的压力。博伊德认为,“网络公众”有四个作用,可谓是机遇和挑战并存,这四个作用是:

1. 持久性:网上的东西一直存在。
2. 可见性:许多人都能看到网上的东西。
3. 传播性:网上的内容便于分享。
4. 可检索性:网上的内容便于搜索。[37]

由于我们在网上发布的内容是持久的、可见的、可传播的、可搜索的,而谣言无法做到这些,因此这给我们带来的压力是自觉养成文明上网的美德,这可能比线下生活自觉度要求更高。尽管我可以随处发帖子,但我需要更自律地审核帖子内容及贴出的论坛,正如帕丽斯·布朗(Paris Brown)在2013年发现的那样。[38]博伊德在这里指出:

> 八卦似乎可以通过社交媒体呈现生活。当人们分享或传播关于他人的信息时,人们利用社交媒体轻松地将信息传递给广大的受众。在“脸书”(Facebook)上传播的谣言有可能比任何学校的谣言传播得更远、更快,持续的时间也更长。这并不意味着“脸书”制造了流言蜚语。相反,想要传播信息的人可以很容易地利用网络公众媒介来实现八卦传播。[39]

一些网站提供的匿名功能可能会加剧“魔戒效应”。柏拉图(Plato)的故事讲述了一个牧羊人有一枚可以使他隐形的戒指,他用戒指来勾引王后并杀害国王。有些网站,比如臭名昭著、现已关停的“小八卦”(Little Gossip),可以让人们用虚拟电子邮件用户名登录网站,发布他们想要传播的任何内容,而不用担心自己的身份被暴露。格劳孔(Glaucon)在柏拉图的《理想国》(*Republic*)中的预言——如果不需要保持良好声誉,人们就会做坏事——似乎听起来很有道理。

冲突解决办法

第二章探讨了修复正义如何解决冲突。这里我再讲讲另一种方法。菲奥娜·麦克白(Fiona Macbeth)和尼克·法恩(Nic Fine)善于利用戏剧中的技巧来解决冲突。他们曾与不能娴熟地解决冲突的人一起工作了数年,这些人包括叛逆少年、少年犯以及其他不会解决冲突问题的年轻人,因为不会处理冲突问题,这些人常常被边缘化。

麦克白和法恩建立了一个名为"跨越式对抗冲突"(Leap Confronting Conflict)的组织,该组织开发了许多方法来教年轻人解决冲突所需的有效技能。[40]重要的是,他们不以消极的方式描绘冲突,他们认为,冲突是群体拥有的一个自然特征:

> 冲突不一定具有破坏性,事实上它也是生活、成长中重要的一部分。成长是痛苦的。当冲突被忽视或压制时,或者对待冲突的唯一反应是恫吓、制止或逃避时,冲突就会变得具有破坏性,并耗费资源。[41]

最后一点很有趣:麦克白和法恩把诉诸暴力称为"耗费资源",换句话说,所有的创造力、思考力和智力都无法正常发挥,没有其他选择,只有停摆。

麦克白和法恩提供了一个暗藏冲突的环境和一张试验台,在那里年轻人可以培养对冲突的反应意识,并学习他们在现实生活中遇到麻烦时可以使用的技巧。

这项工作开展起来并不容易。他们讲述了早期工作室的情况:"我们曾把(孩子们)描述为'专业捣蛋鬼'。他们不费吹灰之力就能破坏我们的会议,折磨我们脆弱的自尊心,他们在学校和群体中的出色表现令人印象深刻。"[42]

正是这些年轻人表现出来的早期困难症和毁灭性的破坏力,使得麦克白和法恩找到了冲突隐喻词"火灾"。他们还发现,"和事佬""谈判者"和"调解人"等词在易发怒的年轻人那里无济于事,他们需要被更厉害的角色制服——“消防员”这个词再合适不过了。

使用“火灾”这个隐喻，并通过舞台造型（静态画面）和角色扮演，参与者能够探索冲突升级的过程，以及冲突的消极后果和冲突的积极作用（当它被用来影响过程时）。在第一种情况下，参与者要思考他们的“红衣衫”——最初引发冲突的东西。一旦我们意识到自己身着“红衣衫”，就可以开始建立认知防御，我们可以挖掘在这些情况下的其他选择，而不是变成一头防御性和侵略性兼备的狂怒公牛。

麦克白和法恩的下一个隐喻是“鱼钩、鱼线和沉子”。他们形容卷入冲突就像被鱼钩钩住一样。当然，这意味着有一个人拿着一根钓鱼竿和一些诱饵，而通常有人知道他要做什么才能把某人吓跑。鱼钩是通过鱼饵发出的侮辱或评论，诱使我们做出反应。这句话是对我们反应（我们头脑中涌现的一系列想法）的隐喻，而鱼钩和沉子则隐喻我们所包含的情感（愤怒、恐惧、羞愧或其他），正是这些驱使我们行动。

这个方法的巧妙之处在于给予人们时间去体会冲突中的自己。在这个已经建立了信任的环境中重复排练，参与者会意识到有种成熟情绪让他们能够停下来想一想，给大脑提供思考的空间，而不是执着于驳斥别人的观点，这样有助于他们重新调节之前失控的自己，那时的自己会做令人后悔的事情。用另一个比喻来说，冲突解决是一台时间机器。

麦克白和法恩还介绍了“拳击场”，这是一种非常现实的技巧，用来排练现实生活中的高难度场景。“拳手”在拳台进行一系列的比赛，教练在每轮比赛结束后指导“拳手”，为他们下一轮比赛使用的技巧提供建议。整个比赛由具有绝对权威的裁判监督。麦克白和法恩举了一个非常感人的例子。一个叫戴夫·夏普（Dave Sharp）的年轻人，他是一个惯犯，为了打破惯犯的恶性循环，他参加了一个“替代拘留计划”。他最害怕的是再次犯罪，因为他的妻子曾威胁说，如果他再犯罪的话，她就带着孩子们离开他。戴夫走进“拳击场”，与一个名叫安迪（Andy）的人（项目工作人员）“争吵”起来。安迪试图测试戴夫解决冲突的极限能力。这场测试的重点是安迪试图让戴夫再犯一次罪：一份看似简单的工作，可以获得数千磅的收入。这场“拳击”非常现实，安迪从教练那里获悉了打败戴夫的方法。项目组织者们知道，如果在现实生活中戴夫屈服于他所面对的第一次艰难的对抗，那么这次测试就没有什么意义了。[43]

解决冲突正是幸福计划旨在提供的技能。如果年轻人有自我意识,能意识到自己对他人的影响,学会了如何注意和管理自己的情绪,完善了认知,那么他们应该能够积极地解决冲突。不管你信不信,这些技能都是通过专注冥想、同情训练和哲学思想等强化的。唯一的障碍是,这些技能需要时间和实践才能获得,但它们是至关重要的技能,不仅对学校有用,而且对整个社会都至关重要。

付诸实践:冲突学习

- **冲突案例**:在电影和电视剧中有很多例子可以使用,每个人都有他们的最爱。我特别喜欢"两个愤怒的女人",这是电视剧《马尔科姆一家》(*Malcolm in the Middle*)中的某一选段。这是一个很好的例子,它展现了因为错误的语调而与你所认为的伤害了你的人发生的不必要的冲突。向学生提问,问问他们如何在一开始就避免冲突,或者如何在不同的阶段停止冲突。另一个充满紧张场面的例子是史蒂文·斯皮尔伯格(Steven Spielberg)的故事片《决斗》(*Duel*),电影中司机好几次遇见冲突,并试图用一种办法好好解决,但是每次冲突出现,紧张局势就会升级,这使得他不得不采取多种策略有效应对。
- **静态冲突**:首先和学生一起创建一些静态冲突画面。让他们在小组中工作,设计出一个场景,可以是真实的或虚构的,这就是某种冲突。让他们向大家展示他们的静态图像。
- **刺激物**:用麦克白和法恩的方法,让学生思考自己的"刺激物"。什么话或行为会让他们勃然大怒、情绪失控或者是和别人闹翻?
- **幕后共情**:让学生分组讨论冲突场景,设计一个静态场景(静默场景)。让小组中个别成员站在场景外想一想他们扮演的角色:为什么他们会卷入一场冲突?一旦他们考虑了他们的动机,就会让他们思考在这种情况下他们的动机会引导他们做什么。总的目标是指出冲突不是平白无故发生的,我们都有动机,要根据自己过去的历史以不同的方式在冲突场景中采取行动。
- **冲突盲目性**:给学生讲述一个例子,说明冲突是如何使人们对与他们有冲突的人视而不见——对人这个活体视而不见，而将他们视为冲突或问题。

- **煽风点火**：现在让学生思考一下是什么扇动了冲突的火焰。是什么导致冲突失控？
- **灭火器**：这是冲突过程中非常重要的一部分，因为它要求学生认真思考如何解决冲突，而不是扇动冲突的火焰。当他们陷入冲突时，问问他们能做些什么来抑制他们失控的情绪。使用第四章的情绪图、第五章的恢复技巧，或者本章的共情技巧来帮助你。学生必须找到自己的方法来扑灭冲突的火焰。
- **试验台**：要求学生重现他们最近经历的冲突。尽量是真实发生的。重点应该是使用灭火器来"扑灭"冲突。如果需要的话，请学生充当冲突中参与者的教练，提醒他们选择什么样的灭火器。每一个参与的学生只要举手表示不舒服，就应停止。
- **反思**：要学生在课余时间试试"灭火器"，并反思一下效果如何。让他们反复尝试，如果需要的话，也可以尝试各种各样的"灭火器"。

性与人际关系

> 到了青春期，当我们立志成为对社会有所贡献的公民时，性冲动就开始蠢蠢欲动了，以至于我们对社会贡献能力衰减，直到性被驯服在可控范围之内。[44]

唐纳德·内桑森在引言中完美阐明，两性是人类特征之一，因为性让我们走在一起，既是为了繁衍后代，也是为了培养情感。因为性比单纯的繁衍更复杂，因此年轻人需要做好准备接受一个简单的事实：需要学习利用人际关系不断完善这一过程，这是一个漫长的过程，很可能会遇到困难。

对于青少年而言，在生活的重压之下，性、爱情和人际关系的曲线图(steep learning curve)也会随时发生变化。对许多人来说，爱情和拥有排他性的长期伙伴关系是极具有成就感的，但对我们大多数人来说，找到"对的人"是一段漫长的、艰辛的旅程。恋爱关系得到升华不仅靠内在人格魅力——信任、善良、随和、共情,以及信息公开、谈判边界、敏感度、包容度等,而且有身体方面的原因——第一次与另一个人建立如此亲密的关系,而这个关系又极其脆弱。开始一段恋爱关系需要社交技巧,而结束一段关系同样需要这些技巧,并且要有尊严地结束它。要能够处理恋爱关系结束时所感到的悲伤心痛的感觉,并能够正确地看待这些感情,避免胡思乱想。

性与社交关系教育应该解释性关系的双重性质:生殖性和共情连接性,尤其是后者。一般的教育方法是用所谓的"规范"或"小故事寓言"让年轻人意识到某些行为的普遍存在,并试图以"人人都要这样"的教条来诫勉他们。[45]值得注意的是,尽管媒体可能会说,青春期的乱交并不是常态,[46]但2008年世界卫生组织(World Health Organization)报告称,英国40%的女性和35%的男性的性行为发生年龄低于法定年龄。[47]然而,它没有给出具体的情况说明,也就是说,无法确认是否发生在恋爱关系内,因此也不能解释年轻人发生性行为的频率。人们很容易认为,"他们都发生过关系了",但在大多数情况下,并非那样。英国爱丁堡大学(University of Edinburgh)家庭与关系研究中心(Centre for Research on Families and Relationships)发表的一份报告显示,年轻人的性体验比我们想象的要积极乐观。在开篇,作者指出:

> 对于大多数年轻人来说,性是一种享受。有研究表明,总的来说,有男/女朋友和性经验的人更容易拓展交友渠道,增加主观幸福感,并发展自主、体验自我。对男孩来说,恋爱经验对他们的自尊来说很重要。此外,越来越多的证据表明,人际关系是影响我们幸福的最重要的因素。[48]

该报告着眼于研究年轻人的性经验和两性关系,研究发现,91%的年轻人喜欢他们最近的性体验,98%的人享受花时间建立两性关系,97%的人喜欢身体接触。调查还发现,80%的人使用避孕措施,70%的人在第一次发生性行为时既没有喝醉也没有嗑药。这项研究表明,有关青少年性行为的"青春期过度"是错误的,它可能有助于我们重新思考性教育的重点应该放在哪里。

当然,对于建立有意义的关系来说,成功的友谊的许多特征都存在于恋爱关系中。艾伦·卡尔(Alan Carr)认为,成功和幸福的夫妻有这些特征:互相尊重,正面和负面评论的比例至少是5∶1,他们接受差异,把冲突集中在一个特定的问题上(比如倒垃圾),而不是批评("你真懒"),他们能迅速解决矛盾和冲突,当一个人做了一些积极的事情时,另一个将其归功于对方的性格特点("因为她是个善良的人"),而不是把事情发生当作偶然("因为事情本身很容易")。[49]

同样,和所有其他形式的关系一样,人们建立恋爱关系的方式也不尽相同。古希腊人用六个词来表达不同形式的爱:性爱之爱——激情的爱;游戏之爱——爱是一种享受的游戏,不需要承诺;友谊之爱——友谊和同僚;实用之爱——实际的爱,或用内心标尺选择伴侣;疯狂之爱——狂躁的爱,在爱人那里拼命索取爱,却发现它是痛苦的;真爱之爱——无条件的爱。[50]人际关系教育应该让年轻人为未来的可能性做好准备,让他们充分考虑与他人交往的不同方式的适宜性和危害性。他们也应该有机会发现,一段感情是如何从激情的爱变成同伴的爱的。短暂的恋情往往逾越不了激情阶段,在这个阶段,爱情是猛烈的,可能主要源于身体冲动,它慢慢会变成强迫性的。只有随着时间的推移,同伴关系——更像是深厚的友谊——才会继续发展,最终,同伴关系和激情能够(希望如此)在这段关系中共存。[51]年轻人也应该花时间思考这样的观点:性是一个光谱,"正常"的性偏好存在于一个连续体中,而建立关系就要了解彼此的喜好和底线。正如内桑森所说的:

> 我怀疑这样的说法:认为我们每个人的性别构造都有所不同,并认为性冲动是需要我们关注广泛的一项活动。正如我们每个人都必须学会利用由基因决定的身体结构行事……我们学会适应类似的生物形式带给我们的性冲动模式。作为成熟的成年人,我们能够适应伴侣的性需求,尽管我们每个人都有自己的性节律,这是由一些内在的生物钟系统决定的。[52]

一个名叫"探索"(Explore)的组织机构给了年轻人机会去了解长期、稳定的关系模式:慈善机构邀请已婚夫妇到学校给学生做一次互动访谈,让青少年可以就他们在长期关系中的经历提出问题。[53]他们不信奉基督教,也不鼓吹异性婚姻,但是青少年有机会从非父母的人那里了解长期的关系是如何维系的。在这次经历中,我看到了几百名学生的反应是愉悦和感激的,因为他们有机会从不同的角度去了解一段忠诚的关系。

结　论

对性和人际关系最好的教育方式是使年轻人可以公开和负责地讨论它们,这样他们对这个词汇才会有概念,进而才会自信地运用自如。这样的教育方式可以为他们提供准确的信息,并提供建议和帮助。这也将使他们懂得在一段关系中进行协商的技术,而不是屈服于压力。最重要的是,年轻人应该接受这样一种观念,即学习是一种关系,包括学习和发展美德。正如内桑森所说的:

> 男人和女人必须互相教导以理解和接受他们的性别本质。我们建立健康、充实的人际关系的能力很大程度上取决于我们建立共情的过程。紧张局势产生了能量,为我们的生活注入戏剧性能量。每个时代的画家、作家、诗人、舞蹈家和其他所有有创造力的人都将这种冲突转化为艺术。性的二态性(dimorphism)要求男女之间互相学习、互相教导——成年人的性"情"(software)需要长期的互相驯化。[54]

第七章　关心我们的情绪

章节预览
捕鼠手
寻找强项
人格力量
真实性
关于挑战
心流
影响情感的因素 1:外在动机
影响情感的因素 2:固定思维

简　介

对于亚里士多德来说,正是米哈里·契克森米哈(Mihaly Csikszentmihalyi)后来称为"心流"的经验促使人们的活动得以完成。只有当公众含蓄地将活动认定为没有特定意义的价值时才能得到无阻碍活动带来的快乐。例如当一位女士毫无保留地将全部热情投入某项活动,这种状态对于亚里士多德来说就标志着良性活动的完成。活动不仅有利于个体独立寻求幸福的意义,而且其过程也是寻求幸福的一部分。这种活动其实是我们真正的"功能"或作为人类本质的功能或意义的现实化,是发展、进步和实现自我的标志。[1]

本章关注对我们人类繁荣来说至关重要的一个因素:找到那些让我们

能沉浸其中的活动,引用克里斯蒂安·克里斯蒂安松的话就是,我们发现了我们作为人类的真正本质。如果教育的目标是幸福感的获取,那我们工作的核心应该不仅仅是帮助我们的学生发现他们喜欢什么,而且要给他们提供一个框架,这个框架首先要让他们理解如何发现那些让他们喜爱的活动,随后便能够沉浸其中。我们还必须意识到,这些活动可能超出学校提供的课程和课外活动范围。

捕鼠手

在大学和教师培训的两段经历之间,我作为建筑工人工作了一年。那段时间的经历让我对教育的看法产生了巨大变化,其间一次特别的经历令我印象深刻。我做的一项工作要与一位名叫劳伦斯(Lawrence)的男子合作,工作内容是在一段铁路和一个农场之间建造围栏。劳伦斯本人是一个非常典型的例子,他认为自己被教育剥夺了权利,并且在离开学校后一直在职业中追求荣誉和尊严。但是当劳伦斯和我正在进行这项工作时,我们遇到了一位正在为农民工作的青少年。他大约十四岁,没上学。我第一次见到他时,他正穿越轨道,走过农场。当时他身着一身不合体的军装,头戴黑色巴拉克拉法帽,手拿气枪,两只杰克罗素犬跟在他身后。他说他要去抓老鼠。

在我们谈话时,我发现他拒绝上学,在这种矛盾中我体会到很多。我喜欢上学,且学习很好。我的父母是老师,他们让我感受到教育和学习的价值。我喜欢学术,学校让我将此发挥到极致。毕业之后我去了一所好大学,发现自己身边大多数都是受过独立学校教育的青年才俊,他们重视教育并希望获得更高的二等学位,这样他们就能尽快在伦敦赚到更多的钱。学校不断向我们灌输传统的成功观念,而我就生活在这种观念影响下的世界中。此时此刻,我在英国威尔特郡(Wiltshire)的一个农场为篱笆柱挖洞,与一名放弃学业、头戴巴拉克拉法帽,并用他的狗抓老鼠的男孩交谈。我感觉有些不太对劲。

当我在工作中认识了这个男孩后,我对他产生了极大的敬意。他想成为一名农业工程师,并决定,无论是对还是错,他都会通过做这项工作来学习更多东西，而不是坐在教室里学习他认为没用的东西——不管别人怎么想。我提了一个显而易见的问题：在农业工程培训方面，一般来讲个人需要GCSE（英国中等教育普通证书）和其他资格才能进入大学接受农业工程培训，他说如果有必要的话他会上夜校。他并不擅长学习，但他决定将他的努力用在工作中，通过工作去学习。更重要的是，他很高兴并沉浸其中，他正在学习。

和十几岁的捕鼠手的见面，让我意识到一些重要的事情：当人们发现他们喜欢的东西、做他们喜欢的事时，他们永远处于最佳状态。但是我们的教育呢？我们的教育试图将我们的孩子对自己擅长做什么的认知变得狭隘，或者一开始就不重视孩子擅长什么。我不知道那个男孩在教室里会是什么样子，但在农场里，他很投入，富有创造力并专注于他的工作。我有一种直觉，在某些方面，这个男孩做出了明智的决定。

寻找强项

在《平均至 A+》（*Average to A+*）一书中，亚历克斯·林利（Alex Linley）对年轻人发现和培养优势的重要性做了一些重要的研究。根据林利的说法，我们中只有大约 30%的人对我们的优势有一定理解，他建议我们花更多的时间发现我们的强项。发现优势应该是一个相对简单的练习，正如林利所研究的那样，它开始于一些简单的发现：

> 如果你仔细考虑，你可能会发现你真正期待的事情。这些事情让你沉醉其中。让你感觉到最真实的自我——充满活力，充分参与，完全沉浸在活动中。[2]

他还描述了当人们的讨论从个人弱势方面转变为优势方面时，个体的变化是显著的。毫无疑问，当个体关注自己的优势时，积极情绪和参与度会显著增加。这是一种极具价值的资源。当我们更多地去谈论我们喜欢做的事情时，我们会体验到积极的自豪感，正如在第二章中描述的那样，这种自豪感为我们提供了挑战新事物和克服困难的情感及心理力量。对于复杂问题，我们还可以探索使用各种工具去解决问题的可能性，这种工具在我们内心的工具箱中。我还记得和一位学生进行过一次对话。对话发生在他第一次完成了一场名为“严峻挑战”的艰难越野跑之后。他为自己所取得的成就感到骄傲，同时也认识到自己能达到的毅力水平。这种能力可以在他努力复习考试时被唤醒。

不管怎样，我们一直以来总是在讨论我们擅长处理什么样的困难。在认知方面，人们对生活中不那么令人满意的地方存在一种被称为消极偏见或者忧患意识的自然偏见。这是早期人类要快速发现问题以确保自我安全的意识状态，但在不存在危及生命的危险的环境中，消极偏见会导致其过度关注各种问题，感知自己的失败和他人的失败，这种过度认知不合适或者可能本身就是错误的，对我们的生存不会构成威胁。还有一些文化认为自我贬低是一种美德，以至于任何关于我们做得好的讨论都被认为是炫耀卖弄。一些人拒绝接受他人对自己烹饪技术的赞美就是这种文化存在的鲜活例子，而寻找自己的优势，很好地消除了消极偏见或自我贬低的影响，因为它鼓励我们去承认并喜爱我们擅长做的事情。

林利非常清楚地解释了让孩子发现和发展优势所需要的东西。起初，他们应该有探索和犯错的空间。如果一开始就不允许我们去探索，我们就无法发现我们擅长的东西。有些父母跳过这些步骤，每时每刻都试图通过为孩子提供不同的活动来培养他们的才能和优势。我接下来会解释，这样做唯一的问题是，孩子从外部（父母那里）获得行为的动机，但并没有形成所谓的“内在”动机来参与活动。要知道内在动机使我们更有可能在事情变得艰难时坚持不懈，因为这是我们的选择，而不是其他人要求我们去做的。另一种极端是父母对孩子的优势从不关心，也从不感兴趣，就像罗尔德·达尔（Roald Dahl）的《马蒂尔达》（*Matilda*）中描述的父母那样。林利写到了种植“金色种子”的重要性，这些“金色种子”指的是注意、评论和赞扬他人的优势。这对于儿童来说尤为重要，因为这些注意、评论和赞扬增加了他们坚持这项活动的可能性。与“金色种子”相反的是“铅色种子”，这种“铅色种子”带来的不必要的消极态度和批评言论可以阻碍孩子们的探索精神，他们的创造力也会在这种影响下逐渐凋零，最后导致我们的孩子认为他们什么都做不好。“金色种子”和“铅色种子”可以通过对荣誉和羞耻的理解来解释。

积极的荣誉感来源于我们对自己能够做好某些事情的认知，而消极的羞耻源自对其他人认为我们什么都做不好的认知。荣誉和自豪感推动自我进步，羞耻感让自我停滞不前。

人格力量

到目前为止，这一章主要侧重于介绍技能、才智和能力，现在我想简单地谈谈人格优势和美德。

对品格或美德的优势进行分类已经持续了几个世纪，并且可以说，它在亚里士多德的《尼各马可伦理学》中得到了最好的体现。品格优势是那些使我们能够实现卓越自我的品质，如毅力、勇气、爱与被爱、好奇心、幽默、智慧等。作为积极心理运动的一部分，人们对性格优势的兴趣重新浮出水面，并且已经开展了大量的研究来建立一个涵盖不同文化的人格优势列表。已故的克里斯·彼得森是与这项工作关系密切的学者，他设计了一个由二十四个品格优势组成的名单，分为六类：

1. 智慧和知识，如思想开放、创造力；
2. 勇气，如真实性、勇敢；
3. 人性，如善良；
4. 正义，如团队合作、公平；
5. 节制，如谦虚、自我调节；
6. 超越，如欣赏美。

品格优势是动态的，它们通过我们一生经历的各种事件来发展。正如亚历克斯·林利在上文中解释的那样，如果你让人们发现自己的品格优势并寻找机会实践和发展这些优势，他们就会自信满满地投入生活，不太可能感到沮丧和不满。通过 VIA 品格优势测试调查以及同专注自我优势的学生对话都是一种非常积极的体验，前者是一个非常有用的免费在线工具，[3]它为你提供了一份报告，说明哪些优势你比其他人使用得更频繁。在我们使用 VIA 调查的课程中，我要求学生回忆他们处于最佳状态或完成他们引以为豪的事情的经历，然后让他们将这些故事告诉给伙伴们，接下来伙伴们将故事告诉给小组成员，以进一步突出他们听到的故事。在此过程中我们通常会有一些精彩而有趣的故事，但这不是最好的部分。最好的部分始终是房间里的赞赏氛围：每个人品格优势的某些方面都被其他人公开赞赏，这对每个人来说都是肯定自我的经历。

真实性

当一个人虚伪时，我们立即就会知道。虚伪和不真实通常会带给我们极端的道德厌恶感，造成这些的原因很大程度上是不真实是阻止他人信任你的直接方式。真实性建立在了解自我的优势和价值，并与之和谐相处的基础上，并且它也建立在对他人优势的欣赏和适当的回馈基础上。在《积极心理学手册》(*The Handbook of Positive Psychology*)中一篇关于真实性的文章中，苏珊·哈特(Susan Harter)列出了我们用于形容不真实的词语。它们是一些负面却又让人回味悠长的动词、形容词和名词：编造、扣留、隐瞒、扭曲、伪造、故作姿态、猜疑、虚假、难以捉摸、回避、狡猾、骗子、操纵、算计、自命不凡、狡诈、纵容、两面派、破坏者、吹牛、变色龙、冒名顶替者。[4]哈特所说的“面子工程”指的就是不真实的行为：以牺牲其他人为代价，改变性格以适应情况，并实现我们的最终目的。正如哈特所解释的那样：

> 各种形式的“面子工程”是为了告诉他人我们有能力，值得爱，有道德或值得尊重，这种动机不仅旨在保护和促进自我，还旨在讨好他人，以获得社会的各项支持，并保持批判的人际关系。[5]

在电影《感谢你吸烟》(*Thank You For Smoking*)中，我们看到公关大师尼克·内勒(Nick Naylor)有效地使用了这种“面子工程”。他受雇于烟草公司，游说政府允许烟草公司继续从烟民中获益。内勒使用的主要是两面派和规避策略，虚伪、不真实是电影的主旋律。我们在《甜心先生》(*Jerry Maguire*)这部电影中看到了同样的过程。由汤姆·克鲁斯(Tom Cruise)扮演的体育经纪人马圭尔(Maguire)对这个行业中发生的各种阴谋诡计感到遗憾,并想革除弊端。两个角色都经历了类似的结局,他们都意识到自己活得不真实,他们的生活与他们所持有的信仰和价值观相反,与他们具有的优势相反。

真实性在一个人青春期时变得很重要。社会不仅要求我们扮演不同的角色——因此有不同的自我,而且随着智力的发展,青少年在面对不同的情况和不同的人时,拥有了通过扮演不同角色来适应这些事物的认知能力。[6]当然,这带来了额外的压力,有些人在面对类似的情况时,不能协调不同的自我。这是青少年思维冲突的原因之一:在自我意识的疯狂挣扎中,他们有时候会犯巨大的错误,因为他们在面对不同的事情、不同的群体时,往往会无所适从,继而迷失自我。

苏珊·哈特已经对青少年的行为进行了研究,她了解了他们在面对不同的群体时如何展示自我,然后邀请他们看看是否能看到自己在这一过程中表现出来的冲突(例如对父母生气、对朋友高兴)。她发现,根据发育阶段和青少年性别的不同,冲突的层级可以从 1 一直到 20,女孩比男孩表现出更多的冲突。哈特解释说,直到最后,当他们要么学会忍受这些明显的冲突,要么解决它们时,他们就会变得不那么痛苦了。[7]

我们如何帮助他们培养真实性?哈特撰写了一篇关于生命成长的故事,鼓励孩子们创造性地去描述他们自己的故事,鼓励他们表达自己的观点,并让他们有机会接受各种观点。孩子们被告知如何解释发生在他们身上的事件,并去形容和表达他们的反应("那令人兴奋""当发生这种情况时,我们不喜欢它""你对此感到失望"),那时他们就会觉得有必要了解他们自己的感受和他们所创作的自我。

当直接询问他们为什么会出现各种错误行为时,许多青少年表示,他们这样做是因为父母和同龄人不喜欢他们,因此,通过压抑他们的真实自我,他们就觉得可能会获得认同或支持。[8]相反,从另一方面来讲,年轻人被接受、被赞扬、被欣赏,而不是被塑造成某种角色(例如孝顺的儿子、好学的女儿、小丑或者反叛者)时,他们就会更加真实,因为他们觉得不需要通过迎合或扮演来获得认同。

付诸实践:关于优势的教育

- **发挥自己的优势**:让学生写下他们擅长和喜欢的事情。让他们算出每周花多少时间在自己的优势上，让他们感受利用自己擅长的经验帮助自我在其他方面获得进步。

- **倾听长处**：两人一组，每个人都告诉对方自己不为对方所知的做得好的事情。让他们告诉对方自己引以为傲的发挥了自己的优势的一件事。将这些故事分享给全班同学。在教室里创建一个优势地图。难道这在课堂中不是一个惊喜吗？难道每个人不都可以做他们这个年纪觉得不可能的事吗？
- **才智培养**：一旦学生发现另一名学生的才能，就让他们去采访该学生，找出他是如何发现或者发展自己的才华的，并为其他想要发展这种才能的人提出五条建议。
- **优势和美德**：为学生提供一系列可描述的优势或美德。[9]让学生思考他们处于最佳状态的时候做的事或他们做过的引以为荣的事。让学生两人一组，并让他们中的一个讲述他的故事，而另一个则发掘他的同伴在故事中展现出的美德和优势。然后，他应该将这些优势反馈给故事讲述者，共同讨论在所做的事情中拥有优势或表现美德的感觉。
- **猜测优势**：让学生完成 VIA 测试。[10]看看学生是否可以猜到对方的五大优势。这指出了我们的人格特质是普遍可见的，但也讨论了看待自己与看待他人的差异。它有助于我们注意到自己潜在的优势。
- **优势建设**：让学生思考能够建立自己优势的活动以及那些会削弱他们优势的活动。例如，找出有关新事物的信息的活动会激发好奇心，没有勇气说出活动存在不公平待遇可能会削弱勇气。[11]
- **优势和超级英雄**：让学生组织一个关于特定超级英雄性格优势和才能的案例研究。他们的优势如何有益于社会？比较超级英雄与他们的自我，例如超人克拉克·肯特(Clark Kent)。超级英雄不得不发挥自己的优势是什么感觉？他我(alter-ego)与无法向世界展示优势的事实之间是否有联系？为什么超级英雄必须隐藏他们的身份(和优势)？为什么他们不能因为他们做的好事而受到赞扬？影片《超人特工队》(*The Incredibles*)描述了一个落魄的超级英雄在现实生活中是什么样的，要知道这个超级英雄已经被禁止作为英雄存在并不得不隐藏自己的身份。

关于挑战

发展优势是人类天生的内在驱使的过程。[12]我们所处的环境对我们发现和发展优势有着重大影响，对学校来说，学校必须检查他们是否能够让自己的学生和员工的能力每天都得到练习和发展。不仅如此，我们应该鼓励学生和员工挑战自己。正如米哈里·契克森米哈所说的：

> 一个社区被认为是好社区，不是因为它拥有各种先进的技术，也不是它拥有巨大的物质财富，而是如果在这个社区中人们有机会尽可能多地享受生活，同时能发挥自己的潜力、追求更大的挑战，那么这个社区就是好社区。[13]

从我们认为不可能的事物中得到满足感是至关重要的，它有助于个人自豪感、价值观和生命意义的升华和发展。不仅如此，在面对其他人的挑战时，我们可以体验到更丰富多彩的人际关系，因为我们面对了更多我们想象不到的“牛人”。库尔特·哈恩(Kurt Hahn)是一位教育家，他秉持挑战理念创办了一所学校。他在德国南部建立了塞勒姆学校(Salem School)，在苏格兰建立了高登斯敦学校(Gordonstoun School)，此外还有联合世界学院(United World Colleges)，他发展了户外拓展信托(Outward Bount)和爱丁堡公爵奖励计划(Duck of Edinburgh's Award Scheme)，哈恩的教育愿景远远超出了学术学习，正如马丁·弗莱文(Martin Flavin)在此解释的那样：

> 塞勒姆的创新不在课堂上，而在于建立促进品格发展和生活准备的原则和实践。他借用了品达(Pindar)“成长为你自己”的原则，这意味着在你身上有更多的发展潜力。因此，哈恩通过强调身体健康来帮助学生发展自己的潜力，而不是在竞争性游戏中获得有名无实的冠军……总而言之，哈恩在许多原则和实践中提出了冒险挑战的多种形式，着重强调对自我欺骗的征服以及对个人在情境中所获得的过度自信的控制。[14]

我们今天仍然可以感受到哈恩对教育的影响,每年都有成千上万的年轻人有机会去发现他们的美德和人力资源的深度跟他们想象的有所不同。在我看来,有一所学校比其他学校做得更好,那就是澳大利亚维多利亚州吉朗文法学校的蒂伯特校区。蒂伯特校区于1953年创建,它并非由哈恩本人创立,而是由吉朗文法学校的校长詹姆斯·达林(James Darling)创立,他深受哈恩在塞勒姆和高登斯敦工作的影响。我有幸于2011年在蒂伯特度过了一个星期,有近两百名十四五岁的学生在那里度过了整个学年。学生们在校园里享受着令人难以置信的富有挑战性的教育体验,学校与迷人的山区环境相得益彰。学校有一个正常的、以课堂为基础的学术课程,但在这七天里,我和全校学生为锅炉房囤积木料,参与了两个越野跑活动,另外还参加了各种服务项目,此外,我还学会了在布勒山(Mout Buller)的雪坡上滑雪。不幸的是,我无法加入学生们在蒂伯特参与的最具标志性的体验之一:山区徒步旅行。徒步旅行是蒂伯特的核心活动,其覆盖的范围非常广,有时甚至在极端恶劣的天气下进行,借此学生们获得了刻骨铭心的山地运动经历。对于许多在蒂伯特学习的学生来说,徒步旅行是他们的经历中最具影响性的事件,正如玛丽·赖利斯·克拉克(Mary Ryllis Clark)解释的那样:

> 一大批过去的学生都能回想起相似的具有仪式感的经历,这些经历势必将成为他们变为成年人的标志。许多人一开始可能不喜欢蒂伯特的严谨作风,这可能是因为学校斯巴达式的生活方式或学习过程中想家的感觉。但随后他们理解了学校的良苦用心。很少有人会否认在山区徒步旅行引发的别样感受,这种感受超越了大多数学校的单调乏味,他们体会到了他们的内心世界。其中一部分是对令人难以置信的自然美的感叹,自然美引出了难忘的回忆,另一部分是纯粹的体力消耗,他们所做的一切都让心灵专注于当下。要知道当他们试图将一只脚放在咆哮的大风中的山脊上时,他们没有时间为昨天和明天感到焦虑。[15]

作为教育的一部分,我们为年轻人提供的体验必定包括冒险、挑战、毅力、超越、敬畏和其他美丽的体验,这些体验可以超越传统的课堂。对学生而言，他们取得的不仅仅是个人层面的好处。蒂伯特的惊人之处在于为学生间以及师生间的良好关系增加了深度和质量。他们一起徒步旅行，他们一起奔跑，共同努力的经历为他们的关系增添了深刻的感情，而这些关系根本无法在传统课堂上形成。通过研究复杂的学术问题指导学生是一回事，一起攀登高山则是另外一回事。

心　流

我希望你能唤起经验。当你全神贯注于你正在做的事情，忘记了时间时，我希望你能唤起经验。这是心流体验的特征之一，我们的技能经验源于我们的各种挑战，最终完全沉浸在我们正在做的事情中。心流状态是神奇的，甚至是神秘的，它可能是我们作为人类能感受到的最高体验形式。当我们达到更复杂的自我层面时，它使自我、他人和世界之间的界限变得模糊。米哈里·契克森米哈的心流概念与本书关于幸福的理论不谋而合：幸福是在克服困难和追求有价值的成就时体现出的美德。对于契克森米哈来说，幸福并不是满足个人享乐的被动状态，而是一个刻意而细心的活动：

> 一个人最好的时刻通常发生在他达到自己身体或心灵的极限，自愿努力去完成一些困难和有价值的事情之时。因此，最佳体验是我们实现自我的目标。对于一个孩子来说，它可能是他颤抖着手指搭建的塔楼上的最后一块积木；对于一个游泳运动员来说，它可能是试图打破自己已有记录的挑战；对于一个小提琴手来说，它可能是一个错综复杂的音乐段落。每个人都有成千上万的机会去挑战并扩展自己的潜能。[16]

心流状态不容易达到。对于契克森米哈来说，我们面临的挑战是人类自我意识的失控状态，以及生活意义和目的感的缺乏。正如他在《心流》(*Flow*)第一章中所解释的那样，人们很容易相信，幸福只是我们欲望的满足，当我们的欲望得到满足时所感受到的快乐就是幸福本身。然而，要做到这一点就会让自己变得脆弱，因为把自己的快乐同满足自然的冲动或者屈从于广告等诱惑信息等同,我们就失去了对真正能够提供幸福的自我元素的控制:我们可以通过困难和有价值的经验来丰富自己的意识。他在快乐和享受的概念间做了区分,认为快乐的感觉无益于自我成长:

> 快乐是我们生活质量的重要组成部分,但它本身并不能带来幸福。当我们的身体机能需要得到恢复并唤醒自我意识时,睡眠、休息、食物和性会让我们恢复活力,达到自我平衡状态。但它们不会促进心理成长,它们不会增加自我的深度。[17]

能带来享受的自我体验会产生快乐感,但它来源于不同的困难,他们需要花费精力获取知识和技能,并花时间慢慢掌握。契克森米哈描述了享受体验的八个要素:

1. 我们必须有机会完成任务。
2. 我们必须能够专注于我们正在做的事情。
3. 有明确的目标。
4. 我们能立即获得成功或失败的反馈。
5. 日常生活的忧虑已从意识中消除。
6. 我们可以控制自己的行为。
7. 对自我的关注消失了,但事后自我感觉更加强烈。
8. 我们对时间流逝的感觉发生了变化:时间过得很快。[18]

将享受转化为心流体验需要最后一个条件:它们应该是自我内在的。“自我目的”(autotelic)这个词意味着活动本身就是一个目的:它是在没有其他原因的情况下产生的,而不是为了完成事情获得回报。自我特质体验与外在体验形成了对比,外在体验是为了完成外在的活动目标。例如,教学是因为你喜欢帮助年轻人学习的感觉——内在的,教学是为了帮助年轻人获得良好的考试成绩——外在的。这种区别反映在下面对内在和外在动机的讨论中。对于契克森米哈来说,个体的内在感觉或心流体验非常重要:

> 自我体验或心流将生活方式提升到不同的水平。旁观让位于参与，享受取代无聊，无助变成一种控制感，精神能量则强化自我意识，而不是在为外部目标服务中迷失自我。如果经验本质上是有益的，那么现在的生活就是正确的，而不应被假定的未来收益所挟持。[19]

在我们的技能与我们面临的挑战相匹配的自我享受的体验过程中，我们体验到了心流。如果我们的技能不足以完成任务，那么我们会感到焦虑；如果我们的技能超出了任务的挑战，那么我们会感到无聊。通过这种理解，我们意识到无聊时我们需要增加挑战，而焦虑时我们需要提高技能。在为自己提供自我沉醉而不仅仅是愉快的体验时，我们可以创造出契克森米哈所说的“内在自我”的东西：

> 一个从不厌倦，很少焦虑，积极参与，并且大部分时间都有内在波动的人可以说是一个自发的自我。其字面意思可以理解为“一个拥有自我满足的自我”，它反映了这样一个观点，即这样的一个人其目标相对较少，且并非源于自我。对大多数人来说，目标直接受到生理需求和社会习俗的影响，因此它们的起源并非是内在的经验感受。对于一个拥有自我定位的人来说，主要目标来自在意识中评估的经验感受，换句话说，来自自我正确的认知。[20]

心流是一个简单的概念——看上去是，它让学生接受某些想法变得相对简单。但该过程首先要提供一个框架，以帮助他们更好地了解他们已经拥有的经验。心流课程在我们整个程序中的具体情况是这样的：学生进入一个满是游戏道具的教室，然后让他们玩半小时。观察他们的反应总是令人非常开心。可以预见的是，过了一段时间后，一些学生变得无聊（因为他们认为活动不够有挑战性），并拿出手机或平板电脑玩游戏或发送电子邮件，但是这些学生是少数人。当我在会议结束时问他们有多少人感到无聊时，一般来说很少有人举手。几乎所有人都经历了沉醉其中的状态，并在游戏过程中忘掉了时间。我看到他们中的许多人通过让游戏变得更具挑战性而直接进入心流状态：他们改变了积木构建的规则以使其变得更加困难，或者他们发明了要使用橡皮泥的游戏。

对心流的理解在学校教育中非常重要。虽然儿童参与的许多任务开始是外在要求的(即我们告诉他们该做什么)，但这并不排除这些活动形成令人愉快的心流状态的可能性。如果作为教师我们能够在活动中发现学生的焦虑或厌倦，那么会帮助我们确定我们设定的任务是否过于苛刻或过于简单。正如契克森米哈告诉我们的那样，在学习过程中获得心流体验的资源更充足时，心理成长的潜力更大。契克森米哈认为，在儿童期和青春期可以提供某些可以帮助发展波动的因素：

1. 明晰：明确的目标和期望由父母或老师设定，这可以防止因规则而争论，而争论是自我能量的浪费。

2. 中心：对孩子现在所做的事情表示感兴趣，而不是希望他们将来实现什么目标。

3. 选择：孩子觉得他们可以有自主选择的权利。

4. 承诺：这种信任可以防止孩子在追求心流体验的活动中感到不自然或过度自我。

5. 挑战：提供越来越复杂的发展能力的活动。[21]

值得注意的是，在进行神经外科手术或者实施犯罪时，比如在《极速60秒》(*Gone in Sixty Seconds*)和《十一罗汉》(*Ocean's Eleven*)等电影中，可以发现心流体验。因此选择可能产生心流的活动应该受道德因素和专业知识的控制(见第五章)。此外，发现导致心流体验的活动可能是困难的，这就是我将注意力转向上述开放性思维的地方。年轻人可能需要一些时间才能找到生活中真正令他们兴奋的东西，特别是如果他们的家庭或学校没有为他们提供自我体验的条件时。此外，我们无法真正预测会导致人们经历心流体验的原因，因此我们当然不能将一些活动强加给他们，因为这与心流体验的自主性相矛盾。应该鼓励的是，追求心流体验的活动是开放的，而且是终生的。大脑一直到我们年老时都能够获得新的和复杂的能力，年轻人即使在离开学校时没有发现他们为之沉醉的活动，那也不应该感到沮丧。事实上，可能是离开学校这件事让他们发现并重获自由。

当然,对我们的学生来说真实的东西对我们教师来说也是如此。毫无疑问,在你教授课程时,你会惊讶地发现不知不觉下课时间已经到了,你的学生确实也是如此感觉。教学是一项复杂且需要高技能的专业,它会产生心流体验。与其他谋生方式相比,教学更能产生意义和目的感,这对于心流体验来说真的是锦上添花,因为你认为你的活动是为了一个崇高的目的而服务的,所以会工作得更好。当教学良好时,它成为为教师和学生提供心流体验的极为丰富的机会来源。如果我们处于心流状态,我们获取幸福和充实生活的机会将大大增加。我在第十章中有更多讨论。

发现优势、参与挑战和发现心流将成为学校的重要内容,要将这些置于学校发展的核心。如果每个学校都被建议这样做,那么或许会流于形式,当然,复杂的社会背景、环境和经济问题都会阻碍学校将这些付诸实践。尽管如此,如果我们致力于为可怜的小熊爱德华找到另一种走下楼梯的方法,那么在教育学生时加深我们对优势、挑战和心流体验的理解是非常重要的。同样重要的是理解我们如何在无意中为发现优势和波动体验设置障碍。在接下来的内容中,我想强调两方面的内容:外在动机和固定思维。

影响情感的因素1:外在动机

根据契克森米哈的研究,在具有上述特征(明晰、中心、选择、承诺、挑战)的家庭中成长的孩子自我激励会变得更加容易。理查德·瑞安(Richard Ryan)和爱德华·德西(Edward Deci)的工作支持了这一论点,他们在探索内在和外在动机之间的差异方面做了大量工作。外在动机是我们被驱使做某事的动机,因为它实现了活动的外部结果,例如,完成作业以避免留校。内在动机是我们自己开展活动的动机,它是我们对自发兴趣,探索和掌握新信息、技能和经验的心理倾向。[22]理查德·瑞安和爱德华·德西认为,当我们对能力、人际关系和自主性的需求得到满足时,我们对新事物会更感兴趣或能掌握新技能。[23]换句话说,如果我们相信自己能够控制所进行的活动,就能培养与他人的良好关系,并能自主掌控我们所做的事,我们也更有动机参与其中。理查德·瑞安和爱德华·德西认为内在动机对我们的幸福很重要:

> 与持有外在动机的人相比，那些持有内在动机的人对他们自主激励的任务表现出更多的兴趣、激情和信心。他们还展现出关于处理这些任务的更强大的表现力、坚持力和创造力，并且普遍表现出更高的自尊感和主观幸福感。[24]

因此，学生内在动机的发展将成为全面发展教育计划的重要组成部分。学校的注意点应是奖励和惩罚措施对内在动机的影响，这是阿尔菲·科恩(Alfie Kohn)的杰作《奖励性惩罚》(*Punished By Rewards*)中探讨的一个想法。教育的基本原则是让孩子以特定的方式行事，他们需要通过惩罚或奖励获得动机。大多数学校都制定了惩罚和奖励制度，相信这些惩罚和奖励会使儿童养成生活中各种正确的社交和学习习惯。然而，正如科恩通过回顾几十项研究所指出的那样，这种想法被证明是错误的。事实上，扼杀个体内在动机的"最好"方法就是使用惩罚和奖励措施。你或许会说你只使用奖励：你注意到孩子做好事并奖励他们，但正如科恩所指出的那样，"令人不安的事实是，奖赏和惩罚根本不是对立的，它们是同一枚硬币的两面。这是一枚不太实用的硬币"[25]。

运用奖励和惩罚的基础是假设人类基本上是惰性的，并且为了让他们做事，必须使用"胡萝卜"或"大棒"。这种假设来自一种被称为行为主义的心理学派，虽然它在心理学界已经过时，但在许多学校和工作场所似乎仍在继续发挥作用。正如科恩指出的那样，现代心理学认为：

> 我们是对自己和环境天生充满好奇心的人，我们寻求并接受各种挑战，我们努力掌握技能，获得各项能力，并且力求在我们的学习和行动中达到新的复杂高度。[26]

科恩接着提供了五个理由，说明为什么运用奖励不会导致我们所期望的表现数量和质量有所提高。首先，奖励实际上是惩罚。这似乎违反了直觉，因为很明显在奖励某人时，我们会给他快乐感。事实上，奖励性惩罚是因为他们控制着另一个人的行为，正如我们所看到的，我们作为人类的主要驱动力之一就是自我。当人们未能获得他们期望的奖励时，奖励就意味着惩罚，例如，当孩子没能达到父母的期许时，父母就会剥夺当时所承诺的待遇。

奖励不起作用的第二个原因是，它们会对朋辈之间的关系产生伤害，使他们在权威上处于不同的级别，并在被鼓励互相竞争以获取奖励的同龄人中“创造了”斗争和嫉妒的“暗流”。[27]协作学习和工作会形成更稳固的人际关系，并会取得更好的结果，但竞争这种方式大大削弱了这种协同的状态。如果奖励是由权威人士提供的，那么这会妨碍建立基于信任、公开沟通和互相帮助的人际关系，因为我们更关心奖励的给予者而不是创造真正的关系。[28]

科恩对奖励无效的第三个解释是它们忽略了原因：奖励试图操纵我们的行为，但它不问我们为什么一直这样做。惩罚亦是如此。由于惩罚存在，很少会有儿童参与关于为什么违反某一规则的对话：规则有时是愚蠢的，或许我们忽略或不想面对这种可能性。想象一下，规则规定所有儿童都必须将书籍和材料放在书包里，任何没有书包的儿童都可能被扣分，这可能会导致留校。惩罚强制学生遵守规则，却忽略了没有携带书包的学生可能是出于某种正当原因，例如书包太小装不下或书包背着不舒服，或者带一个文件夹更便于走路。惩罚和奖励制度消除了学生在理由层面上的需求。这可能部分解释了研究中最有趣的发现之一，即当奖励或惩罚被取消时，人们会恢复原来的行为模式。[29]如果我们不打算从他们的动机层面入手，我们就没有希望改变他们。这使道德推理的发展产生了连锁反应。除非我们允许对话，给出理由并解释一切行为，否则我们仍处于一种简单的道德推理水平，即我们只会在存在惩罚威胁或奖励承诺的情况下采取行动或不采取行动。对此科恩说道：

> 如果负责行动的能力、对学习的由衷热爱以及做好工作的愿望已经成为我们的一部分，那么相反的默认假设就可以被公平地描述为失去人性。[30]

科恩质疑奖励有效性的第四个原因是奖励似乎阻碍了对风险的承担，并且正如所有教师都应该意识到的那样，当我们准备尝试一些可能失败的新事物时，最好的学习状态就会出现。科恩引用了各种研究成果，这些研究表明，当我们被承诺完成某种活动会获得奖励时，我们将只会完成规定完成的最低程度并获得奖励，因为正如他所说的："如果你被承诺给予奖励，你会感觉这只是在你和最后能获取奖励的任务之间的一项工作。这项工作越简单，你就可以越快地完成工作并获得奖品。"[31]

科恩质疑奖励无用的第五个原因同他书中的主要观点一致，即奖励削弱了完成任务的动机和兴趣，这当然使奖励变得毫无意义。科恩引用了一些学术研究表明，如果我们被承诺会得到回报，那么就会透露出两条信息：首先，如果我们不得不受到奖励的贿赂，那么这项任务就不值得做，其次，奖励的存在意味着另一个人控制了我们行为的愿望，这破坏了我们对自我控制的渴望。

教师可能很难接受这些发现。我们带有笑脸的贴纸、我们的糖果袋以及我们的奖励和制裁点几乎就像我们的护身符一样，让我们接受这些奖励的最终效果不好的结果，就像让一个消防员接受他再也不能用水灭火一样。然而，科恩的工作是在广泛的研究中进行的，而且它也是完全合理的。我们作为教师的伟大目标之一必须是激发学生对终身学习的热爱。使用奖励计划来鼓励学习，我们创造外在动机，也创造手段去结束学生心灵的混乱。他们会将奖励（手段）视为理想的目的，而不是我们试图让他们真正去获取的东西，即做这件事的过程。科恩引用了约翰·尼科尔斯（John Nicholls）关于必胜客的"阅读食物"的计划，在那里孩子们可以通过阅读一定数量的书籍来免费享用披萨。尼科尔斯说这可能会产生很多肥胖的并不喜欢阅读的孩子。[32]有证据表明，奖励如果被非常谨慎地使用，可以帮助孩子从外在动机转移到内在动机，通过给予他们足够的自我效能感（相信他们可以做某事）来帮助他们坚持下去，就像你放手让孩子自己学着骑自行车的那一刻，看到他们靠自己的力量摇摇晃晃地离开。[33]科恩建议，奖励的使用可以像下面说的那样巧妙地完成：奖励应该是不显眼的；他们应该在事后获得一个惊喜；他们不应该像比赛那样；奖励应该类似于任务，就像所谓的内生奖励，如通过赠送书籍鼓励孩子阅读；给他们选择如何使用奖励。[34]

内在动力的旅程始于契克森米哈在上文中提到的八种愉快经历。内在动机部分来自我们沉浸其中、受到挑战，并能接受反馈以得到进步的任务。

另一种方法是让孩子摆脱奖励等外在激励因素，作为这一过程的指导，我强力推荐科恩的《奖励性惩罚》。对于教育工作者来说，第八章、第九章、第十一章和第十二章是不可或缺的。

影响情感的因素2：固定思维

> 我们本质上是发现问题、回答问题、解决问题的动物，我们非常擅长这些活动，尤其是当我们还是小孩子的时候。但在某些条件下，几乎任何时候、任何地方的学校都可能存在这种情况：我们停止使用我们最强大的智力，不再想要使用它们，甚至不再相信我们拥有它们。[35]

约翰·霍尔特的《孩子如何失败》恰好契合本章的一个主题：人类渴望变得有能力，渴望完成工作，渴望掌握全局，有时候我们认为有利于此的事情，实际上却变成了障碍。至少对我而言，科恩关于奖励的研究工作最吸引人的特点之一就是它具有反传统性：它摒弃了传统教育中公认的观点，并提供了对如何实现内在动机的更丰富的理解。卡萝尔·德威克（Carol Dweck）的研究以同样的方式吸引了我，它通过分析已被接受的有关智力的理论和传统称赞的方式，反过来帮助孩子们释放更多的学习潜力。

德威克有一种预感，即我们认为的智力，与我们真实的智力本身有较大差距，[36]当我们在学习或掌握某些东西时，智力或许在事情进展过程中发挥了重要作用。德威克区分了两种智力理论：固定理论和实体理论。固定理论认为智力在很大程度上是固定的，并且我们没有太多可能去改善它；实体理论即成长型或可塑性理论，即相信我们的智力可以通过我们的学习和经验来塑造。德威克希望了解这些信念会对我们的学习能力产生什么影响，特别是她想知道有关智力的信念是否会让孩子们专注于绩效目标（看起来聪明）或学习目标（更好地完成手头的任务）。

德威克设计了一个实验，邀请孩子们完成一份调查问卷，确定他们的智力信念（固定或成长型思维），然后他们可以选择完成任务——一些有绩效目标的任务（你不会犯错的足够容易的目标，你非常擅长却不能显示你聪明的目标）和一些有学习目标的任务（这些目标很难、新颖、与众不同，面对它们时,你可能会感到困惑并犯很多错,但你可能会学到一些新的而且很有用的东西)。[37]她发现,80%的孩子是固定思维,他们认为自己的智力是固定的,完成目标是为了让自己看起来聪明而不是为了学习更多,他们选择了其中一项绩效目标任务。超过60%的孩子具有成长思维,他们选择了学习目标任务。[38]

正如德威克解释的那样,这项研究的重要意义在于让人们能够发展出对自身学习的热爱,它强调内在而非外在的目标:

> 那些被引导着相信他们的智力是固定的人开始担忧这些任务是否可以展示自己的聪明,但当面对可能暴露自身缺陷的威胁性任务时,他们放弃了学习提高的机会。那些被引导着认为自己的智力具有可塑性的人开始接受具有挑战性的学习任务,并开始利用技能提升的机会去发展自我。[39]

当我们相信我们的智力被固定时,我们就会更加注意保持聪明的外表,而不是做那些会使我们变得更好的事情。德威克发现了固定思维模式的其他特征,这有助于解释为什么有些人不会变得像我们期望的那样,一步步学习并取得进步。这些人具有固定思维:

1. 避免挑战,因为挑战涉及失败的风险,因此看起来不聪明(那些具有成长型思维的人会拥抱挑战,因为挑战会促进学习)。

2. 因为相信智力是固定的或遗传的,所以当他们遇到障碍时会采取防守姿态或直接放弃:如果你做不了什么,那是因为你本来就做不了(那些具有成长型思维的人坚持面对困难和障碍,因为他们相信自己可以通过获得新技能来克服困难,他们总能敞开心扉)。

3. 将努力看成无效或有辱人格的,因为如果一个人在特定领域拥有固有的才能或智慧,那么再努力也不会使它增长。他们可能会认为努力是有辱人格的,因为它意味着任何人都可以做任何事情,而固定思维促使人们认为有些人天生就不同,认为才能也是有等级的(那些具有成长型思维的人将努力视为掌握能力的途径)。

4. 忽略有用的批评性反馈，因为它威胁到他们的现状并暗示他们失败了。这也意味着他们可能不得不努力变得更好，而不是假设才能会让他们克服困难（具有成长型思维的人乐于倾听批判性反馈，因为它们有助于他们改进）。

5. 因为有固定思维的人是为了获得更高的层次和优势，他会认为其他人的成功对他是一种威胁（那些具有成长型思维的人会从别人的成功中学习经验）。[40]

正如德威克在此解释的那样，固定思维的另一个含义是，未能承认学习是一个漫长而动荡迂回的过程，且其中必然会存在挫折和失败、胜利和成功。

实体理论（Entity Theory）非常重视智力的即时演示，而不是随着时间的推移去掌握。相反，增量理论（Incremental Theory）通过形成对挑战的渴望以及随时间而掌握技能的期望来帮助学生。[41]

相信智力被固定的必然结果是进一步认为"聪明"和"成功"应该能够被完整展示，而接受学习是随着时间的推移而发生这一观点让我们承认我们的进步和技能掌握是不断发展的过程。约翰·霍尔特在这一点上做出了回应，他也提出了关于固定思维和成长型思维来源的建议：

正如很多正在做事的孩子那样，比如我五岁的朋友维塔（Vita），他刚开始非常认真地学习小提琴，他们不会考虑成功和失败，而更多地考虑努力和冒险。只有当取悦成年人变得重要时才会出现成功与失败之间的明显界线。[42]

德威克认识到我们对智力的信念不是天生的，而是来自其他人。她想要检验这样一个假设，即我们给年轻人的赞美类型可能会促使他们进入固定或成长型的思维。在1998年与克劳迪娅·米勒（Claudia Mueller）合作的一项实验中，德威克给了一群孩子一个解决问题的任务。任务完成后，一群孩子因其聪明才智而受到称赞——“你们非常聪明”,而另一群孩子因其努力而受到称赞——“努力必有回报”。当选择表现型或学习型目标任务时,三分之二被称赞聪明的孩子选择了更容易的表现型目标任务,而90%被称赞努力的孩子选择了更难的学习目标任务。[43]

德威克发现,我们的教师或父母给予孩子的赞美类型会影响他们对任务的重视程度,这些赞美会影响他们更关注聪明的状态(智慧表扬)还是掌握能力的状态(努力表扬)。一旦我们对孩子说出“你是如此聪明”这句话,我们就做了一些我们无法预测的事情:我们通过让他们更关心自身的聪明而不是努力来削弱他们的学习能力。当然,这并不意味着我们应该停止赞美我们的孩子,但德威克的发现确实意味着我们需要在我们赞美的方式上更加娴熟。特别是对于教师而言,我们赞美孩子,了解孩子所经历的过程,然后就如何改进这些过程提供具体的建设性反馈,这一点非常重要。值得注意的是,赞美努力也可能适得其反,因为我们很少能看到孩子从头到尾完成任务的过程,投入努力的程度很多时候我们也不清楚,所以我们不应该做关于它的假设。任何形式的赞美都不是特定的,试图通过表扬来增强学生的自尊感可能会被认为是不真实的,并且与其他奖励的使用一样,会让学生感觉有人在试图控制或操纵他们的感受,他们会觉得这些感觉良好的状态只是站在我们而不是学生本身的立场,即他们继续做我们赞同的事情,而不是他们自由选择做的事情。

熟练使用赞美对于让孩子们发现他们喜欢做的事情非常重要。如果我们所有的行动都取决于我们是否被批准或反对,那么我们就会削弱发现心流状态的核心自治权,德威克在《思维模式》(*Mindset*)中写道:

> 如果父母想给孩子一个礼物,那么他们能做的最好的事情就是教他们的孩子热爱挑战,被错误所吸引,享受努力,继续学习。这样,他们的孩子就不必成为赞美的奴隶。他们将有一生来建立和修复自己的信心。[44]

付诸实践:传授思维

- **乌龟和野兔**:《伊索寓言》(*Aesop's Fables*)中的乌龟和野兔可以被重新

诠释为揭示固定和成长型思维的后果的故事。在重新讲述故事后，让学生对乌龟和野兔进行角色分析。将上面提到的固定和成长型思维模式的五个要素引入其中，看看它们在故事人物的行为中有多少被揭示出来。例如，野兔是自满的，它接受了一个轻松的并可以展现自我的目标任务，而乌龟坚持接受一个具有高失败风险的学习目标任务。

- **天资的神话**：找到那些已经积累了相当多才能的人的例子，并展示他们的才能是如何通过数千小时的正确练习产生的，而不仅仅是先天或遗传的结果。在体育运动中有很多可以借鉴的例子，如获奖感言，其中总会提到刻苦的练习。在 2014 年的典礼上我最喜欢的例子是长跑运动员乔·佩维(Jo Pavey)的故事，他在 2014 年欧洲锦标赛中赢得了 1 万米的金牌。[45] 马修·萨伊德(Matthew Syed)的书《反弹》(*Bounce*)中包含了一些值得注意的例子，马尔科姆·格拉德韦尔的书《异类》也是如此，其中包含了对 1 万小时规则的解释：要彻底掌握一门学科，需要 1 万小时的练习。
- **大脑和学习**：利用大脑可塑性的课程(第四章和第五章)强调这样一种观点，即大脑不会被固化，它会不断地学习新技能和新知识。一个很好的例子就是米尔德丽德·萨尔斯顿(Mildred Sulston)的故事，她九十五岁开始学习吉他并在十年后发行了她的第一张专辑。[46]

第八章　关心我们在世界上的地位

章节预览
消费主义和情感 道德消费 惯性与享乐适应 选择 延时满足 生存状态焦虑 美德与技术 技术与人性

简　介

本章将探讨在这个过度强调物质消费的文化背景下美德是如何帮助年轻人找到自己的路。这个技术发达的社会使即时、广泛的交流成为可能。幸福一词，在文学作品中得到了很好的诠释。物质财富的增加和大量节省人力的廉价设备的出现并没有让人们觉得生活得到了改善。人们普遍认为，随着我们物质财富的增加，我们变得越来越不幸福。[1]原因也许很简单，那便是我们在错误的地方寻找幸福。本章的主题便是消费主义和技术本身并不是问题，相反，它们只是放大了人为的问题，而现存的美德可以回应这些问题。我认为从美德的角度来看待现代世界的挑战可以向我们展示，在我们的消费文化中存在着巨大的幸福的空间。因为任何情况都需要有技巧地回应，消费主义和技术亦不例外。它们都为培养美德及创造复杂且圆满的人生留下了空间。一些人试图让我们相信，幸福存在于电影《机器人总动员》所仿效的生活中。那种生活充满了乐趣和欢愉，只要我们的渴望得以满足，生活便值得一过，且令人愉快。在《尼克马可伦理学》一书中，亚里士多德表示：

> 以他们的生活来评判，群众以及那些最为粗鄙之人相信善行或者幸福便是欢愉，这不无道理。与此相应，他们除了享受生活外别无所求……群众的彻底的奴性源自他们偏向于愚钝地生存。[2]

亚里士多德指出，相信这种简单的享乐主义并非不合理。在我们的这种文化中，“群众”除此之外别无他求这件事不足为奇。我们的文化中充斥着各种自娱自乐以及获得欢愉的方式，同时也充满了一种信息，那便是找寻欢愉的途径便是我们真正需要的商品。我们的身体被设置为在我们的需要得以满足时便会给予我们奖励，这个简单的生物学上的事实加剧了这种情况。乐趣和欢愉使我们感觉良好，它要求我们提高眼光，意识到真正的幸福不仅是要求从一个令人满足的需要转向另一个，就像是“真理号”的居民那样。

在第七章中，我们提到了米哈里·契克森米哈关于人们心流状态的高峰体验的研究。在这里，我们有必要提醒自己他对欢愉的看法：

> 欢愉是一种个人实现的满足感。这种满足感来源于意识中的信号，表示生物程序(biological program)或者社会条件所设定的目标已经达成。当我们饥肠辘辘时，食物的味道便是令人愉悦的，因为它减弱了生理失衡……一整天被动地接收各种来自媒体的信息后，在晚上停下来休息，并且用酒精和药物来缓和被工作弄得过度兴奋的心绪，这时候人们就会觉得十分惬意和放松。欢愉是生活质量的重要组成部分，但其自身并不能带来幸福。在生理需求的信号出现，并且导致精神熵(psychic entropy)出现之后，睡眠、休息、食物和性能够使脱序的意识恢复原有秩序。但它们不会导致意识的增长，它们不会增加自我的复杂性。[3]

若我们试图从欢愉中寻找幸福,则很容易被误导。这本书基本的论点就在于教育的目的应当是提升幸福感,促进人类的繁荣。这包括帮助年轻人懂得在何处寻找幸福,让他们开始收获美德的旅途,并且学会过一种积极向上、复杂并且有意义的生活。由于我们的文化会在寻找幸福的方向上误导我们,所以它常常使这个过程变得复杂。消费主义和资本主义支撑着我们的文化,而此二者则来源于我们的一种信仰,即我们所拥有的东西使我们的生活更有意义。恰如我们在第一章从朱莉娅·安纳斯那里学到的,这会导致我们错误地在生活环境中而不是在生活方式中寻找幸福。也就是说,这会使我们从拥有的东西中,而不是生活方式以及自身定位中寻找幸福。这两种观点最大的区别在于我们的能动性以及所行使的自主权的多少。如果我们在生活的环境中寻找幸福,那我们便是把一定程度的自主权交托给外部事物,如财产和地位。因为我们相信,恰是这些不在我们控制范围内的身外之物,能够带给我们幸福。然而,通过在生活方式中找寻幸福,我们重新获得了完整的能动性和自主权。因为幸福来源于我们看待事物的方式,而这总是在我们的掌控之中。

消费文化具有误导性的另一方面便是它提倡幸福本质上是简单的,当直接条件被满足时,人们就会产生幸福感。关于终极幸福感的描述以及契克森米哈关于心流状态的研究都提醒我们,幸福并非是简单的和消极的。相反,幸福存在于始终以复杂的方式来理解生活的充满努力的、深思熟虑的过程之中,恰如我们获得和发展美德与技能。

为了成为有道德的消费者和科技的使用者,我们需要对这些事物给我们带来的陷阱保持警惕,并且理解我们有巨大的潜力来丰富我们的生活。消费品和科技可以为我们提供无尽的欢愉和乐趣,但是除非我们看得更远,否则我们不会满足于对幸福的追求。本章余下部分将探讨一些帮助年轻人加深他们对消费文化的认知和理解的方式,以及他们如何在获取美德时以对他们有利的方式来运用它。

消费主义和情感

消费主义是一种主要在情感层面上起作用的文化力量。为了鼓励我们购买他们的商品，厂商和广告商费尽心思让我们产生欲望。我将探讨其中的两个层面。其一是作为消费者我们是如何被哄骗去渴望得到一些物品，以此作为更有意义的层面的标志，如得到自由或是变得性感撩人。其二是我们如何被灌输必须高调地消费：我们所拥有的产品让我们获得高于旁人的地位。

在公共关系之父爱德华·伯奈斯(Edward Bernays)[4]的指导下，导演亚当·柯蒂斯(Adam Curtis)在他的系列纪录片《自我的世纪》(*The Century of the Self*)中追溯了美国20世纪20年代消费主义的兴起。伯奈斯意识到，如果想要使人们过度消费，就必须把他们的情感同理智分开，同时商品也必须被转化为可以满足人们情感需求的符号，以使人们产生幸福的幻象。伯奈斯的这个理论最早的成功便是帮助打破不允许女性在公众场合吸烟这一禁忌。在纽约的一场大型公共活动中，伯奈斯鼓励一些富有的女性把香烟藏于衣服中，并在一个特定的时刻一起点燃香烟，而新闻报道则称，一群女性参政权论者举行抗议活动，并点燃了"自由之火炬"。这个活动被广泛报道，而与此同时，香烟也成为女性权力和自由的符号，不允许女性在公众场合吸烟这一禁忌也消弭了。恰如柯蒂斯所言，伯奈斯向大家展示了"毫不相关的物品也可以成为强有力的情感符号，标志着你想要他人如何看待你"[5]。

在通过广告来唤起顾客的情感方面，伯奈斯证明，通过使人们产生某种感受，你可以让他们觉得他们的需求只能通过拥有某件特定的商品来满足。这个过程取决于情感与理智的脱节。德性论则取决于情感与理智的联合，且感觉在理性的监督之下。如果我意识到广告商在操纵我的情感，我就会停下来问一问，我的情感状态是如何改变的，并对看到一款在特定的光线下描绘的产品而产生的欲望表示疑问。然后，我便能学会区分需求与渴望，并且可以在面对消费的压力时运用能动性与自主权。

道德消费

伯奈斯的另一项贡献是"同意的工程"(the engineering of consent)。他遵循他的舅舅西格蒙德·弗洛伊德(Sigmund Freud)的研究，认为我们应对人性持消极态度，即认为人性本就是具有暴力和侵略性的，而政府的角色之一便是构建安定和谐的社会。伯奈斯认为我们应当通过使公民沉溺于消费来让他们变得温顺,以此来抑制人性中固有的侵略性,即我们可以通过一种使之痴迷的生活方式来麻醉他们,以此来使民众达成同意。哲学家查尔斯·泰勒在他的著作《本真性伦理》中讨论了这个问题。在书中他提到了我们对自我的专注如何使我们的社会变得碎片化,而消费主义在某种程度上助长了这种专注。比起在公众参与、政治生活和关系中找寻意义,人们更关心他们自己。[6]

这使我们了解到伦理和道德推理在我们学习成为有道德的消费者的过程中起到的作用。通过降低我们的眼光,让我们关注对物质的无休止的个人索取,这很容易让我们忽略消费对我们的团体有道德暗示这个事实。我们购买和拥有的这些商品可能是在糟糕的环境中生产的廉价品,也可能是由稀有的原材料制成,或者是由以破坏自然环境的方式来获取的原材料制成。这些商品的使用可能会对人与环境造成伤害。这些商品可能是以冒犯的方式来进行宣传,而且很难或者不可能对其进行处理。泰勒的这本著作有一个中心思想,那就是"道德底线",即通过满足我们的需求,一些对错是非超越了我们琐碎的忧虑。这些对错是非不仅仅是针对我们,而且它们很可能是非常普遍的问题。有道德的消费者需要注意这些道德底线。一个人要想变得有道德就需要理解,而这种理解是需要花费时日来形成的,接下来我们才能依照我们的知识来行事。从这个层面来讲,消费文化为我们提供了极大的机会来变得有道德。因为在学习道德消费,甚至为实现道德消费而活动的过程中,我们就是在利用美德。电影《拯救世界的好人》便是一个例子。影片的主人公是两个以扮演公司发言人的方式揭露不道德行为的激进主义分子。我们看到整个影片中都贯穿着美德,主演安迪·毕裘邦(Andy Bichlbaum)和迈克·博南诺(Mike Bonanno)不仅意识到并且了解这些公司到底干了什么,而且以巧妙配合的恶作剧来应对,展现了诸如独创性、创造性、毅力、勇敢、善良以及好脾气等美德(在此仅列举几项)。

惯性与享乐适应

作为人类的我们,人性中可以促进消费主义发展的那一部分被称为"惯性”“适应性”或者“享乐适应”。我们擅长于适应或者习惯那些我们认为可以带来欢愉的事物。我们可以很快回归到最初的情感状态。设想将快乐的希望寄托于幸运地中彩票，相信百万英镑可以解决你所有的问题。菲利普·布里克曼(Philip Brickman)曾经做过一项调查，结果显示，在短短一个月内，人们就会对让他们感到喜悦的东西习以为常。[7]厂商正是利用了这一点，不断对相同的产品推陈出新，以激起人们对新奇事物的渴望。他们知道我们对汽车、电视和平板电脑已经习惯了，或者说感到厌倦了，于是他们就精心策划了一系列新版本，实际上每次也只是做出些微调整。他们知道很多人已经习惯了先前的版本，想要一个新的了。有些产品从设计之初就注定被废弃，而实际上这并非因为它们在技术上已经过时——如苹果手机的拓展坞(docking pin)，或者说它们已经破旧不堪，不能再使用，需要用一个新产品来替换。[8]这便是享乐适应的暗喻所在：我们在旧的东西消耗殆尽之前就想要新的产品，因为我们要追逐那不断减弱的、获得一个闪亮的新产品才能得到的欢愉。

适应性的原则同样适用于我们遇到困难时。你可能认为一件痛苦的事会对你的情感产生终身的、巨大的消极影响。然而丹尼尔·吉尔伯特(Daniel Gilbert)指出，研究表明我们可以在痛苦事件后迅速恢复到正常的状态，甚至我们会对未来持有更为积极的看法：

> 数周之后，即使是地震的幸存者也能恢复他们盲目乐观的正常状态。实际上，那些挑战我们乐观信念的事件反而会使我们更加乐观。一项研究发现，与健康人相比，罹患癌症的人反而对未来抱有更加积极的态度。[9]

我们可以适应生活中的改变，即使是非同寻常的改变，也能迅速适应。当然也有一些东西我们永远难以适应，比如说巨大的噪声或者丧偶，以及一些积极的方面，如友谊和性。[10]我们希望名利、出众的外貌以及财产能够带给我们持久的幸福，却失望地发现我们会很快地适应这种生活中的变化。持久的幸福感来源于那些复杂性和满足感不断增长的事物，如友情和爱情、帮助他人、运动，以及一些能够引起心流状态的活动，我们对这些永远不会感到适应。恰如马丁·塞利格曼所写的：

> 当我们沉溺于欢愉之中时，我们或许只是在消耗。香水的气味、覆盆子的味道以及挠头的快感不过是极为短暂的快乐，并不会对未来有何助益。它们并非投资，也没有什么东西在其中被累积。相反，当我们投入的时候(沉迷于心流状态)，也许我们就正在投资，为我们的未来积累心理资本。[11]

选　择

消费主义最大的优点之一便是消费者似乎有无数的选择。我们相信，种类越多，我们的自主性和权利也越多。市面上不是只有一种品牌、一种型号的电视机，而是有许多品牌、成百上千种型号的电视机，每一种都有些微不同的特点。你在买奶酪时也要费心挑选，因为有许多类型，每种类型都不同，有磨碎的、切片的、块装的、低脂的、全脂的和易涂抹的，各式各样。[12]在《选择的悖论》(*The Paradox of Choice*)中，巴里·施瓦茨(Barry Schwarts)称，太多的选择并非一件好事。他认为持续增多的选择不仅会让我们接收过量信息，难以抉择，从而丧失动力，还会让一些人痛苦不堪。

施瓦茨划分出两个群体："最大化者"(maximizers)和"满足者"(satisficers)。最大化者总是认为一切还不够好。对他们来说做选择是一件很痛苦的事，甚至可以说他们选择无能，因为他们害怕做出错误的选择，从而抱憾终生。满足者并不痴缠于他们所做的选择，因为他们清楚地意识到他们想要什么，并乐于接受一切最适于他们需要的选择。

成为一个最大化者的代价极高。施瓦茨认为，最大化者不若满足者那样能深刻品味积极的事件。他们不擅于处理逆境，往往需要花费更多时日来战胜逆境。相较于满足者，他们更容易忧思或者沉思。施瓦茨指出，这种因果关系并不明晰，也就是说我们并不清楚是否最大化者就会不幸福，或者满足者就会幸福。但是施瓦茨表明，最大化和不幸福之间必然有某种联系。[13]

延时满足

消费主义的另一个优点就是它能够立刻满足我们对物品的渴望，而网购使这一切变得更为容易。我们的一次性文化则告诉我们这种满足是短暂的。反消费主义者芭芭拉·克鲁格(Barbara Kruger)使用某百货公司2007年的一则广告语——“你渴望，你需求，你遗忘”——来试图开一个关于购物的后现代玩笑。[14]学会延迟欢愉是一种极为重要的美德。亚里士多德称这种美德为节欲，并在《尼各马可伦理学》中写道：

> 节欲之人在欢愉上保持着一种平衡。他不享受放纵之人最为享受的东西(他十分反对这些)，不享受通常而言的那些错误的欢愉，也不享受纵情欢乐。他不因缺乏欢愉而悲痛，亦不渴望这些，而且即使他渴望这些，也必然是在一个适度的范围内，不会超越正确的边界，也不会在一个错误的时间……但是如果这种欢愉有益于身体健康，他则会适度地以正确的方式来捍卫。除此之外，他也会捍卫那些不与他人冲突的、正当的，且在他能力范围之内的欢愉。[15]

节欲是一种美德，而不能克制自我对感官享乐的渴望则是放纵的缺点。亚里士多德相信这些放纵的渴望支配着理性。为了获得节欲的美德，我们必须学会听从理性，继而我们的渴望才能由“获取令人钦佩的东西”[16]所支配。

心理学实验已经证明了节欲这种理性的认知能力是如何发展而来的。在20世纪60年代，沃尔特·米歇尔在美国斯坦福大学护理学院进行了一项开创性的研究。他用一种折磨人的方式，即为参与实验的人员提供美味的食物，证明了四岁的儿童也有延时满足的能力。在到达护理学院之后，研究人员询问了孩子们最喜欢的食物，如棉花糖、椒盐脆饼干、曲奇和薄荷糖。之后研究人员请孩子们进入一个房间。房间里的桌子上摆着两个盘子，一个盘子里放着一种他们最喜欢的食物，而另一个则放着两种。然后研究人员告诉孩子们，他们要离开十五分钟，孩子们可以选择等他们回来，然后享用全部美食，或者屈服于渴望，现在就能享用一种美食，而不能之后享用全部。这个测验最困难的部分在于，屋子里没有大人，对孩子们而言，盘子里的那一种食物触手可及，没有任何障碍。孩子们相信没有人在看着他们，唯一阻碍他们享用美食的便是他们的自律以及对第二盘美食的渴求。[17]

通过后续追踪这些四岁儿童直至他们高中毕业，米歇尔发现那些能够延时满足，拒绝只吃一道美食，经过了看起来似乎无止境的等待并获取了奖励的孩子展现出了一些特点。恰如丹尼尔·戈尔曼所言：

> 作为青少年，这些孩子更擅长社交：个人效率高，有主张，且更擅长应对挫折。面对压力，他们不易崩溃、被吓呆、懊恼，或者因压力而惊慌失措；面对挑战，他们勇敢迎接，积极追逐，毫不放弃，即使面对困难也是如此。他们自立自信，值得信赖，积极主动地投入事业。十年之后，他们仍能在对目标的追逐上延时满足。[18]

如丹尼尔·戈尔曼和乔纳森·海特所言，[19]这些孩子展现出了一种情商。他们能够采取策略使自己免于看到那些带来渴望的食物。他们会蒙住自己的眼睛，自言自语，唱歌，玩游戏或者睡觉。通过这些方式，他们收获了节欲的美德，因为他们用自己的理智来克制自己生理和情感上的渴望，不去吃那些食物。米歇尔将这种美德分为三个过程。首先，牢记我们的目标是三道美食而不是一道。其次，通过使精神专注于那些支持实现目标，并且能减少诱惑的想法，来监督实现已选择的目标的进度。最后，抑制伸手拿面前食物的冲动。这三种因素组成了执行功能，即我们用理性克制情感的能力。由于执行功能由神经通路支持，而神经通路则由经验形成，所以只要我们为孩子提供机会来形成抵挡诱惑的策略，他们就会逐渐擅长此道。[20]

生存状态焦虑

在一个声称我们可以在生活环境中找到幸福的社会中，我们会产生一定程度的生存状态焦虑，而这种生存状态来自我们的成就和财产。阿兰·德·波顿(Alain de Botton)如此描述生存状态焦虑：

> 这种忧虑如此致命，以至于能够破坏我们生活中种种向外伸展的可能性。我们担心自己很可能不能够与社会设定的成功典范保持一致，担心最终会被剥夺尊严和尊重，担心我们现下的地位过于卑下，担心我们的地位会降低。这种焦虑会被其他因素激发，如经济衰退、裁员、升职、退休、和在同一工厂的同事谈话、报纸中关于杰出人物的描述以及朋友获得较大的成功……生存状态焦虑在激起悲痛方面可谓天赋异禀。[21]

阿兰·德·波顿在他的著作《生存状态焦虑》(*Status Anxiety*)中提到了五种与他人相关的、让我们担忧自己在社会中位置的显著原因。在此我着重强调两种：人类对爱的需求以及对物质平等的期待。别人如何看待我们对我们而言很重要，因为我们深切地希望为我们的社会团体所接受。心理领域依恋理论和自决理论的研究成果表明，被接纳以及被爱是最基本的人类需要，而且这些需要一旦没有被满足，就会使我们感到深受伤害。这种爱的主要源泉便是关怀。恰如哈利·哈洛(Harry Harlow)、约翰·鲍尔比和玛丽·安斯沃思在他们的人与猴子的实验中所证实的，如果我们在幼时接受适当的爱与关怀，我们就能为我们的价值观以及爱人的能力构建十分牢固的心理基础。[22]

德·波顿认为我们十分在意他人对我们的看法，包括对我们的财产以及地位的看法，因为我们对自身价值有着"先天的不确定性"[23]。我们的"自我"或者说自我意识可以被视为一个氢气球，它一直需要外部的爱这种"氢气"来使它保持在充满气的状态，些微的忽视都会如同针刺一样使它泄气。[24]消费主义便利用了这种需要。它通过鼓励我们同他人比较物质财产，向我们描述那些拥有特定物品的人多么幸福快乐，地位多么崇高。厂商和营销人员想方设法欺骗我们，让我们认为我们的价值在某种程度上取决于一些不相关的物体，而不是我们性格的本质或者关系的深浅。

同时，德·波顿也认为，这些随着我们对物质平等的期待的增长愈演愈烈。德·波顿记录了旧的社会等级制度的瓦解，这种制度将物质财富和社会地位分层。根据他的研究，在新的民主国家，尤其是在美国，人们意识到所有人都有机会获得巨大的财富和崇高的社会地位。在英国，这个过程是漫长的。不过随着近些年来市场上的便宜货品越来越多,人们也更容易获得无条件信贷,人们开始相信物质平等不再只是一种可能,而是一种权利。通过以错误的标准(比如说我们拥有什么)来定义我们的价值,我们再次被愚弄,在错误的地方找寻幸福和意义。于德·波顿而言,对等级社会结束及其所带来的种种自由的残酷讽刺便是它消除了一种看法,即"自由不需要以社会上如此多的人的成就作为参照"[25]。民主社会让人期待"拥有一切",并且推论,如果一个人未能拥有一切,那么必然是因为固有的个人失败。在我们对价值来源的理解方面,民主社会为我们所有人制造了一个陷阱。通过参与各种关于财产、地位以及成就的竞赛,我们以身外之物定义自己,从而忽略了一个事实,那便是,我们的价值来源于我们的性格、高峰体验、事业以及我们同他人的关系。

对德·波顿而言,生存状态焦虑的补救措施之一便是哲学家们对我们的教诲。在第五章,我们提及了哲学家教我们如何将生活环境置于理性监督之下。德·波顿提出了一个相似的策略,以对抗那种"他人对我们的看法决定我们对自身的看法"[26]的观点。即使别人对我们的看法在情感上很强大并且具有煽动性,却并非事实。哲学态度的基础就是我们要学会对这种观点持怀疑态度,并且把它与事实分离。恰如德·波顿所言:

> 哲学家用外部观点在关系中加入了一种新的因素,人们可能会将这种因素视为一个容纳所有公共看法的盒子。这种看法无论是积极的还是消极的,首先都要被引导,以便接受评估。如果这种看法是正确的,它就会伴随着更新的力量被转送给个人,而如果这种看法是错误的,它就会被驱逐出去,随风而逝,不会造成任何伤害,当事人不过耸耸肩,一笑而过。[27]

这个过程就是适应力训练(见第五章)的基础。我们要学会将事情分为三个部分:发生了什么,我们如何看待它,以及我们感受如何。进而我们要理解,我们在自己的看法方面要拥有控制力和能动性,以回应他们对我们的看法。反过来,这也会让我们在感受以及接下来所做的事上拥有更多的控制力和能动性。在电影《深狱父子情》(*Starred Up*)中,一个志愿者在一个监管重度暴力罪犯的监狱里成立了一个小组。小组中的一个人从小浸润于一种文化,“尊重”这个概念在这种文化中至高无上,他认为任何“不尊重”他人看法的人都应受到暴力的惩罚,如此,“自尊心”才能得以维持。这个志愿者试图让小组中的这个人意识到,我们可以选择自己的回应方式,并且我们的身份并非与我们在团体中感知到的等级和地位紧密相连,而是在于我们性格的本质,以及我们所享有的爱与关系的质量。当然,这个进程是缓慢的。然而如果我们习惯于相信“他人对我们的看法决定我们对自身的看法”,那么我们将需要花费很长时间才能不再在意这些评论。同样,如果在我们的文化中,我们的成就和财产决定我们的价值,那么我们将经历一个漫长的,或许痛苦的过程来认识到,这些东西毫无价值,可以随意抛弃。

这让我们又想到了德性论的观点,即我们应当把情感和理智结合起来。从消费社会中衍生的焦虑的情感状态本身就是不合理的。哲学家和心理学家多次告诉我们,真正的幸福在于通过享受舒适生活和变动,以及友情和亲情,为自身增添更多复杂的层次。经过时间流逝以及深思熟虑,我们便能从消费主义对我们情感的操纵中以及生存状态的困扰中解放出来。

付诸实践：关于消费主义的教学

- **渴望和需求**:让学生快速回想一下他们的卧室,然后让他们列两个栏目。一个列举他们需要的物品,另一个列举他们想要拥有的物品。之后让他们把财产置于燃烧房屋实验中:如果起火了,他们会抢救哪些东西出来?为什么抢救这些东西?最后,询问他们认为财产中的哪些东西为他们的生活添彩(如乐器、书籍或者游戏机),以及哪些东西在关系的背景下意义深远(如出生时别人送的泰迪熊、照片以及纪念品)。把所有的这些排除之后,他们真正需要的东西有多少?
- **商店之旅**:鼓励学生参与家里的超市购物之旅。假设他们要在没有父母关于品牌以及价格等的指导的情况下挑选五件商品,让他们考虑一下在这种情况下什么会影响他们的选择,以及他们觉得如果他们买这些东西回去,父母会有何反应。他们认为自己是最大化者还是满足者?
- **调查消费者伦理观**:让学生从家里带一个消费品。调查这件物品的伦理性如何。它是在哪里制造的?由谁制造的?在什么状况下制造的?

它们的生产者是否得到了合理的报酬并且拥有良好的工作环境?这件物品是如何进行宣传的?这个物品在使用的时候对人和环境有什么影响?这件物品可以怎么处理?是否可回收?在哪里由谁处理?让学生评判一下这个物品的伦理地位。

- **选择就是一切**:在班级里进行一个简单的练习——购买一个电子娱乐设备。将整个班级的学生分为 A 和 B 两组,并将 A 和 B 两组再分别分成三四个小组。给两组一个虚拟的预算,让 A 组在网上挑选,那里有无数的选择;给 B 组五至十个选项。看看哪一组可以取得最佳价位。之后大家一起讨论这个过程。谁觉得最困难?他们感觉如何?他们挑选的时候在想些什么?他们考虑商品的伦理地位了吗?他们是否关注一些关于最大化和满足的东西?
- **"当……时我最幸福"**:给学生这个句子开头,让他们把句子补充完整,写多少句都可以。看看有多少人的幸福来自非物质的东西,比如说与家人共度的时光或者接触自然,又有多少人的幸福来自于物品和财产。
- **"如果……我的生活会更好"**:给学生这个句子开头,让他们把句子补充完整,写多少句都可以。用这些回答来进行一个关于到底是什么让人们感到幸福的讨论。你需要为学生提供一些信息,比如享乐适应症和生存状态焦虑,以帮助学生们加深理解。
- **"我是有价值的,因为……"**:给学生这个句子开头,让他们把句子补充完整,写多少句都可以。然后让他们提出一些过滤条件,以便弄清楚哪些价值影响他们的幸福,哪些没有影响(如关系、美德、技能、天赋、财产和地位)。匿名收集学生们所写的不同的价值,然后让学生们看他们能否筛选出对自己有价值的东西。哪些可以作为我们幸福的投资?哪些对充实的生活影响最小?
- **广告批判**:为学生提供一些广告,或者询问学生现在最喜欢的广告是什么,然后为他们播放这些广告。首先,询问他们认为哪些产品的价值是被广告提升了,以及他们认为这些广告的目标观众是谁。接下来询问他们在看到这个广告时是否注意到一些思想、情感或者感觉(或者可以用第四章的情感地图来帮助他们)。他们是否认为这些广告的设计目的就是让他们以一种特定的方式感觉或者思考?为什么?这个目标感觉对我们是否购买这个产品有何影响？这个广告对我们的长期影响是什么？[28]

- **广告克星**：访问 www.adbusters.org。这个网站上面有许多虚假广告，网站的设计目的就是揭示一些工厂的伦理观（如烟草和时尚）。问问学生是否能为某个品牌设计一则虚假广告。
- **规划生活**：访问 www.lifesquared.org.uk。看看这个网站提供的资源，比如说关于如何理解消费主义、如何消费更少以及如何实现更少。
- **棉花糖**：再次进行沃尔特·米歇尔的棉花糖实验。询问学生他们会使用什么策略来延迟吃棉花糖的快乐。让他们想想这种策略是否能够用到生活的其他领域，比如说在不被社交媒体扰乱的情况下，他们的学习状态如何。

美德与技术

在《本真性伦理》一书中，查尔斯·泰勒区分了“支持者”和“反对者”两个术语。在对待科技的态度背景下，他如此描述这两者：

> 有人将科技文明的到来视为全然的衰退。我们的祖先曾经与地球及其节奏紧密相联，而今我们已经失去了这种联系。同时，我们也丧失了同我们自身以及本性的联系。而今的我们为统治的需求所驱使，与我们周围的自然进行无休止的斗争……持这种观点的人同不折不扣的科技支持者争执不休。这些科技支持者认为所有的人类问题都有修正的方法。因而面对那些由于反启蒙主义者的非理性而阻碍发展的人，他们耐心尽失。[29]

泰勒认为我们应当对科技在生活中的地位持一种更为灵活的态度，进而理解我们与科技的关系的复杂性。支持者们的极端态度模糊了实际情况。科技的发展与运用有可能剥削和破坏我们的地球，损伤我们的关系，但同时也能够减轻苦楚和不幸。泰勒认为科技的运用应当在仁慈的道德背景的指导之下，当我们发展和运用科技的时候，我们的指导原则应当是科技对人类和地球有所助益。从德性论的角度来看，这为我们开启了理解能动性和自主权的空间。对科技的运用要求我们在使用什么技术以及如何使用方面行使选择权，反过来，这也需要我们意识到并理解我们使用的技术装置有何影响，并且也要求我们在着手使用它们的时候抱有美德。2011 年发生在英国的暴乱便是一个现实中的好例子。一模一样的技术在晚上用于汇聚数百暴乱分子，在第二天则用于组织数千民众来清理：一些人选择以恶习回应，一些人则选择以美德相对。[30]

达娜·博伊德在她的著作《复杂的世界》中提出了相似的观点，而这些观点则是关于理解青少年使用社交媒体的方式以及她所定义的“网络公众”：互联网中的公共空间使我们能够搜集和分享信息。博伊德在年轻人中进行了一项费力的调查，并发现了一些事实，包括年轻人使用社交媒体的动机、他们在使用社交媒体时的经验本质，以及父母对他们使用社交媒体的反应。如同泰勒认为反对者和支持者模糊了我们同技术的关系一样，博伊德认为，许多关于青少年使用“网络公众”的争论也模糊了青少年使用技术的真正原因和他们所使用技术的本质。对青少年使用互联网的本质的扭曲以及对互联网负面影响的夸大本身就对成年人产生了一种可怕的影响，使他们很难对实际发生的事情做出回应，进而帮助青少年，让他们的网络行为更加熟练、更具有美德。

在传授幸福和美德的过程中，博伊德最突出的成就就是为青少年创造了一个空间，让他们在互联网的使用上更加自主、更加警觉、更加深思熟虑、更加熟练。正如我们在第六章中所见的，博伊德认为网络社会的四种功能承受性可以被视为机遇或者挑战：

1. 持久性：网上的东西一直存在。
2. 可见性：许多人都能看到网上的东西。
3. 传播性：网上的内容便于分享。
4. 可检索性：网上的内容便于搜索。[31]

博伊德表明这四种功能承受性由来已久，所有形式的人类交流，如情书和闲聊，都具有这些特点。她认为不同之处在于，互联网转化并放大了这种功能承受性。因为诸如短信、照片和视频等内容，可以以新的方式来操纵，又或许以原来发布这个内容的人难以预料的方式进行。由于这些新挑战的存在，博伊德认为让孩子具有一系列能力来应对挑战是至关重要的。然而，博伊德也认为，由于成年人错误的信息，以及他们对青少年使用互联网的担忧，青少年很难有机会去填补这些技能的空缺。恰如博伊德所言，我们应当清楚青少年为什么以及如何使用“网络公众”，并且意识到作为成年人，我们对于青少年为何使用以及如何使用网络有哪些潜在的错误看法：

> 青少年参与“网络公众”的原因和他们一直渴望公众生活是一致的。通过与他人链接，从而拥有流动的自由，他们想要成为这个更为广阔的世界的一部分。同样，许多成年人担心网络技术的发展，原因与他们长期提防青少年参与社会化的公共生活是一样的——无论是在公园、商店还是其他青少年聚集的场所。[32]

博伊德认为青少年使用社交媒体主要是受自主性的需求、社会化，以及对认同感的渴望驱使。这种认同感是独立的，不同于家庭和学校等机构所赋予我们的认同感。当然有些青少年在这个过程中会犯错。广为流传的关于色情短信、网络钓鱼以及网络骗色的故事造成了极大的恐慌。博伊德认为，面对技术中存在固有危害的观点，我们的成年人很容易失控，进而相信技术是邪恶的和危险的。然后成年人就会认为最好的方法就是加强对青少年网络行为的监督，或者完全禁止他们上网。博伊德认为数字原住民(digital native)这种说法让这些愈演愈烈。数字原住民即那些被认为天生具有我们这些成年人所没有的数字技术的人。孩子们比成年人更擅长使用技术，但是他们并非天生能够使用社交媒体来交流所需要的美德。我们应当义不容辞地帮助年轻人获得这些技能。技术带来的一个挑战便是道德惰性：

> 一些人存在道德惰性，他们几乎没有或者说完全没有动力去立志……这些道德懒惰的人仅仅是模仿父母或者其他榜样的行为模式。他们从不试图理解这些的基础是什么，也不为自己思考。这种人容易变得死板，这会使他们在与现实世界打交道时格格不入。[33]

在关于青少年使用社交媒体的言论中存在相当明显的道德惰性。由于听信了技术具有固有的危害这种普遍看法,我们错过了网络交友带来的心理的以及社会的好处。我们不加区分地相信一些关于网瘾、网络骗色、网络钓鱼以及色情短信等散布恐慌的故事,拒绝承认这些危害并非是互联网自身的特点,而是人为伤害的反映。这种危害遍布人类社会,需要人类以美德回应。由于没能倾听青少年使用互联网的体验反馈,我们对他们真正的动机视而不见,并形成了一种对抗的关系。在这种关系里,我们相信自己是在捍卫道德高地,而未能折中地解决问题,即引导并建议孩子们有技巧地上网。在许多方面,关于青少年上网的争论例证了成年人幼稚的现实主义,即我们是对的,青少年是错误的。恰如乔纳森·海特在《幸福假说》中所言,当幼稚的现实主义占上风时,所有的人都痛苦不堪。

技术与人性

在一个技术发达的环境中,我们所面临的重大挑战便是,我们看待周边技术的方式能够轻微地模糊我们对究竟什么对人类繁荣最重要的看法,它同样也能模糊人类的界限。

正如我们所知,我们与他人关系的质量以及我们参与活动的复杂性对我们的幸福和繁荣极其重要。看起来技术进步要求我们不断提高技能以捍卫这些东西。举个例子,在英国埃塞克斯大学(University of Essex)的一项研究中,人们发现如果两个正在进行一场有意义的谈话的人旁边有一部手机,那么这将会大大降低他们的亲密感、联通性、人际信任和共鸣。[34]当然并非手机本身有这种影响,而是我们相信手机能够暗中破坏联通性、信任和共鸣。手机让我们连接在一起,使我们满足于与他人连接的情感需要,并使这种连接变得极其容易。然而,如果我们不能熟练地延时满足这种渴望,我们就会发现自己不顾一切地依赖着手机,试图不错过任何一项交流,并且对我们和周围真人的关系感到沮丧。这就需要情绪觉察:我必须觉察,我对同我面对面交流的人的信任和共鸣的情感需求胜过我对通过手机连接的情感需求。

使用诸如手机等设备要求我们有极高的自律和人际觉察,因为这些设备要求我们更清晰地意识到我们能迅速在不同的人际背景下转换。这些不同的背景需要不同形式的关注。

当我使用手机的时候，我可以同时做其他事，比如沏茶或坐在笔记本电脑前。电话另一端的人并不知道这些表示我没有全神贯注的肢体语言。然而，如果是在面对面的谈话中，如果我频繁地看手机，就会让人以为我没有认真聆听。

大众传播也会诱使我们认为我们参与活动的数量一定程度上可以导致心理成长的复杂性。在过去的20年中，我们每天接收的信息激增。在英国，平均每人每天花费8小时41分钟来使用交流设备，其中几乎每天有4个小时都是在看电视。[35]我们不得不质疑这种交流到底有多少价值。正如米哈里·契克森米哈所言：

> 这些受欢迎的节目中的情节和角色都很老套，因而尽管看电视需要视觉想象的过程，但是几乎不需要记忆、思考和意志。人们认为看电视时注意力、技能、思考、潜能感都处于最低水平，这不足为奇。人们经常在家做的其他休闲活动的要求也不比看电视高多少。阅读大多数的报刊杂志、与他人交流、盯着窗外发呆这些活动几乎没有包含什么新信息，因而也几乎不需要注意力。[36]

我并不想给大家一种精英的建议——我们的空闲时间应当全部用来进行一些让我们力不从心并且具有挑战性的复杂活动。跟所有人一样，我很享受瘫在电视前，喝着啤酒，追着电视连续剧。但是我们必须意识到，此类活动让我们产生的幸福感是有限的。电子设备和电视可以让我们快乐，但是这种快乐通常而言很简单。人在面对新奇事物，比如短信、邮件，甚至一个变化的照相角度时，大脑都会释放一种跟奖励有关的化学物质，许多技术装置便是利用了这一点。不幸的是，由于这种信息来得很是频繁，因此我们习惯于更加频繁地渴望奖励。这意味着我们静静地坐着，耐心地通过努力获取奖励的能力会下降。有价值的活动需要我们花时间来学习。有一件事很重要，那就是在上述那种简单的、飞逝的奖励和那种费时但是会最终使我们更加满足的活动中保持平衡。

技术的另一项挑战便是它能够模糊人类的界限。我们的技术装置有着巨大的容量来运行众多的应用程序,让我们的注意力同时在不同的活动中转换,而且看起来还很轻松。这让我们认为,由于我们的技术装置可以同时做许多事情,我们也应该同它保持一致。然而我们应当牢记,我们大脑的注意系统有着一定的限制。罗道夫·利纳斯(Rodolfo Llinas)把大脑的注意系统比作一个商店。想象你正在逛商店,当你走进去的时候,所有的售货员都在聊天。他们也许注意到你了,但是没认出你。于是你清了清喉咙,所有的人都转向了你。你表示你想买些东西,于是所有的人都来帮你:一个人帮你试衣服,一个人把你的钱放在收银台,另一个人没什么能帮你做的,就在那照看着生意。这只是一个简单的类比。你代表进入你脑子里面的信息,售货员代表注意系统。如果你的大脑认为某条信息是重要的(你清了清喉咙),那么它就会关注到这条信息,并整合所有的资源来做出回应。[37]

就像一个商店里的售货员是有限的,大脑的注意力也是有限的,契克森米哈认为大脑每秒能够处理 126 比特的信息,而要将这些信息置于背景之下,理解另一个人在对话中说了什么,你需要每秒处理 40 比特的信息。当然你也可以同时和好几个人对话,不过这时候你就要屏蔽其他信息,比如他们为什么说这些或者他们穿了什么衣服。[38]

我们认为我们像机器人一样可以同时进行多项任务,却忘了我们并不能做到。我们不可能一次性做多件事。我们能做的就是迅速在不同的活动中转移自己的注意力。但是看起来,比起能解决的问题,这似乎带来的问题更多。在《新亚特兰蒂斯》(*The New Atlantis*)的一篇文章中,克里斯蒂娜·罗森(Christine Rosen)展示了一系列关于多任务的调查,结果显示这种行为得不偿失。[39]

这种代价体现在多种方面,其中多任务造成的智商下降等同于吸食大麻。当我们被诸如电话和短信等事情打断正在做的事情的时候,我们需要花多达 20 分钟来重新进入我们原先的任务。当我们的大脑需要决定优先做哪件事时会造成学习时间的流失。如果应激激素和肾上腺素的释放处于失控的状态,就会导致身体健康问题。多任务状态下学到的东西不太灵活,也不易恢复,因为它们储存在大脑的不同地方。克里斯蒂娜·罗森在她的结论中引用了心理学家威廉·詹姆斯(William James)的话:

> 对詹姆斯而言，稳定的注意是一个成熟大脑的默认状态，这种普遍的状态只有在受到干扰的情况下才会被打破。对于一个世纪后的读者而言，这种平静的描述很陌生，就像是在描述一个业已过去的世界。今天多任务的成年人也许能在詹姆斯关于年轻大脑的描述中找到一些熟悉的东西：一种具有极大灵活性的注意力，“这种注意力使孩子看起来更多地属于他关注的东西，而不是属于他自己”……詹姆斯认为这种从早期的分心到后来的成熟注意力的转化多是归因于个人的熟练度和自制力，而性格的转化也是如此。詹姆斯表示：“不断自觉地唤回漫游的注意力的能力便是判断力、性格以及意志的根源。”

发展这种“不断自觉地唤回漫游的注意力的能力”的最好方法便是专注冥想。我会在第九章详尽叙述这一点。

付诸实践：关于美德与技术的教学

- **审查**：询问你的学生每天他们会花费多少时间使用某种技术装置。这种技术装置可以是电脑、电视、手机、游戏机，或者随便其他什么。然后让他们区分一下，他们觉得哪些是有助益的、有挑战性的，哪些是消极的。
- **比较**：让你的学生把使用消极的（如电视）或者排外的（如发短信）技术装置的感受同完成一件困难的或者具有挑战性的事情（如学一首新曲子、帮助某人或者做运动）后的感受进行对比。
- **脱离技术**：让你的学生一个晚上脱离技术。他们在这个晚上不能使用任何用于娱乐和交流的技术装置。相反，他们可以做一些社交性的（如下棋）或者更具挑战性的（如演奏音乐或读书）事情。让他们把这个脱离技术的夜晚同平常的夜晚进行比较。他们感觉更好还是更坏？他们有没有感觉很享受？他们为什么有这种感觉？让他们把从技术装置上得到的乐趣同自己产生的乐趣（如下棋和爬树）进行对比。
- **呈现**：让学生进行两种角色替换对话，一种有社交媒体干扰，一种没有。问问他们有没有注意到有什么不同。
- **情感与技术**：让学生在情绪地图（见第四章）上根据他们不同的技术体

验标出他们的情绪。让他们根据情绪来批评性地评估这些技术的影响。然后让他们想一些调节他们在使用这些技术时的情绪的策略(如克服在没有无线网络时的沮丧)。

- **技术与美德**:为你的学生列举一些美德,如勇敢、善良、自律、抗逆力、独创性、同情心、好脾气、合作以及诚实。询问一下他们觉得在何种情况下使用技术需要这些美德。让他们两人一组进行讨论,分享一些他们觉得技术使他们得以将美德付诸实践的例子。
- **邪恶的快乐**:给学生讲一些关于一些人以邪恶的方式使用社交媒体的故事,比如说玛丽·比尔德(Mary Beard)笔下帕里斯·布朗(Paris Brown)的故事,她在 BBC 的《质询时间》(Question Time)节目上发表了一些言论,引起人们在推特(Twitter)以及 www.nohomophobes.com 上对她进行人身攻击——该网站主要发表关于恐惧同性恋(homophobic)的社交媒体内容。询问一下他们觉得这么做的人能得到什么快乐(如果有的话),以及在网上当键盘侠满足了他们的何种需要。让学生把这些人得到的快乐同那些处在谩骂中的人所受的伤害进行对比。问一问学生对那些在网上发布恶毒内容的人有什么看法和感觉,让他们想想这些人会有什么后果。
- **调查**:让学生列举一些关于青少年使用社交媒体的新故事或者社论。让他们看看哪些事是他们赞同的,哪些是他们不赞同的,并让他们对一些具有争论性的例子给出赞成或反对的理由。
- **真人秀**:让学生把他们从电视节目中获取的关于现实的描绘同他们了解的生活进行对比。有多少内容是一致的?现实中有那么多的争论和暴力吗?每个人都是那样体态优美、穿着考究吗(看他们是否注意到一些时尚品牌的广告植入)?每个人都那么富有吗?由迈克尔·穆尔(Michael Moore)导演的纪录片《科伦拜校园事件》(*Bowling for Columbine*)是一个好的切入点来开启这场讨论。这个纪录片探讨了电视中的偏见。询问学生这些对我们看待外部世界有何影响。有人会因为存在对这个世界的不明确的恐惧和忧虑而感到受限制吗?

第九章　专注、灵性和意义

章节预览

专注冥想
专注的依据
学校的专注
灵性
灵性是什么？
灵性与孩子
意义构建

专注冥想

我们是什么样的人，最终成为什么样的人，在很大程度上是由偶遇和随口说出的话语塑造的，这些话语推动我们走上了略微不同但最终极具价值的道路。当我在2000年开始我的教师培训时，我被安排在英国萨福克(Suffolk)的一所学校，导师叫保罗·波特(Paul Potter)。在秋季学期，我每周只在学校待两天，但在那里的许多经历对我产生了深远的影响。其中一件事发生在宗教研究所，我坐着和保罗聊天的时候。我忘了我们在说什么，但不知怎的，谈话转向了专注冥想，对此我一无所知。保罗提到他进行过一次冥想修习，并从中受益良多。我不知这评价从何而来，一年后，作为一名新入职的教师，我在德文郡预定了一个安静的周末静修。

在经历了一周的疯狂教学后，我来到了牛顿修道院外的一个静修所，那之前是个修女院，我不知道接下来会发生什么。我不知道什么情况对应什么样的礼仪，我不知道是否应该对人们采取特定的举止，我不知道是否有特定的倒茶方式，我是否应该穿特定的衣服（那儿好像有一种波西米亚式的制服，但我没有），以及我是否应该借鉴一些词汇（他们似乎用了一些我很熟悉的词，但方式不同，比如“扩展”和“意识”）。我孑然一身，周围的人似乎明白一些我不明白的东西，这使我感到非常不安和焦虑。更糟糕的是，这里真的是一片寂静，这不仅意味着我们别想说话，更意味着我们甚至不应该在修行时和其他人有眼神交流，以尊重他们的精神空间。

然而，当我周末开始参加专注练习时，我知道我发现了一些永远不会离开我的东西。最让我记忆深刻的是真正的平静。我教书生涯的头一年就没有休息过。我似乎永远在瞎忙一气，学习我未研究过的课题，更别提教书了，我要为每一堂课做准备，标记无穷无尽的书籍，担心学生是否进步和我自己是否称职，我为观察报告心烦意乱，还得尽力去理解我新学校的所有系统。我总是在追赶，总是要跑向下一件必须做的事情，然后是再下一件必须做的事情。我总是焦虑疲惫。我拼命地想要摆脱这过山车般的生活节奏，却不知道该怎么办。我盘腿坐在一个寒冷的大厅里，披着条毯子，感觉十分平静。

那个周末我发现的东西，是一个避难所，不为逃离红尘纷扰，而为避免自寻烦恼的避难所。在我们的文化里，我们的产出决定了我们的价值，我们必须始终交流，而且忙碌。但这些只不过是信仰，和其他任何信仰一样，它们可能随时被抛诸脑后。那个周末，我脑海中有的是一个微妙的转变，以及找到办法的喜悦，那办法早在我心里等着被发现，只是以前没有契机让我找到它罢了。

乔恩·卡巴特-津恩将专注定义为“不藏、不断、不偏之意识”[1]。它让我们有意而不加判断地把注意力引向构成存在的不同元素，如感觉信息、呼吸、思想、感情和冲动。这些焦点将我们的注意力引向当下，因为感觉信息和呼吸只存在于当下。马克·威廉斯（Mark Williams）描述了使用专注来从“做”的思维模式切换到“存在”的思维模式。[2]“做”的思维模式包括思考、分析、努力和解决问题。“存在”思维模式包括关注并接受思想、感觉和情感本来的样子。当我接触了专注静修时，我有了走出我脑子里的纷扰的机会，来观察此刻发生的事情：我的呼吸和身体的感觉。在关注静坐和呼吸时，我从“做”的思维中解脱出来，顿悟了一行禅师（Thich Nhat Hanh）的一段话：

若如此静坐仍不得安宁，未来如水，川流不停，当彼刻成为此刻，则不能适应。此时此刻，最是安宁。静坐时不得，平日里难逢。莫追游思，如影随形。寄心当下，体会安宁。[3]

因为我们的注意力喜欢新奇的事物，所以它会非常活跃。当它有新的感觉和新的想法又四处撒欢儿的时候，那就像带了只不守规矩的狗散步一样。这不尽然是件坏事，但想得太多还是会带来烦恼或焦虑。把我们的注意力放在当下正发生的事情上，对任何事物都不加评判，是一种极大的解放和平静，因为我们太喜欢给知道的事物下个判断，而太多的判断引发了太多的问题，正如杰克·科恩菲尔德(Jack Kornfield)指出的那样：

当专注于思考的过程，我们就会从一个完全不同的视角看待存在。我们看到自己荒谬、重复的思想流如何凭借判断、防卫、野心和补偿不断地构建我们有限的自我意识。未经检验时，我们相信它们，但是如果有人黏在我们身边，对我们的想法喋喋不休，我们很快就会讨厌他们说的话。如果他们继续下去，我们就会因为他们的批评和不安而沮丧，然后因为他们总也不闭上嘴而气得跺脚。最后，我们可能会简单地断定他们疯了。其实我们对自己也会这样！[4]

通过专注练习，我们逐渐意识到不必固执于自己的想法。思想、感情、冲动、感觉，甚至疼痛都是一时的，它们像浮云掠过天空一样逝去。然而，我们常常将我们对事件的理解视为不容置疑的现实，并将这些理解所产生的感觉视为永久合理的。我们在第五章探讨过思想和感情之间的联系，正是因为这种联系，所以有能力去观察自己的思想而非坚持自己的思想对于避免情绪困扰非常重要。想想上次是什么样的琐事毁了你的一整天：一台缓慢的电脑，一封挑衅的电子邮件，某个人的粗心大意。现在注意有多少情绪上的影响不是由事情本身造成的，而是由你对事情的看法以及看法的延续造成的。专注使我们能够注意到我们的思想、感情和冲动的产生，然后让它们自生自灭。[5]

专注的依据

关于专注冥想,已经有近四十年的科学研究。杰克·科恩菲尔德提出,在1980—2008年,近千篇已经发表的研究论文记录了专注的积极影响。[6]正如凯瑟琳·韦尔解释的那样,专注的益处拥有强有力的存在依据:

> 基于一组广泛且不断发展的随机对照试验,就其可供参考的结果而言,专注在相当程度上能帮助成年人成功地解决非常广泛的健康、社会和情感问题,包括压力、抑郁、焦虑、痛苦,甚至有助于减轻传染病——显然,是通过影响免疫系统。这让我们有理由相信,专注能明显使参与者感觉更平静、更快乐、更幸福。由人际交往以及系统性的反馈可以得出普遍结论:专注技巧在大部分环境和条件下用在成年人身上至少是“前途光明”的。[7]

在接下来的文章中,我们将会更详细地探索一些关于专注的影响的研究,具体分为五个方面:压力、焦虑和抑郁、情感、同情、免疫系统和思维。

减轻压力、焦虑和抑郁

多年来,专注练习一直与减压联系在一起。1979年,乔恩·卡巴特-津恩在美国马萨诸塞大学医学中心建立了一个专注减压诊所。专注减压诊所现在是美国两百多个医疗中心的实践标杆,而且声名远播至包括英国在内的其他许多国家。[8]正如卡巴特-津恩所写的:

> 三十年前,人们难以想象冥想和瑜伽真会有什么实际作用,学术医疗中心和医院也这么认为,而现在冥想瑜伽已很常见。越来越多的医科学生和医院工作人员也开始接受专注培训。[9]

在过去三十年里,许多研究都是针对专注练习对压力和焦虑的影响进行的。在1993年米勒(Miller)、弗莱彻(Fletcher)和卡巴特-津恩进行的一项研究里，一些严重的焦虑症患者接受了一段时间的专注治疗，并被随访了 3 年。接受专注训练后，在被随访的 18 人中，8 人在这 3 年中没有进一步治疗，12 人报告说，在最初的训练后，专注练习在他们的生活中仍然非常重要。[10]

专注对压力和焦虑产生影响的部分原因是它创造了一种不同的思维模式。正如露丝·贝尔(Ruth Baer)所解释的，专注并不试图解决某个问题，而是关注头脑中产生的所有事物，这使人产生了一种尽量去接受，而不是尽力去改变的心态。我们经历的许多压力都是由于对生活的不满意和我们需要改变什么的感觉所导致的。[11]如上所述，专注使我们得以在思维上用“存在”模式补充“做”的模式。“做”的模式包括判断、分析和解决问题，这有时是必要的，但在其他时候是不合适的，例如“解决”令人不安的情绪。相比之下，“存在”模式是指不加偏见地接受和观察所有事物，而不试图去改变它。[12]正是这种转变解释了专注在治疗抑郁症中的作用。研究表明，专注能减少40%—50%的抑郁症复发率，不再服用抗抑郁药而接受为期 8 周的专注认知疗法的人也达到了预期，甚至比那些继续服用抗抑郁药的人效果更好。[13]在英国，国家医疗服务体系 NHS 国家临床优化研究所(National Institute for Clinical Excellence，NICE)以推荐治疗和干预措施的高端标准而闻名，它建议反复患病三次及三次以上的抑郁症患者使用专注认知疗法。

冥想与情感

与压力有关的专注的另一个好处是它有产生积极情绪的作用。正如我们在第四章中看到的，积极的情绪鼓励我们朝着某个方向前进，而消极的情绪使我们畏缩不前。使用大脑监测设备发现，练习专注时，前额叶皮质的左侧(就在左眼后面)有更多的活动，这是大脑中与积极情绪活动相关的部分，而右前额叶皮质(就在右眼后面)的活动相应减少，这是大脑中与痛苦的情绪状态相关的部分。[14]在一项让佛教僧侣接受磁共振成像的研究中，人们发现，练习冥想多年的僧侣表现出超出预期的积极情绪状态。[15]

专注不仅仅带来了积极的情绪，它还使我们能够调节自己的情绪状态。心境和情绪总在变化，它们取决于我们如何看待身边的事以及我们的所思所想。情感和思想是相互作用的，思想引发情感，情感激起思想。通过走出“做”的模式，不加偏见地观察发生的事，我们明白了情绪有来有去，不必像赶最后一班回家的火车一样为它们紧张兮兮。这确实不一样，它完善了我们情感和理性的结合。作为一名教师，同时也是一位家长，我发现这十分有益。当课堂上发生的事件可能会激起我强烈的情绪反应时，我可以坐在那里，任由它出现，然后对我的反应做出选择，而不是屈服于可能出现的不适合的下意识反应。作为父母，我可以意识到我孩子的情绪是暂时的，当孩子们的需求和我自己的需求不完全一致而造成紧张局面时，我可以调节自己的反应。

同　情

许多冥想练习的另一个主要焦点是培养对所有生命的同情心。良性关系的一大障碍是我们将人妖魔化的奇特能力（例如，在早上 8 点 56 分让复印机卡纸的人），我们控制不住自己的想象，进而产生敌意。显然，这种倾向会让我们在想到或看到某些人时感到痛苦，长远观之，这可能会引发慢性压力甚至疾病。通过冥想对人表达同情，我们可以克服这些痛苦的情绪状态，甚至可以改变我们的大脑结构，正如马克·威廉斯解释的那样：

> 使用脑成像的科学研究表明，通过冥想，岛叶变得充满活力。这意义重大，因为大脑的这一部分主管我们的人际联系感，它能使我们以一种真实和发自内心的方式来传达同感……随之而来的是真实的同情、真实的爱。如果你用扫描仪观察大脑内部，你会看到，当你对另一个人感同身受时，这个区域充满了活力。冥想不仅强化了它，还帮助它成长和扩展。[16]

增强免疫系统功能

压力是一个活生生的例子，它表明了身体和精神是如何错综复杂地交织在一起的。当我们焦虑时，我们的身体会过量产生一种叫作 CGRP（降钙素基因相关肽）的化学物质。它包裹着名为兰格汉（lanerghan）的细胞，这种细胞的工作是将空闲的细胞运送到身体的淋巴球，在那里空闲细胞会被分派掉。当兰格汉细胞被 CGRP 覆盖时，它们就无法正常工作，因此免疫系统不再有效地抵御疾病。[17]由此可以看出，生理和心理压力与免疫系统功能下降之间有着明显的联系。

乔恩·卡巴特-津恩已经证明了专注练习可以改善免疫系统的功能。在美国威斯康星州的麦迪逊（Madison），他带着一组在当地一家生物技术公司工作的人，和一个对照组一起接受了为期八周的专注培训，对照组没有接受这项培训。在研究结束时，所有参与者都被注射了流感疫苗（含有失活的流感病毒），以观察他们的免疫系统会如何反应。冥想组的所有成员，随着每个人冥想次数的不同，对流感疫苗的免疫反应获得了不同程度的增强。该研究还表明，免疫系统功能的改善和左前额叶皮质活动的增强有直接关系：表现出的积极情绪越多，免疫系统就越强。[18]

提升思维

2006 年，《时代周刊》（*Time*）报道了马萨诸塞州总医院的萨拉·拉扎尔（Sara Lazar）进行的一项研究，该研究发现，每天的专注练习使负责注意力、决策和记忆的大脑皮层变厚。研究还发现，专注练习可能有助于减缓大脑这一部分变薄的趋势，而这一部分变薄正是老化的象征之一。[19]

专注也能延长集中注意力的时间，这是提高学习水平的秘籍之一。《泰晤士报》（*The Times*）发表的一篇文章说，对有经验的冥想者所做的研究表明，他们的大脑回路中有更多与注意力相关的活动，即使附近有令人分心的噪音，也很难影响到他们。文章援引威斯康星医学和公共卫生学校（Wisconsin School of Medicine and Public Health）的心理学和精神病学教授理查德·戴维森（Richard Davidson）的话说："锤炼注意力的方式和体育锻炼改变身体的方式差不多。"[20]

还有其他证据表明练习冥想有助于学习。大脑总是活跃的，大脑活动中神经元的持续放电被形容为噪音。当大脑的注意力指向它必须处理的特定事物时，神经元同步且有组织地处理传入的信息。当我们焦虑、害怕或紧张时，随机神经元放电会增加，大脑处理信息的能力随之降低，这有点像一台走调的收音机无法接收信号。约翰·瑞提在《大脑使用指南》中对这个过程给出了解释：

当极度焦虑的人参加测试时就可能会如此。增强了活动就会增加精神上的噪音，噪音太多，人们就会忽略他们所处的环境，就像大脑中通常为感知而开放的空间都塞满了精神噪音……如果大脑忙于过滤令人不舒服、沮丧的噪音，担忧或关心其他事，可用于感知的“脑仁”就变少了。[21]

当我们练习冥想技巧时，我们的身体变得平静，一个信号通过迷走神经来到大脑，告诉大脑它既安全又快乐。这可以消除神经元过度兴奋所产生的过度随机噪音，使大脑注意力集中，变得敏锐而专注：此乃学习所需的先决条件。

学校的专注

近年来，对专注感兴趣的学校数量激增，对其有效性进行的数十项研究表明，专注对年轻人有广泛的益处，例如减轻压力和焦虑，完善行为规范，强化执行能力，[22]增加积极情绪，增强注意力，改善睡眠，加强与自然的联系。[23]已经有人推出优秀的培训方案，越来越多的教师为了自己学习专注，接受培训后再向年轻人传授。[24]

专注对学校的重要性难以估量。学校是大型社区，大家经常要和数百个不同的人相处，这在学习的认知负荷方面，以及保持良好关系的需求方面，对校内人士提出了很高的要求。学校生活会非常忙碌。总有要去的地方，总有要克服的压力，总有要完成的目标，总有一个复杂的社交网络，伴随着所有的欢乐和痛苦。这让人很容易陷入无休止的工作循环之中，让大脑被锁定在我们上面遇到的“做”的模式中。在学校里进行的学习活动要求有分析和解决问题的能力，但并不排斥“存在”的思维方式。学习要求我们看清眼前的一切，摆脱是否正确、是否取悦老师，或者离目标分数有多近的焦虑。从“做”到“存在”的转变有助于我们看透杂乱无章的思想和感情，这些思想和感情常常妨碍了我们正为之努力的事情。我们的人际关系也是如此。我们对他人的想法和感受很容易感染自己，由此去臆想别人的丑恶形象，而不是看清并同情，以及去接触真实的他们。

那么它将是什么样子？一所充满专注的学校还是一所道德高尚的学校？从许多方面来看，修习专注和实现教育目标是可以互惠的。专注的修习源于印度教和佛教传统，它是一个完整伦理体系的基本组成部分，旨在让追随者改变他们的生活。当洞察力达到一定水平时就会引导伦理观的转变，而平心静气和意识的修习就是一扇通向那种水平的大门。正如杰克·科恩菲尔德解释的那样，美德在佛教中扮演了重要的角色，他提到了他的老师阿姜·查(Ajahn Chah)：

> 在佛教中，对所有生命的崇敬被称为美德，他们认为这是根本。阿姜·查喜欢说"这很简单。有道德的生活会让心灵平静"。理解美德的人生活得有尊严、安逸、高贵，而且幸福。不用说，经过了一天的扯谎、欺骗和杀戮之后，人们是很难再去冥想的。我们怀着美德，保护自己和其他生命免受伤害……在佛教中，美德是……彻悟的基础。这意味着我们无论做什么事，都怀揣着真实、正直、激情和意志。这是一股强大的，甚至是决定性的力量，它使每个人都变得高贵，使世界崇尚社会正义与平等。正如生活中美德带来幸福，它也给人们带来巨大的改变。[25]

佛教认为我们要摆脱意识上的误解，超脱没有自觉选择和意图的习惯性生活——马克·威廉斯形容这种生活像自动驾驶仪，这种理解与朱莉娅·安纳斯对美德发展的描述不谋而合。对于安纳斯来说，"道德反思的切入点是思考你的生活是如何进行的"[26]，这种反思会让我们立即摆脱"自动驾驶仪"。专注能创造一个精神空间，让这种反思更有成效，因为它能让我们放下对自己的厌恶、对自己的怀疑、对他人的敌意等，去思考我们的生活。这样，我们对生活的反思在专注的加持下可能会更加客观而有价值。

联系的另一个要点是自觉地关注，去学习、调查和努力看清事物的本来面目，而非去为它们脑补一个形象。美德不仅要我们保持关注事物的习惯，还要我们循序渐进地扩展对事物的理解，这样我们就能以创造性和富有想象力的方式应对新的挑战。[27]这与专注有相似之处，正如我们在一行禅师的摘录中看到的：

你可能会问：那我们如何练习专注呢？我的答案是：专注工作，保持警惕，准备好去巧妙地应对任何可能出现的情况——这就是专注。[28]

佛教和幸福实现论关于美德的说法并不直接重叠，如果认为两者之间有简单直接的共通点，那你就想得太简单了。然而，我们要看到它们的一些重要联系。这两个思想体系都向我们展示了如何超越关注自我，进而造福世界的生活方式。如果学校承认我们教育的方式和原因是基于道德层面，那么专注和幸福实现论可以协同运作，让年轻人深刻认识到自己在努力追求美德的一生中确是一个有德亦求德的人。[29]

付诸实践：专注冥想

专注最简单的形式，就是只把注意力集中于一点。呼吸通常是最简便的，因为你知道你所有的学生都有呼吸。在早期阶段，你可能最长坚持五到十分钟，我强烈建议在进行更长时间的专注修习之前参加培训，这既是因为学生可能会久坐成伤，也是因为对专注深刻理解一番有助于己。五到十分钟的专注练习大致会涉及以下练习：

- 让你的学生在椅子上坐直（专注的姿势应该庄严），双脚着地，双手自然放在膝盖上。
- 让学生把注意力集中到所在的教室里，然后在双脚接触地板时，注意脚上的感觉。让他们把注意力集中在身体上，放松身上感觉紧张的部位。
- 当他们坐着的时候，让他们注意呼吸的自然节奏，跟随呼吸的进出往复。告诉他们可能会发现自己注意力分散，再告诉他们这是正常的，让他们知道他们的思想会怎么样。简单地意识到跑神是在练习专注。让他们留意空气进入身体的过程：吸气时，感受鼻孔的清凉，感觉肺部膨胀，充满空气，感受吸足气时的间歇，然后感受空气从肺部通过鼻孔释放时的温暖。让他们意识到静坐和呼吸的感觉。
- 等几分钟，告诉小组成员，一会儿你会要求他们把注意力带回教室，然后让他们慢慢放松，睁开眼睛。
- **反思**：在一开始练习几次冥想之后，让学生花两三分钟写下他们的冥想是如何进行的。他们有什么感觉？他们觉得哪一步有困难？这次比上次好多少？

- **实验**：要求学生每天尝试五到十分钟的专注练习，并写下心得体会。请他们注意发生的所有改变，或者是他们留意到的任何不同或好处。例如，他们是否感到压力变小或更能集中精神？
- **其他冥想**：把你的学生带到外面，做一些散步冥想。让学生专注于迈出一步的各个阶段：从脚接触地面的那一刻直到它再次离开地面的那一刻。让他们安静地做这件事，并尽量把注意力集中在走路上，而不去想其他任何事情。或者，让学生去感知其他感官信息，如触觉、视觉或听觉，让他们把注意力完全集中在来自这些感官的信息上。一个很好的方法是专心去吃软糖，这动用了所有的感官。
- **资源**：我们有极好的资源可用于学习专注。马克·威廉斯和丹尼·彭曼（Danny Penman）合著的书《专注：乱世寻静指南》（*Mindfulness：A Guide to Finding Peace in A Frantic World*）浅显易懂，并附有一张光盘，里面有专注练习的指导。也有可供下载的应用程序，如“顶空”（Headspace）：www. headspace. com。

灵 性

我有一个远房亲戚，他是个宗教狂热分子。我想我们大多数人都有这样的亲戚。我似乎只在重要的家庭聚会上见过这个人，我要讲的故事发生在我祖母葬礼那天。

那是一个美丽的夏日，在去参加葬礼之前，我们一大家子都聚集在我祖父母的房子里，喝点东西，叙叙旧。我们家几乎都是基督徒，我叔叔在卫理公会出任牧师，职位很高，我父母也都积极参与各自的教会团体活动。我刚刚修完神学学位的第一年，那痴迷宗教的亲戚就来找我“侃大山”。考虑到我家的宗教倾向，他可能觉得自己来对了地方，当了解了我的学习课题后，他大概认为我注定会随我叔叔入职公会。然而，从宗教角度来说，我有点像害群之马：尽管作为一个教徒我受到基督的教育和认可，但我不算是一个真基督徒。我是一个不可知论者，就是说我对上帝存在的可能性持开放态度，但我只是认为没法去证明这事，我也不认为只有一条路能带我们见到上帝。

我们在前屋的壁炉旁聊天,很快就谈到了宗教话题。这位亲戚有神学学位,他告诉我他在做青年工作。他谈到最近帮助过的一个青年营(youth camp),说他难以置信那儿居然有个摇滚乐队:

“难道他们不知道上帝不喜欢摇滚乐吗?”他眼神坚定,如此宣称。

我差点窒息。上帝不喜欢摇滚乐?我那时候才读神学一年级,还没发觉托马斯·阿奎那(Thomas Aquinas)在对上帝不可知性的阐述上有多权威,但尽管如此,我还是认为他肯定在开玩笑。我发现我这亲戚隐隐苦笑,眼神闪烁,这表明他也不真相信自己刚才说的话。压根没人信。

谈话继续进行,并无情地走向了“创造”这一棘手的话题。我应该知道得再多点,但为时已晚。我搜肠刮肚地回忆着在第一年《圣经》研究中学到的东西,也意识到我的几个表兄弟在默默地鼓动我,于是我质疑了《圣经》中创世故事的真实性。所以在我祖母葬礼那天,我那狂热于宗教的亲戚告诉我,我会因为挑战《圣经》的真实性而下地狱。

我那亲戚当时关心的是某些说法或想法的正确与否,然后想让我清清楚楚地明白他说的是正确答案,而我说的是错的,此外,相信错误的答案会有超自然后果。我看到人们竭尽全力试图建立精神上的确定性。我曾经听到一个非常聪明的博士生辩称,与现代古生物学的证据相反,事实上撒旦的代理人把恐龙骨头埋在地下,让我们远离《圣经》中创世故事的真相。世界上有些人会拿起武器来证明他们的真理版本是正确的真理版本,一旦发生这种情况,我们就不再是以本心对待宗教了,那已然不涉及灵性。我们面对的是脆弱的自我,我们竭力做出正确选择而非从精神角度反思存在。

灵性是什么?

灵性是坦率面对人类的卓越方面,是愿意接受比我们更卓越的存在。为了创造一种灵性意义上的地理或环境,以便教师能够在课程中展示灵性,戴维·海(David Hay)和丽贝卡·奈(Rebecca Nye)勾画了精神敏感的三个领域:感知意识、神秘意识和价值意识。[30]总的来说,这包含了扩大我们感知当下的能力，使我们安于神秘和不可理解之事物，并能通过想象做出反应的能力，以及通过情感感知价值的能力，还有对至善和意义的理解。海和奈表示我们的精神意识有生物根源，不去关注它可能会有碍精神健康。[31]海和奈极力避免在灵性和宗教之间制造隔阂，当然也不会拿灵性的好处去对比宗教的坏处。相反，他们认为我们所有人都有灵性的生物根源，逻辑上来说这是先于宗教的，虽然认为信教是唯一能真实表达精神的方式是错误的，但我们对灵性的自然冲动确有可能在宗教信仰中找到出路。

还有其他证据表明我们生而不凡。报道中的有心灵体验或宗教经验的人数之多，[32]以及故事之间的相似性表明，灵性可能有一个生物性核心。当大脑的某些区域被以某些特定的方式刺激时，就会引起极其深刻的感觉，我们常称之为宗教经验。当大脑的这些区域暴露于诸如麦角酸二乙基酰胺和裸盖菇素[33]之类的心理活性药物，或者重复的动作、言语模式中时，[34]我们可能会失去自我意识，并感受到和宇宙的深刻联系，甚至，我们可以感受到与神的合一。这些经历是否是上帝造成的，那就是另一个问题了，但是很明显，这些经历于人类而言，是正常和普遍的。

精神意识和我们身体中的情感机制之间似乎也有着密切的联系。乔纳森·海特对一种他称为“圣化”的情绪状态进行了研究。这种情绪状态是当我们目睹展现道德美的行为时，感受到的一种深深的喜悦或满足感。当你听到一个震撼的自我牺牲的故事时，可能就体验过那种感觉：你感到胸膛有一种震动、温暖或愉悦的感觉，也许会泪如泉涌，深感平静与安慰。[35]海特的一名研究助理想要测量催产素在“圣化”体验中的释放量，他使用了一种方法，就是测量哺乳期女性母乳的释放量，因为催产素的功能之一就是刺激母乳分泌。几十名哺乳期女性被带到一个实验室，请她们在胸罩中加入一个护理垫，然后播放奥普拉·温弗瑞(Oprah Winfrey)脱口秀的剪辑。随后，研究人员称了称那些护理垫，发现观看了这段视频后，将近一半的母亲要么分泌了母乳，要么用母乳喂养了婴儿。[36]

在乔治·瓦利恩特(George Vaillant)的《精神进化》(*Spiritual Evolution*)一书中，他说道，积极情绪使我们拥有灵性，它让我们接触大家，融入大家，让我们懂得敬畏，见识奇迹。然而，瓦利恩特远比海和奈研究得更深入，他区分了灵性和宗教，表明这种差异可以用左右脑活动的差异来解释：

右脑不重语言，而重时空的整合、背景、移情和他人的思想……左脑重语言，思考的都是细节、因果的确定性、解释以及言语交流。看上去重精神的右脑和重条理的左脑都不是一个值得信赖的真理仲裁者，但是……左脑和右脑配合起来就好了。现代神经科学……已经表明，近来我们大脑的一些进化中心以左脑皮层居多，它们传达语言、想法、神学、科学分析，以及特殊的宗教信仰。与之相对，我们的右脑皮层传达音乐、情感、象征和精神整体感。[37]

对瓦利恩特来说，当大脑边缘系统所提供的积极情绪与左脑产生的推理能力以及右脑处理不确定性、直觉和隐喻的能力之间存在紧密联系时，灵性处于最佳状态。通过积极的情感和意义将人们联系在一起是灵性的进一步价值，而当左脑的推理和确定性太占主导地位时，由此产生的宗教狂热就是与这种价值相悖的。换句话说，人们变得过于痴迷于正确、心志坚定，排斥那些错误的人，并试图控制别人的想法——就像我那个亲戚一样。

瓦利恩特还用迈克尔·康芒斯（Michael Commons）的“后形式操作”（post-formal operations）思想来讨论精神发展：

后形式操作涉及对讽刺和悖论的欣赏。我所说的悖论是指学会信任一个宇宙，在这个宇宙中，不确定性原理是量子物理的基本公理，其中善良和邪恶可以并存——譬如无辜的孩子死于黑死病，并且在其中你要保存必会失去的东西。和量子力学阐述的一样，不可能存在确定性。只有信念和信任依然留存。[38]

瓦利恩特接着提到了肯尼思·肯德勒（Kenneth Kendler）的研究，该研究发现，随着成年人变老，他们的宗教“保守主义”（他们对《圣经》字面上的信仰以及对上帝奖惩的信仰）减弱了，他们变得更具精神包容性。换句话说，随着成熟，那种必要你如他所愿的神性父权专制模式让位于一种更加包容和博爱的母性精神。[39]

我们的精神冲动和感情可能会让我们产生信教的想法或实践，或者实际上，这种想法或实践可能会让我们产生宗教经验，但是为了避免宗教狂热的险恶与不和，我们的宗教信仰或是非宗教信仰，都应该充满敬畏和赞叹，坦然面对神秘，愿意接受来自其他权威的智慧，享受美丽，最重要的是，同情他人，为善服务。

灵性与孩子

灵性显然是人类的一部分。如果教育是为了让我们的年轻人过上完整的人生，那么灵性应该成为他们教育经历的一部分。海和奈表达了他们的担忧，即当代的教育环境可能会让学校和老师难以接受他们要在孩子的精神发展中发挥作用的可能性：

> 不言而喻，当成年人做有关孩子的工作时，他们主要是与孩子在交流一种为人的方式——他们自己是如何对待生活的。尽管如此，对于那些认为自己的任务主要是处理信息或者训练孩子的思维技能的教师来说，人际关系的重要性几乎可以被完全无视掉……如果教育仅仅是某种公平分配的商品，那必然无法培养出孩子的灵性，这样一来，在孩子们眼中老师也就泯然于众了。当代过度关注学术排行榜上的得分很容易让人忘记这一点。看吧，精神意识的匮乏有时竟像美德般招摇过市。[40]

海和奈提出了一个四阶段法，让孩子们不再恐惧某些人生导师灌输的言论，以此鼓励孩子们建立灵性。第一阶段是帮助孩子们保持开放的心态。海和奈指出，由于儿童自身的各种原因，以及老师管理课堂的方式、学习环境的吸引力等因素，孩子们不愿去接受他人经历的现实。然而，唤醒天然的好奇心的过程必然要从接受他人的经历可能是真的这一步开始。第一阶段在第二阶段的探索观察方式上得到了巩固：不只是认识到还有其他观点存在的可能，而且要深入探讨。第三阶段，应该允许儿童发展个人意识，而专注活动对身体开发、意识开发和思想开发特别有价值。第四阶段是在灵性的社会和政治层面上有独立的意识。这超越了以往对宗教教育采取的笨方法，即试图对宗教活动的各个方面都进行外化研究……同时保持它们远离儿童的个人生活，[41]相反，我们要去追求帮助儿童发展与他人灵性体验的个人联系:不用左脑的原子化知识,而是用右脑的对于联系和移情的理解。

付诸实践:灵性

但愿前边讲得清楚,本章的论点是不能,也不应该为学生的灵性做什么规定。灵性是我们在不同程度上都拥有的一种自然能力,最终我们必须通过自己的选择和实践来唤醒自己。应该明确灵性教学的重要性,并为可能遇到或展现灵性的各种体验提供建议和机会。

- **通过平静感受灵性**:与你的学生一起练习守静,可以用上专注技巧,问问他们在“静”中发现了什么。
- **通过利他感受灵性**:寻找善行的事例,让学生探索它们对那些事件中的行善之人有何影响。举个电影中的例子,如甘地(Gandhi)和奥斯卡·辛德勒(Oskar Schindler)。让学生尝试善良和慈悲的行为,思考这些行为对他们的影响。
- **通过野游感受灵性**:探索置身于大自然中的经历是如何让我们感受到与比自己更伟大的事物的联系的。带你的学生出去安静地散散步,并要求小组中的每个成员仔细留意他们见到的山水草木和鸟兽虫鱼。戴维·阿滕伯勒(David Attenborough)拍摄的录像可以用来说明对大自然的敬畏、赞叹、好奇和联系。
- **灵性与意义**:通过将个人投入更伟大的运动,探索生命中的事业或激情是如何催生灵性感受的。从学生自己支持足球俱乐部、加入团队或俱乐部,或者坚信某个问题开始。
- **通过创造感受灵性**:探索艺术作品,思考它们是如何成为灵感的结晶的。邀请学生利用灵性体验的元素来创造一件艺术品,比如一幅画或一首诗。
- **通过动态感受灵性**:看看完全沉浸在一项活动中如何产生遐想和灵性感受。这方面一个特别好的例子是20世纪90年代一群巴黎青少年创造的“跑酷”或“自由奔跑”运动,这不仅是一项极限身体训练,而且也有哲学和精神基础。[42]

意义构建

> 生活的意义本质上就是关于生活本身。从心理上来说，就是要过一种连贯的生活，把现在和过去联系起来，明了我们对未来的憧憬和期望……生活的意义是"随着在不同程度上认识到自己在生活中有目的、有使命，或是有某个首要目标，人们会在不同程度上领悟、理解或看到生活的旨趣"[43]。
>
> 迈克尔·斯蒂格(Michael Steger)

1945 年，在从大屠杀的恐惧及其余波中解放出来之后，年轻的奥地利心理学家维克托·弗兰克尔(Viktor Frankl)用九天时间写出了非凡著作《活出生命的意义》(*Man's Search for Meaning*)。比他的写作速度更惊人的是，大部分手稿是在他被关押进奥斯维辛集中营和其他集中营之前几年写的。在监禁期间，弗兰克尔被剥夺了衣服和财产，包括他的书：

> 我试图把一个老囚犯带进我的监狱。我偷偷走近他，指着我外套内袋里的那卷纸说："看，这是一本科学书籍的手稿。我知道你会说什么，能活着就谢天谢地了。但是我控制不住自己。我一定要不惜一切代价保存这份手稿，它是我一生的心血所在。你明白吗？"[44]

他的手稿被带走了。脑海中的手稿是弗兰克尔生存动力的一部分，也是他在集中营生存的意义和目的的一部分。他的手稿是关于一种新的治疗方式——意义疗法，这种疗法认为人类对意义的探索是生活的主要推动力。弗兰克尔利用他被纳粹党卫军和同样残暴的狱友迫害的残酷遭遇说明，即使在最悲惨的情况下，即使没有其他幸福的条件，我们也务必为自己的生命树立意义，他写道：

> 我们真正需要的是对生活态度的根本改变。我们必须了解自己，此外，我们必须开导绝望的人，我们对生活的期望并不重要，重要的是

生活对我们的期望。我们要停止询问生命有什么意义，相反，我们才是那些每天和每小时都在受到生活质询的人。我们的答案不能是谈话和深思，而必须是正确的行动。生命最终意味着承担责任，找到问题的正确答案，完成它不断为每个人设定的任务。这些任务以及生命的意义，因人而异，因时而变。因此，不可能用一般的方式去定义生命的意义……任何人和任何命运都无法与任何其他人或命运相比。[45]

对弗兰克尔来说，我们在生活中创造意义的能力来自生活的三个方面：我们创造的东西，以高尚的态度与世界接触，经受逆境。[46]至关重要的是，它将由我们自己的人生阶段来定义：我们每个人都必须开拓自己的意义感，正如上面迈克尔·斯蒂格所说的那样，这是基于我们理解和赋予生命意义的能力，它使我们的存在充满使命感。

对于斯蒂格来说，这些意义之源出现在生命中的五个发展阶段：身份的形成，与他人的联系，目标的确立和追求，面向未来的积极态度，以及处世观。正如乔治·瓦利恩特在《安然老去》(*Aging Well*)中明确指出的，这些发展阶段中没有哪个比哪个更有价值，也无法提前计划哪个阶段持续多长时间，或者，事实上，我们不一定会经历所有这些阶段。童年时，我们朝前两个阶段努力：形成我们的身份和发展与他人的联系。身份，或自我概念，包括理解我们是谁，并根据信仰等抽象观念来看待自己。随之而来的是与他人形成联系：最初是对照顾者的依恋，这形成了家庭、朋友、情人、同事等关系模式。

身份形成和与他人联系的过程可能很艰难。在电影《这就是英格兰》(*This is England*)中，我们跟随一个名叫肖恩(Shaun)的十一岁男孩度过了一个夏天，那时他和一群年长的光头仔相遇了。那是1983年，肖恩的父亲在福克兰群岛被杀害。母亲没有多少钱，肖恩发现自己因为外表和父亲的死亡而在学校备受欺凌。一次他加入到大孩子们中去，并得到了接纳，有了认同感，他的生命似乎有价值、有意义了。

随着一名暴力和种族主义团体成员从监狱返回，事情开始变得不愉快起来，这个人开始鼓励大家加入国民阵线并参与种族主义袭击。这部电影最令人不安的是，它描述了如果年轻人在生活中没有强大的价值基础和意义感，他们很容易被卷入暴力和虐待事件。作家和导演为电影中尚未形成价值观和使命感的人物和已经形成价值观和使命感的人物之间设计了精妙的台词。对于那些空虚的人物来说，种族主义意识形态和新纳粹组织的同志情谊是他们的全部，这些人中包括了肖恩。直到他的一个朋友险些被该组织的领导人打死，肖恩才意识到他已经陷入了一种行为模式，这种行为模式违背了他的价值观以及他的意义和目标感：某种与认知失调有关的东西。

在青春期和成年早期，我们开始了第三阶段的发展，通过读书、建立关系、成家立业来学习确定和追求目标。我们还知道目标可能包括成家立业的心愿，在成功解决这些问题的过程中，我们可能会为自己创造更大的意义感。到了中年，我们开始思考第四个阶段：我们面向未来的积极态度，或者我们给世界留下的遗产和贡献。埃里克·埃里克松（Erik Erikson）称之为“传承”（generativity）[47]：

> 传承，包括展示明确的能力以无私地指导下一代。传承反映了舍弃自我的能力……传承意味着社会建设。取决于社会能提供的机会，传承可能意味着在大社会中为年轻人充当顾问、向导、良师益友，或者是教练。研究表明，在三十岁至四十五岁之间，我们不再那么追求成就，而更加依恋社区和家庭。[48]

发展的最后阶段是斯蒂格所谓的“处世观”和埃里克松所谓的“完善”。这是从整体上对我们的生活有所了解并接受我们生活的价值的能力，正如斯蒂格所写的：

> 对老年人来说，一个核心挑战是保持自己在周围世界中支配地位的看法以应付晚年生活的困难，要允许他们展现自己观点的智慧。[49]

追寻生活意义的体系理论对我们真正实现教育目的具有决定性的意义。美德理论认为发展道德和追求美德是一个终生课题，最终在我们的临死时达到顶点。理解了在我们生活的不同阶段有不同的发展和追寻意义的压力，我们就更有准备去进行一定程度的反思，将我们的生活置于更大的背

景之下,我们也就能更好地发展朱莉娅·安纳斯所说的结构化的生活思维方式:

> 因此,由最初每天为一件事而思考另一件事,到无缝地衔接至以结构化的方式思考整个生活,这是一种全球性的思考自我生活的方式:我发现在我拥有的、已经生活过的生活中,我有不同的目标,这些目标需要以一种统一的方式来构建,这样我才能实现它们。这也是一种积极的思维方式:我组织目标的方式决定了我的生活和行为方式,这不只是记录它们;当我以线性方式思考我的行为时,我只能观察我的生活方式,但是当我以结构化的方式思考它们时,我则面临一项任务,即组织我努力实现目标的任务,整体化地塑造我的生活。[50]

结　论

如果说获得美德与什么有关,那就是扩展我们的理解。幸福、人类繁荣,完全依赖于耐心地扩大我们对生活意义的认识。正如我们已经看到的,学校可以通过帮助年轻人照顾他们的身体、思想、关系、目标、在世间的地位、专注、灵性以及意义来为这个过程做出贡献。过分强调学术学习和以产出论英雄扩大了当前教育上的真空,这使得许多孩子很难认识到自己的价值,也很难发现自己的人生意义。幸福教学,不仅是一门独立的学科,而且是整个学校的教育哲学,它有助于弥合这一真空,找回教育中缺失的部分。这也可能是小熊爱德华一直在寻找的下楼方式。

第十章　教师的幸福

章节预览
个人与集体的恶习和美德 教师的美德 自主、流动与意义 关于薪酬和待遇 相互学习:指导和欣赏

简　介

压力太大或意志消沉的老师都不能为年轻人树立良好的榜样。

《前瞻性计划项目报告》,2008

关于教师福祉的话题,总能让大家在互联网的博客及论坛上积极敲打键盘参与讨论。教学是充满压力的这个说法似乎是一种被大众所接受的信条。评论员特别提到大量的人正在离开这个职业,而对于那些仍留在教师这个行业内的人,他们用图表展示了教师长期的压力、焦虑、抑郁、体质差甚至自杀等常见问题。[1] 当涉及教师的福祉时,我们应该清楚地表达和理解它,就像我们应该清楚地理解和表达幸福对年轻人意味着什么一样。一般来说,关于教师福祉的讨论涉及薪酬和条件良好的工作环境,通常这些讨论侧重于缓解教师工作压力或减少干预以预防疾病和异常,而这些根本不够。正如我们在第一章中看到的那样,幸福是一个比这更丰富的概念,它关乎获取和培育美德,而后者是我们作为人类能够繁荣发展的必要条件。如果我们简单地把它限制为仅仅求得一点“止痛药”[2],以便人们继续忍受痛苦的工作,我们便贬低了幸福的概念,并且使得工作是难以忍受的这种错误观念永久化,而正确的观点认为,工作是可以为我们的生活带来重大意义和成就感的职业。它还诱使我们掉入一种陷阱,令我们认为幸福是在我们生活的环境或愉悦中找到的,而不是存在于生活本身的巧妙之中。如果幸福只是让人们在工作环境中感觉良好,以便他们能够更好地完成工作,那么教师的不满将会非常容易解决。

个人与集体的恶习和美德

世上并不存在一个万全之策能解决教师的幸福问题。尽管有的学生很难教育,管理实践也存在诸多不利,但有一些教师仍能够蓬勃发展,这都归功于他们的个人素养和美德。有的教师因为这些问题放弃了这份职业,他们有的人感到压力太大、处境困难,有的甚至变得不健康。有的教师拥有高水平的个人素养,而有的教师则需要他们所属机构的支持,两者不分高低,他们就是他们本身原有的样子。个体优点和集体优点之间的关系既是独特的也是不断变化的,且都需要教师本身以及支持、管理和领导他们的人的关注、关心和关怀。个人必须对他们自身在美德中的成长以及通过关心他人为制度层面的美德做贡献负起责任。领导者必须负责在学校创造一种使美德长存且能得到发展的氛围,这样,那些形容教师幸福的华丽词藻不仅能与事实相符合,还能被良好的工作实践所超越。同事之间关系的好坏是个人与集体之间相互作用的关键因素。除非我们花费时间与同事相处,否则我们怎样才能确保人人都得到足够的关怀了呢?如果人与人之间有同情、倾听和信任,摒弃只根据教师所取得的成果来评价他们的做法,那么确定同事的需求并找到满足他们的方法就会容易得多。这都需要花费时间。通过速效策略修复同事幸福感的经理和领导者其实是道德惰性的表现,是在进行一场徒劳的追逐。

在我看来最重要的是,支持教师的福祉是一种全社会性的态度。关心所有属于该团体的人,甚至还要关心那些仅仅与该团体有一点联系的人,深刻理解他人并将他们的需求永远排在第一位。这就要求我们尊重每一个人，用哲学家伊曼努尔·康德(Immanuel Kant)的话来对他们做一个总结："不是作为达到目的的手段。"工具主义文化将人视为手段，视为可用于为其他人获取或生产某物的工具。一旦达成了目标，或者靠这个工具无法取得所求的目标时，这个工具可以被丢弃或更换。当我们对人们所能产生的成果比他们是谁或他们将变成什么样更感兴趣时，我们就已经陷入了工具主义的文化当中——此刻我们对待人类的方式，是将人类固有的尊严和价值作为达到其他目的的手段。当学校对成果比对集体内的人本身更有兴趣时，就打开了将教师(以及所有教职员工和学生)视为工具的大门。当这种情况出现时，学校就会出现缺陷。学校在取得成果方面的表现是当代教育领域的一部分，然而，为追求成果所付出的代价是教师(和儿童)的健康受损，这种代价是令人难以接受的。学校必须首先承诺做好关怀的工作，这就要求他们摒弃任何为了获得更好的成果而剥削教师的恶劣行为。[3]

工具主义隐晦地对管理层和领导层提出了额外的要求。教学事业的一个确定因素就是变化。不仅仅是正常人流动的变化，还有来自学校、地方当局和政府层面的实践和政策的不断尝试所带来的变化。高级职位的人员有责任通过变革来巧妙细致地指导同事，并保护他们所管理的人员，带领人们避开虚假变革和工具主义。管理和领导力同样需要有同情心和勇气。

教师的美德

教育工作要求我们将自己视为道德工作进展过程中的一分子，视为"成长的人类"，这也取决于我们是否能够反思我们的生活。在某种程度上，我们教师必须对自己在美德功课中的学习成长承担责任：要具备学习和不懈追求的动力。这使我们能够在充满变数的动态环境中应对挑战。我担心一些评论员过度强调那些导致教师健康状况不佳的集体层面的缺陷，这会削弱我们好好经营生活的力量和自主性。那些将自己的不快乐完全归咎于外在因素的人，正陷入第五章所述的思维陷阱中：当不好的事情发生时，只是责怪他人、管理层或"系统性的失败"，而漏掉了我们所做出的贡献和他人的贡献之间的复杂关系。作为有道德的教师，我们有责任扩大我们对事物本身的理解以避免道德惰性的存在。

我在第四至第九章中对年轻人的道德发展所提出的建议，与我对帮助教师发展他们在教学中可能需要的各种内在素养和美德的建议，这两者之间没有什么显著的区别。学校是个充满活力的社区，这里总能带来新的挑战。这就要求我们作为教师应扩大我们的理解，并且灵活、机智且具有创造性地应对这些新挑战。这极其需要第四章、第五章和第六章中概述的生理、心理和其他相关的素质作为基石。教师找到照顾我们的身体、思想和人际关系的方法是至关重要的，并且我们将这些问题视为没得商量的，虽然这样讲难免听起来有些傲慢。教师可能很难先把自己的需求放在首位，而这对学生意味着什么呢？没关系，忍受慢性疲劳甚至被视为高尚品质，我可以牺牲自己的身体健康来获得那些价值不如我独特又珍贵的身体的东西。友谊、婚姻、孩子都可以被搁置，同时，我在追求别人为我设定的目标，最终，我的生命和价值不再属于我自己，我成了一个被其他人利用的动产。这无疑是我们传达给年轻人和我们自己的最糟糕的信息了。但这并不是要求教师的道德应达到尽善尽美，而是要求我们承认，作为幸福的教师，作为道德的榜样，我们应时常琢磨人生的意义、人类存在的意义。

说到这一点，我们为自己的美德成长所承担的责任，与学校在美德之旅中将我们视为“长大成人”的程度之间必然存在相互作用——不仅仅是“人类行为”或“真正意义上的人类”。这种认知显然有缺失。当学校招聘时，他们的许多广告都通过使用语言技巧来暗示他们正在寻找的教师是“成品”，也就是已经很卓越、不需要再改进的教师。学校也许就是继续以过去时态为框架进行评估，将教师的成就编制成列表，这无疑构成了绝对完美文化的一部分，不容忍有任何失误。追求绝对完美的风险是有据可查的，人们只需要看看安然公司的破产事件，就会承认追求绝对的完美会带来灾难性的后果。在鼓励追求卓越的同时，学校必须允许错误、缺陷、危机和悲剧的存在，并为这些可能性的出现提供帮助。学校是一个能够帮助其中每个人学习的社区。

自主、流动与意义

自主、流动和意义是罗曼·克兹纳里克(Roman Krznaric)提出的寻找充实工作的三大要素。自主是三大要素之一。[4]我们是有智慧和理性的人，渴望在生活的各个方面行使我们的自主权，而不仅仅是在工作中。我们渴望找到自己的目标，并且努力实现它，这中间产生的满足感使我们感到愉快。教学为我们提供了大量行使自主权的机会。在很多方面，我们的教室是我们自己的王国，在那里我们可以自由地利用我们的渊博知识来向年轻人灌输我们喜爱的学科知识。我们可以寻找新的、富有创造力的方式把想法和概念带到生活中来，并发展我们与众不同的教学方法，这与年轻人息息相关，可以让他们更积极地学习。就像我们经过课堂实践的学习周期那样，在引导学生的学习目标时，从无意识、无能力到有意识、有能力，我们都是通过降低导师的指导程度、充分发挥学生的自主能力实现的。

当受过高等教育的人的自主权遭到削弱时，我们可以预想他们会感到很窘迫。我们限制他人的自主性源于内心控制他人的欲望，以使他们的行为符合我们的目的。可悲的是，学校为了取得学术成果不断地施加压力，使得学校领导为了控制学术输出，对他们的同事要求得过于严格甚至不留任何机会。令人沮丧的是，学校的集中管理和过度指导能迫使教师的目标和学校的目标之间形成人为的楔形：没有任何一个理智的教师希望他的教学失败，然而，当学校对教师强行施加目标或强行指示教学技巧时，就削弱了教师的自主性，而不是和他们合作。这会让他们产生一种错觉，他们会感到学校领导的目标和他们的不一样。

学校领导掉入过度控制的陷阱是因为缺乏对同事达成目标的信任。这很可能是因为一些教师，特别是那些新入职的教师，在获得有效的教学方法方面需要高度支持，然而，这不应被认为对所有人都适用。信任是通过有意义的关系建立起来的，在这样的关系中，整个组织建立共同的目标和指标，同事们在支持和协作的气氛中共同努力以实现这些目标和指标。在高监视和低信任的环境下，教师们会产生“求生欲望”，这种情绪更容易导致错误。人们会犯错误，但正如我们从第二章弗吉尼亚州梅森医院的故事中学到的，这些确实应该被看成一种学习的机会，可以更多地去了解如何使整个集体变得更好，以及了解人们需要什么样的支持等。人们很少故意去忽视问题或疏忽问题，正如我们在第七章中所看到的，大多数人都渴望自己被认可，渴望自己被看成有能力的人，这一想法驱使他们好好工作。当错误发生时，我们完全可以这么想,大多数人都会想要从中吸取教训。这样的情况能在一种文化中得到支持,在这种文化中,人们彼此交谈,互相倾听,并且他们都被视为有独特贡献的个体。第二章中概述的指导实践对这种文化很有帮助。

正如第七章所描述的那样,我们在能够识别、追求和完成自己目标的地方,从事的是自主性活动,并且更有可能体验到心流状态。再强调一次,在他们的自主性得到尊重的情况下,教育为教师和学生提供了显著的体验心流状态的空间。管理者和领导者过多的指导削弱了我们参与活动的自主性,因为这些活动的性质不是由我们选择的,而是从外部强加的。当然,这其中必须要有一个平衡。学校永远不能给予我们完全的自主权,但是,在政策、课程和制度的框架内,人们仍可以拥有自主权,并以创造性的方式进入生活,有更多的机会去体验心流状态。

正如我们在九章中所看到的,人类从他们创作的作品、他们与世界的接触以及他们的坚强不屈中获得了他们所经历的生活的意义。我们对价值意义的需求包含着对理解我们生活的渴望,并赋予它一种使命感。很少有职业能像教学那样提供如此多的寻找价值意义的机会。每一天,我们都会做一些更伟大的事情,我们在课堂上教授学生所花费的时间的价值超越了我们本身生存的时间的价值。我们的所作所为有助于人类的繁荣昌盛,对于我们的学生来说如此,对于我们的同事也是一样的。正如我们在第一章汤姆·贝内特的博客中所看到的,有些人离开这个行业是因为他们觉得自己最初做好教师的使命感被渴望取得成就的无尽压力逐渐破坏。学校领导的既定价值观可能与个别教师的价值观不一致。有时候这是非常苛刻的,领导的语言会让我们觉得他们的教育价值观与我们的价值观相距甚远,但他们仍使我们努力去留住我们最初的感觉,在更好的地方做出贡献。在这方面,我们应该警惕错误的二分法:取得成果并不会消除我们的使命感。追求成就的压力不会那么快消失,我们要非常清晰地认识到学术成就是如何作为伟大整体的一部分。当我的学生成功的时候我很高兴,因为他们带着一捆证书走出了学校的大门,就像罗尔德·达尔的查理(Roald Dahl's Charlie)拿到了金票(golden ticket)一样。这些成就具有内在的和工具性的价值。证书意味着他们已经可以利用学过的知识去追求更远大的目标。我还意识到我的学生不会因为我给他们的成绩而记得我,这并不是要为痴迷于结果的领导者开脱。在把教育的意义降为追求成果的过程中，他们营造了一种既损害同事又伤害学生的氛围，这种行为是有罪的。

有些教师的所作所为与其职业和价值偏离了，这可以说是教育面临的最大挑战。总是有复杂的、主观的和有效的理由来为个人无法完成工作开脱罪名。这个问题是无法解决的，除非人们能够脱离评判性的语境，并通过交流来探索解决的方法；除非管理者和领导者们会倾听人们提出的问题，而不是因为他们的软弱或误解而对他们不屑一顾。在学校里，建立在牢固的人际关系和友谊的基础上的团体会在管理层面贯彻民主，这样，帮助那些感到疏远的人会变得很容易，反过来，他们也会帮助集体实践。

关于薪酬和待遇

克兹纳里克认为，有五个方面可以在工作中找到意义：挣钱、取得地位、有所作为、追随我们的激情和利用我们的才能。[5]我们已经讨论过了最后三个问题，我现在想谈谈前两个问题：赚钱和取得地位。这本书的基础是关乎快乐的活动理论，它说快乐就是实践美德的活动，幸福不是在我们的生活环境中找到的，而是从生活本身找到的。这一区别将获得幸福的责任转移到了个体的身上，因为我只能过自己的生活，我的生活不能由他人替我来过，只能由我自己，或者取决于我自身的条件。在我们的生活环境中，我们赚多少钱，通过升迁获得什么样的地位，都是非常有限的。虽然这些东西对工具主义来说是很重要的，它们能让人获得更美好的事物或者能感受到更高的价值，但它们不可能触及幸福的真正本质，幸福的本质来自习得并实践我生活中的美德。

工作条件也是如此。在 2014 年 11 月的一篇题为《我们如何才能让老师幸福？幸福与痛苦之间的细红线》(How Can We Keep Teachers Happy? Thin Red Lines between Wellbeing & Misery)[6]的博文中，哈里·弗莱彻-伍德(Harry Fletcher-Wood)提出了六项可以保障学校领导提高员工幸福感和福祉的承诺：

1. 所有人都六点下班。
2. 六点之后不再发送邮件。

3. 一进一出：每一项新任务都应同时消除同等的负担，以创造所需的时间。

4. 预警：应明确说明回应需求的所需时间。

5. 没有重复的任务。

6. 一个方向：说明学校的优先事项，并确切说明一名教师所有可能需要完成的任务。

在这些建议的基础上，人们真正意识到了一些恶习在制度层面上可能会使工作、生活变得困难，包括对人们已经承受的负担缺乏同情和理解，过度的指导，还有低效率的沟通。然而，我想质疑的是，让教师在工作上表现出自身满足感的责任并没有得到重视。例如，前两项建议对个人自主权有着巨大的影响。当我第一次教书的时候，在下午六点之前完成工作的想法是可怕的。我几乎每个晚上都在规划课程、创建资源和打分。如果我不能做到这一点，我就会在第二天对自己的能力感到极度的焦虑，甚至会感到疲惫。我喜欢这样的挑战。现在我有了十四年的课程计划和资源文件积累，只须鼠标轻轻一点。我现在有一个孩子，所以在晚上工作的想法是很令人讨厌的。弗莱彻-伍德的建议中暗示着，那些选择加班的人制造了一种集体里的压力，似乎是这个集体要求他们去加班，但作为一个自主的个体，是否选择在合同约定的教学时间之外工作，肯定是取决于我们自己的。关于电子邮件的建议也犯了同样的错误。我们和电子邮件的关系更多的是取决于我们接收邮件的方式，就像它们被发送的方式一样。我有些同事起得很早，他们利用这段时间清理他们的收件箱。假如我在深夜、清晨或周末打开一封电子邮件，并为将要花费更长时间去工作而感到有压力，那么错在我，而不在他们。

但是个人优点和集体优点之间的相互作用是很微妙的。如果我在自己工作的同时也在焦躁地想别人工作多久的问题，那我就是在自寻烦恼。花太多时间进行社会比较（social comparison）可能就是属于在第八章中讨论的那种焦虑状态。然而，学校领导可能不太善于就同事工作时长的期望与要求进行沟通。领导者或明确或含蓄地认可甚至支持工作狂，你可以肯定的是，有些同事会认为不辞辛苦地工作更长时间是一种获得荣誉的必要条件。然而，如果一种组织的文化能明确传达，只要做得好，个人就可以根据适合自己的情况来开展工作，这样可能对缓解这种压力有很大帮助。个人优点和集体优点之间的相互作用，也在工作负担和压力带来的棘手问题中发挥了出来。

在个人层面，我们有义务去扩大对压力的理解：不仅在对压力的分析方面，还在压力过大时如何通过自身去调整方面（如第四章、第五章和第六章中的概述）。

正如我们所看到的那样，精神病学教授约翰·瑞提这样谈及压力：

> 从我们关于生物学的压力和恢复的知识来看，似乎压力对大脑产生的影响类似于疫苗对免疫系统的影响。在有限的剂量下，它会使脑细胞过度补偿从而为未来的需求做好准备。神经科学家将这种现象称为压力预防接种。在关于如何减轻现代生活压力的所有建议中，缺乏的是让我们能努力、成长和学习的挑战性。假设压力不是太大，神经元有时间恢复，那么神经连接会变得更强，神经机制也能更好地运作。压力不是论其好坏的问题，压力是必须存在的。[7]

同样，我们在第七章中看到蒂伯特学校中充满挑战的环境使学生能够深刻理解自己的能力。教学的挑战也可以使我们教师成长，虽然是以我们暂时无法立即理解的方式成长。这必须在一个集体层面上加以补充，以使我们每天都能注意到我们同事的负担，而不是坐在一边像旁观者一样，眼睁睁看着一位年轻的母亲提着婴儿车艰难地踏上一段台阶。我们应该时刻关注我们的同事，并在他们负担过重时帮助他们卸下包袱。学校应该意识到压力值的增加和减少，并为教师提供恢复的时间。要帮助教师认识到所谓的繁重任务，例如撰写报告、陪伴父母、训练团队和指导比赛等，可以帮助许多个人甚至整个社区提升幸福感，同时教师自身也能在这个过程中学习，并且定会受益匪浅。

相互学习：指导和欣赏

就教师的幸福而言，其标志性的重点是教师都属于一个社区，在这个社区里,人与人之间关系的力量使我们感觉,我们总有能接触到的人。当教室脱离人群成为“孤岛”时,教学便成了一个孤立的事件,我们没有机会再与同事进行专业讨论,也无从收获与同事之间的友谊。

教学可视为一种创建联系的技巧,我已经概述了这种技巧的价值,在这种环境中,人们可以放心地探索他们所面临的挑战(见第二章)。另外还有一种技巧可以为同事提供机会,使他们能够聚集在一起进行专业上的交流,并且可以增强我们的自主感和意义感,这种技巧被称为欣赏性问询(appreciative inquiry)。

通常情况下,当集体决定想要采取不同的做法或换种方式解决问题时,解决方案会在高层内决定,或者由外部顾问提供,然后从上层或从外部强加给集体去施行。这不是一种可持续的变革模式,因为在某种程度上,变革的过程需要强制力,但这同时会削弱同事的自主意识,并且使他们难以相信自己拥有改变的自主权,难以用一种有意义的方式参与其中。

欣赏是一种可供集体进行变革的模型,它假设在任何集体中都存在可供人相互学习的最佳实践要素。简而言之,许多应对挑战的解决方案已经存在于集体内部,我们只需要花时间找到它们即可:

> 欣赏是一种应用于集体的改善方法,这种方法需要协作和高度的互动参与性。当一个集体中的人、经济和组织都表现得最好的时候,欣赏能寻求、识别和增强这个集体中所存在的“生命的力量”。这个过程可谓是一段旅程,在这段旅程中,人在最美好的时刻获得的深刻见解被挖掘出来用于共同构建集体最美好的未来。[8]

欣赏始于一个积极的、具有挑衅性的陈述或问题。这一点很重要。如果在过程开始前就面临着一个需要解决的问题,那么随后的交流可能会伴随着很多障碍,这会大大消耗变革过程中的力量。但是,如果你从一个积极的问题开始,你就会立即开始寻找最佳实践方法、解决方案和“生命的力量”。“我们如何才能提高员工保留率”这样的提问与问“为什么这么多人离开”的出发点截然不同。

然后,这个过程经历了四个阶段:发现、想象、设计和实现。发现阶段需要集体中的人员都坐在一起，通过讲述什么时候体验到了集体的最佳状态，来发现集体在某个特定领域已经做得很好的事情。目的是找到可以在整个集体中延续的原则或实践方法，以使其发挥最好的作用。然后，同事们会被他们所发现的要素所激励，想象出集体未来最美好的样子。之后想象就变成了对未来的设计，然后设计得以实现。这个过程的美妙之处莫过于同事们聚集在一起产生的气氛(我之前参与了三次欣赏性问询)。同事们为了他们所憧憬的集体的未来，展示他们的专业知识和想法，营造了一种良好的氛围。在我参与的每一次欣赏性问询中，我的同事都完全投入并沉浸其中仔细地思考我们学校的未来。许多人评论说，这样坐着公开地进行专业对话，并能从这个过程中收获快乐，还几乎是第一次。在欣赏性问询中发出的非常明确的信号是："我们相信你能够让这个地方变得更好，我们重视你在这个过程中的贡献。"这对于创造兴旺的集体文化具有巨大的价值。最重要的是，发现和想象组合的巨大能量为实现梦想提供了充足的动力，这样就能让更多的人参与其中。

结 论

在许多方面，教师的幸福并不复杂，但当学校过度专注于人文范畴之外的教育时，如专注于目标、结果或集体，那么教师的幸福就很容易变得令人难以捉摸了。教师自身的美德与学校集体层面的美德之间存在动态的和主观性的相互作用，这种相互作用决定了教师是否幸福。教师必须承认他们需要提高自主性，他们有责任去获得并实践美德，并且更深刻地理解如何通过教育使这些美德发挥更广泛的作用。这必须在集体中进行匹配，这种匹配需要学校深刻认识到个人幸福的原因，需要学校领导为教师的个人发展创造机会。这一目标完全可以通过改进人际关系来实现——它体现了尊重，激活了教师的自主权，同时也使教师找到了价值与意义。

注 释

导论

[1] Haidt, J., *The Happiness Hypothesis*, page 22.

第一章

[1] Milne, A. A., *Winnie-the-Pooh*, page 1.

[2] White, J., *Exploring Well-being in Schools*, page 1.

[3] Taylor, C., *The ethics of authenticity*, page 5.

[4] Nussbaum, M,, *Creating Capabilities*, page ix.

[5] cf. *Visible Learning for Teachers* by John Hattie, a thorough review of current research into what works in increasing learning (e.g. effective feedback on pupil learning) and what doesn't (e.g. ability setting).

[6] Taken from a speech given at King Alfred School, London, November 2007.

[7] This is well-documented. For example, see the article entitled *More children treated for anxiety because of exam pressure* in *The Daily Telegraph* of 26 September 2013.

[8] Chris Bonell et al, BMJ 2014;348:g3078, published 13 May 2014.

[9] https://www.gov.uk/english-baccalaureate-information-for-schools accessed on 23 December 2014.

[10] For example, on arts: https://news.tes.co.uk/b/news/2014/07/03/arts-lessons-cut-as-schools-focus-on-english-and-maths.aspx accessed 23 December 2014 and on music: https://news.tes.co.uk/b/opinion/2014/09/30/39-dear-nicky-morgan-it-39-s-time-to-stop-viewing-arts-and-music-as-second-class-subjects-39.aspx accessed 23 December 2014.

[11] C.f. Ecclestone, K. and Hayes, D., *The Dangerous Rise of Therapeutic Education.*

[12] Kristjánsson, K., op cit, page 36.

[13] Bok, S., *Exploring Happiness*, pages 25–26.

[14] Annas, J. *Intelligent Virtue*, page 129

[15] Kristjánsson, K., op cit, page 43.

[16] Government Office for Science, *Foresight Report into Mental Capital and Well-being*, page 45.

[17] Kristjánsson, K., op cit, page 29.

[18] Ibid pp. 8–9

[19] Annas, J., ibid page 38.

[20] This skill analogy is developed fully by Annas in *Intelligent Virtue*

[21] Aristotle, *The Nichomachean Ethics*, page 41.

[22] Annas, J., ibid page 1.

[23] MacIntyre, A., *After Virtue*, page 213.

[24] http://jubileecentre.ac.uk/userfiles/jubileecentre/pdf/other-centre-papers/Framework..pdf accessed on 9 September 2014.

[25] Chapter 3 of *Intelligent Virtue* provides an in-depth discussion of how virtue is acquired.

[26] http://jubileecentre.ac.uk/531/programme-of-study/taught-course-resources accessed on 18 December 2014.

[27] Annas, J., ibid, pages 122–123.

[28] Cf. MacIntyre, A., *After Virtue*, chapter 15.

[29] Annas, J., ibid, page 95.

[30] Ibid page 129.

[31] Ibid page 131.

[32] Claxton, G., *What's the point of school?* Pages 193–194.

[33] Holt, J., *How Children Fail*, page 189.

[34] Suissa, J., *Lessons from a new science? On teaching happiness in schools*, in New Philosophies of Learning, Cigman and Davis (Eds) pp. 205–220.

[35] Heidegger, M., *Letter on humanism*, in *Heidegger Basic Writings*, page 152.

[36] McGilchrist, I., *The Master and his Emissary*, page 170.

[37] Ibid pages 428–429.

[38] Freire, P., *Banking V Problem-solving Models of Education*, in Curren R. (ed.), *Philosophy of Education an Anthology* page 71.

[39] http://www.tes.co.uk/article.aspx?storyCode=6301598 accessed on 23 September 2014.

第二章

[1] Cf Peterson, C., *A Primer in Positive Psychology*, Chapter 11.

[2] Claxton, G., *What's the Point of School?*, page viii.

[3] Aristotle, *The Nicomachean Ethics*, 1101a, 2–6, page 24.

[4] More information can be found here: http://www.mmhs.co.uk/we-are-different#why-we-are-different accessed on 11 October 2014.

[5] 'AQA' is a UK examinations and assessment board. The Extended Project Qualification can be undertaken by pupils post 16. More information can be found here (correct at time of going to press): http://www.aqa.org.uk/subjects/projects/aqa-certificate/EPQ-7993

[6] From the preface to *MYP: From Principles into Practice*, published by the International Baccalaureate Organization in 2014.

[7] Ibid, page 14.

[8] The Government Office for Science, *Foresight Report*, page 128. The report also cites 'left-brain' versus 'right-brain' learning and nutritional supplements as examples of how the findings of neuro-science are distorted by the media to provide short-cuts to increasing brain power and learning function.

[9] Annas, J., *Intelligent Virtue*, page 128.

[10] *MYP: From Principles into Practice*, The International Baccalaureate Organization, 2014, page 12.

[11] Colleen MacLaughlin and Barbie Clarke, *Relational Matters: a review of the impact of school experience on mental health in early adolescence*, Educational and Child Psychology, 27, (1). (2010).

[12] The Government Office for Science, ibid, page 131.

[13] ibid page 122.

[14] Holt, J., *How Children Fail*, page 55.

[15] Holt, J., *How Children Learn*, page 297.

[16] Holt, J., *How Children Fail*, pages 67–70.

[17] Freire, P., Banking v. problem-solving models of education in *Philosophy of Education an Anthology*, Curren R. (ed.) page 72.

[18] Arpa, M., *The Heart of Mindful Relationships*, page 102.

[19] Kristjánsson, K., *Virtues and vices in positive psychology*, page 175.

[20] Nathanson, D., *Shame and Pride: affect, sex and the birth of the self*, page 83.

[21] Sylvan Tomkins expression quoted in Nathanson, ibid, page 139.

[22] Bradshaw, J., *Healing the Shame That Binds You*, video lecture accessed online on 28 October 2014.

[23] Kristjánsson, K., op cit, page 188.

[24] Nathanson, D., ibid page 157.

[25] Morrison, B., *As If*, page 27.

[26] For a description of the case and its implications, see *The Norway town that forgave and forgot its child killers*, by Erwin James and Ian MacDougall, in *The Guardian*, Saturday 20 March 2010. Accessed online on 2 October 2014.

[27] Ibid.

[28] Arpa, M., *The Heart of Mindful Relationships*, page 19.

[29] Zehr, H,, *The little book of restorative justice*, page 20.

[30] Cited in *National Evaluation of the Restorative Justice in Schools Programme*, Youth Justice Board for England and Wales, January 2004, page 11.

[31] Maria Arpa suggests it is worth reflecting on the thought that if you place a legal requirement on individuals to be in a building together and then set incessant performance targets that have little connection with their happiness, it is easy to create a pressure cooker where incidents arise. The point is to move towards harmony as quickly as possible with as little human suffering as possible.

[32] Kohn, A., *Punished by rewards, the trouble with gold stars, incentive plans, As, praise and other bribes*. See in particular Chapters 8, 9, 11 and 12.

[33] See for example *National Evaluation of the Restorative Justice in Schools Programme*, Youth Justice Board

for England and Wales, January 2004, accessed through www.restorativejustice.org.uk/resources/ on 9 October 2014.

[34] Ibid.

[35] http://www.graydin.com/ accessed on 20 October 2014.

[36] Taken from http://www.getinfrontcommunications.com/10-listening-blocks-of-effective-communication.php. Accessed on 20 October 2014. A Google search for 'listening blocks' will yield other interesting variations.

[37] Simpson, Q., and Cerri, M., *The Anatomy: Foundational Coaching Course Handbook*, Third Edition.

[38] In case you are wondering, he did end up having the trip of a lifetime.

[39] *Baby P: The Untold Story*, first broadcast on BBC One on 27 October 2014.

[40] *The hospital where staff are proud to blow the whistle on themselves*, reported in *The Week*, 26 July 2014, Issue 981.

第三章

[1] Finkelhor, D., *The Internet, Youth Safety and the Problem of "Juvenoia"*, University of New Hampshire, Crimes against Children Research Center, January 2011. Accessed online on 22 October 2014.

[2] Accessed online at http://www.ons.gov.uk/ons/search/index.html?pageSize=50&sortBy=none&sortDirection=none&newquery=meltzer+1999 on 22 October 2014.

[3] Accessed online at http://www.esds.ac.uk/doc/5269/mrdoc/pdf/5269technicalreport.pdf on 22 October 2014.

[4] Just for example, this article citing the Headmaster of Newcastle's Royal Grammar School, who extrapolates from the 1 in 10 figure to assert that 2 or 3 children in every class will have a mental health disorder http://www.itv.com/news/update/2014-09-24/teenage-boys-with-mental-health-problems-on-the-rise/. To reduce his argument to its absurd extreme, this would mean that a tiny percentage of one child would have agoraphobia and a tiny percentage of another would have generalized anxiety. Statistics do not work in this way.

[5] In fact, the real crisis exists not with young people, but with the services that adults are supposed to provide to support those who become ill. Those working with adolescents facing up to mental illness will know of the difficulties involved in securing referrals to adolescent mental health services so that young people can get the professional help that they need.

[6] http://www.hscic.gov.uk/catalogue/PUB14579/smok-drin-drug-youn-peop-eng-2013-rep.pdf. In 2013, 30 per cent of 15 year olds had never taken an illegal drug, 14 per cent of 15 year olds had taken a drug in the last month, six per cent of 15 year olds usually take drugs at least once a month. 57 per cent of 15 year olds had never smoked, eight per cent considered themselves regular smokers. 20 per cent of 15 year olds had consumed alcohol within the last week, a figure that stays roughly the same for those drinking in the last month and in the last six months.

[7] *How was it for you? The quality of young people's sexual relationships*, The Centre for Research on Families and Relationships, University of Edinburgh, 2010.

[8] Hursthouse, R., *Virtue Theory and Abortion*, in *Virtue Ethics*, Crisp, R., and Slote, M., (eds) page 229.

[9] For resources which take a virtue ethics approach to issues such as substance misuse, visit http://www.jubileecentre.ac.uk/531/programme-of-study/taught-course-resources

[10] For an analysis of approaches to substance education that work, see further *Redirect* by Timothy Wilson, Chapter 7. Wilson argues that effective substance education is multi-faceted and relies upon mixtures of norms education (informing young people how prevalent substance misuse *actually* is), strategies for helping to understand and resist pressure from peers, injunctive norms education: showing children what people approve and disapprove of and on a school-wide basis, reducing the risk of engaging in substance misuse by instead encouraging participation in volunteering programmes and service, which seems to counteract the perception some students have that they have few prospects in life, making them more vulnerable to drug misuse.

[11] Annas, J., *Intelligent Virtue*, page 85.

[12] Ibid, page 128.

[13] Rainer Maria Rilke, *Letters to a Young Poet*, page 27.

[14] Evans, J., *Philosophy for Life and Other Dangerous Situations*, page 20.

[15] Ecclestone, K. and Hayes, D., *The Dangerous Rise of Therapeutic Education*, page xiii.

[16] For a detailed response to the concerns of Ecclestone and Hayes, see Kristjánsson, K., *Virtues and Vices of Positive Psychology*, pages 211–214.

[17] Gilbert, I., *Essential Motivation in the Classroom*, page 123.

[18] Slacklines are widely available and easy to use. For examples of what the most expert slackliners are capable of, search for videos of the Gibbon Slacklines competitions, or for videos of highliners such as Dean Potter.

[19] Haidt, J., *The Happiness Hypothesis*, pages 17–18.

[20] You can read more about Robert Barber's exceptional work in this article: http://www.theguardian.com/education/2003/oct/28/teachingawards2003.teachingawards13 accessed on 22 October 2014.

第四章

[1] Swift, J., *Gulliver's Travels*, page 156.

[2] Ibid., page 160.

[3] McGilchrist, I., *The Master and his Emissary*, page 67.

[4] Ibid page 438.

[5] Richardson, A., ibid, page 29.

[6] Annas, J., *Intelligent Virtue*, Chapter 3.

[7] The proportion of adults with a healthy body mass index (BMI) – defined as being between 18.5 and 25 – fell to just 34 per cent in men and 39 per cent in women during 2011. There has been a marked increase in obesity rates over the past eight years – in 1993 13 per cent of men and 16 per cent of

women were obese – in 2011 this rose to 24 per cent for men and 26 per cent for women. For children attending reception class (aged four to five years) during 2011–12, 9.5 per cent were obese. Source http://www.nhs.uk/news/2013/02February/Pages/Latest-obesity-stats-for-England-are-alarming-reading.aspx accessed on 29 October 2014.

[8] Ibid, page 81.

[9] Annas, J., op cit, page 24.

[10] For example http://www.nhs.uk/Livewell/fitness/Pages/whybeactive.aspx accessed on the 27 October 2014.

[11] Babyak, M. et al, *Exercise Treatment for Major Depression: Maintenance of Therapeutic Benefit at 10 Months*, in Psychosomatic Medicine 62:633–638 (2000), accessed online on 27 October 2014.

[12] Reported in the Daily Telegraph online: http://www.telegraph.co.uk/health/nhs/11070712/Prescribe-regular-walk-for-unfit-patients-says-GP.html accessed on 20 November 2014.

[13] http://www.nhs.uk/Livewell/fitness/Pages/whybeactive.aspx

[14] Ratey, J., *Spark*, pages 32–3.

[15] Ratey, J., *A User's Guide to the Brain*, page 178.

[16] Murakami, H., *What I Talk About When I talk About Running*, pages 82–83.

[17] McGilchrist, I., ibid, page 363.

[18] Macfarlane, R., *The Wild Places*, page 61.

[19] Murdoch, I., *The Sovereignty of Good*, page 32.

[20] c.f. *No Contest*, by Alfie Kohn, page 91 where he challenges the perceived popularity of competitive sport amongst young people.

[21] Lockley, S. and Foster, R., *Sleep: A Very Short Introduction*, page 61.

[22] Richardson, A., *They Are What You Feed Them*, page 395.

[23] Weissbluth, M., *Healthy Sleep Habits, Happy Child*, pages 25, 356 and 61–2.

[24] Reported in the New York Times, 28 October 2007.

[25] Ratey, J., *A User's Guide to the Brain*, page 189.

[26] Ibid, page 192.

[27] Weissbluth, M., ibid, page 15.

[28] Lockley and Foster, op cit, page 64.

[29] *Teenagers to start school at 10 a.m. in Oxford University sleep experiment*, reported in the Daily Telegraph on the 9th October 2014, accessed online on 28 October 2014.

[30] Lockley and Foster, op cit, page 75.

[31] https://www.sleepio.com/

[32] Kristjánsson, K., *Virtues and Vices in Positive Psychology*, page 176.

[33] Ibid, page 65.

[34] Ibid, page 175.

[35] cf. Damasio, A., *Descartes Error*, pages 131–34.

[36] Goleman, D., *Emotional Intelligence*, page 16.

[37] Affective style is the tendency we have towards particular temperaments, in part set by genetics. Jerome Kagan suggests that there are at least four basic temperaments: timid, bold, upbeat and melancholy (Daniel Goleman, *Emotional Intelligence*, Chapter 14). It is important to stress that 'affective style' is only partially set by genetics (discovered through the study of identical twins separated at birth) and that the brain and our temperament remain plastic to change throughout our lives. As Goleman puts it 'temperament is not destiny'.

[38] Jonathan Haidt explains this with customary clarity on pages 115–17 of *The Happiness Hypothesis*.

[39] Winnicott and Bowlby, cited in Goleman, page 57.

[40] Carr, A., *Positive Psychology*, page 124.

[41] Haidt, J., ibid, page 118.

[42] Morgan, N., *Blame My Brain*, Chapter 1.

[43] Miller, L., *Mood Mapping*, pages 36–38.

[44] Fredrickson, B., *Positivity*, pages 19–216.

[45] Fredrickson, B., *Positivity*, page 137.

[46] Antonio Damasio writes about the 'as if' emotional circuitry. It seems that there is a circuit in the brain that enables us to imagine an emotional state without fully feeling it. This may be at the root of empathic ability. See *Descartes' Error*, page 155.

[47] For a compelling account of the brain's extraordinary ability to re-wire itself, cf. *The Brain That Changes Itself*, by Norman Doidge.

[48] Two books with excellent, detailed chapters on the process of learning from a neurological perspective are John Ratey's *A User's Guide to the Brain* and Andrew Curran's *The Little Book of Big Stuff About the Brain*.

[49] Ratey, J., ibid,page 206.

[50] Ratey, J., *Spark*, page 61

[51] Ratey, J., *A User's Guide to the Brain*, page 191.

[52] Gladwell, M., *Outliers*, Chapter 9.

[53] For a full discussion of incontinence, cf. Lear, J., *Aristotle: the desire to understand*, page 175 ff and Kristjánsson, K., op cit, pages 30–31.

[54] Ratey, J., *A User's Guide to the Brain*, page 118.

[55] *Foresight Mental Capital and Well-being Project. Final Project Report*. The Government Office for Science, 2008, page 118.

[56] Ibid., page 125.

第五章

[1] CBS 60 minutes, *Flight 1549: A routine flight turns ugly*, accessed online on the 6 November 2014. Remarkably, at ten minutes long, the interview where Sully describes the event is twice as long as the

event itself.

[2] Stéphane Côté's study on Machiavellians, cited at http://greatergood.berkeley.edu/article/item/the_dark_side_of_Emotional_intelligence. Accessed on the 6 November 2014.

[3] Peterson, C., Maier, S., and Seligman, M., *Learned Helplessness*, pages 20–25.

[4] Seligman, M., *The Optimistic Child*, page 33.

[5] Seligman, M., ibid, page 129.

[6] Martin Seligman, lecture delivered 10 September 2008 at Wellington College, Berkshire, UK.

[7] Evans, J., *Philosophy for Life and Other Dangerous Situations*, page 4.

[8] For a fuller discussion of these thinking traps, cf. *The Resilience Factor*, by Karen Reivich and Andrew Shatté, pages 95–115.

[9] Kristjánsson, K., op cit, page 174.

[10] Training in the PRP is available. In the UK it is delivered by How To Thrive: www.howtothrive.org.

[11] Doidge, N., *The Bain that Changes Itself*, page 290.

[12] Ibid, page 288.

[13] Taken from http://lifesquared.org.uk/content/mind-diet, with permission, accessed on 10 December 2014.

[14] Hadot, P., *Philosophy as a Way of Life*, page 83.

[15] Ibid, page 90.

[16] Ibid, page 86.

[17] Hadot remarks that modern readers may be uncomfortable with the term 'spiritual exercises', but he makes it clear that it is the only term that describes to totality of the intended impact of these exercises upon the human psyche 'Above all, the word "spiritual" reveals the true dimensions of these exercises. By means of them, the individual raises himself up to the life of the objective Spirit; that is to say, he replaces himself within the perspective of the Whole' ibid page 82. This idea of being 'taken-up' into higher levels of understanding is also explored by McGilchrist in *The Master and his Emissary.*

[18] Hadot, P., ibid page 85.

[19] Lucretius, *On The Nature of Things*, quoted in Hadot, op cit, page 88.

[20] Claxton, G., *What's the Point of School?*, page xi.

[21] Cf *Thinking from A – Z*, by Nigel Warburton, *Philosophy with Teenagers*, by Patricia Hannam and Eugenio Echeverria and for an introduction to how established philosophers have created arguments, *A Little History of Philosophy*, by Nigel Warburton.

[22] There is an excellent online resource for exploring the assumptions we make (and prejudices we have). It is an online test which explores how we make assumptions along racial, gender and age lines. The test is very interesting to take. It is at https://implicit.harvard.edu/implicit.

[23] Slater, L., *Opening Skinner's Box*, page 35.

[24] Ibid, page 60.

[25] Kristjánsson, K., *Virtues and Vices in Positive Psychology*, page 156.

[26] Annas, J., *Intelligent Virtue*, page 86.

[27] Ibid.

[28] For example: https://www.youtube.com/watch?v=yr5cjyokVUs accessed 29 December 2014.

[29] If you are unsure, CBeebies is a children's television channel in the UK.

[30] Cf *The Resilience Factor*, by Karen Reivich and Andrew Shatté, page 75.

[31] Haidt, J., *The Righteous Mind*, pages 152–53.

[32] Ibid, page 146.

[33] Ibid, page 3.

[34] Ibid, page 105.

[35] This reminds me of the quote, misattributed to footballer Steven Gerrard, about the German national football team that won the World Cup of 2014: 'Brazil have Neymar. Argentina have Messi. Portugal have Ronaldo. Germany have a team.'

[36] There is an interview between David Letterman and Wesley Autrey on the internet here: https://www.youtube.com/watch?v=JW688FhPM1Q, accessed on 19 November 2014.

[37] Curren, R., *Cultivating the Moral and Intellectual Virtues*, in Philosophy of Education an Anthology, Curren, R. (ed.) pages 507–516.

[38] Ibid, page 512.

[39] Ibid, page 511.

[40] Ibid, page 514.

第六章

[1] http://bronnieware.com/regrets-of-the-dying/ accessed on 26 November 2014.

[2] Gladwell, M., *Outliers*, page 9.

[3] Buettner, D., *The Island Where People Forget to Die*, published in the New York Times, 24 October 2012, accessed online at: http://www.nytimes.com/2012/10/28/magazine/the-island-where-people-forget-to-die.html?pagewanted=all&_r=0 on November 26 2014.

[4] Ibid.

[5] Lieberman, M. D., *Social*, pages 19–21

[6] RSA Shorts – *The Power of Empathy*, Brené Brown: https://www.youtube.com/watch?v=1Evwgu369Jw accessed 30 November 2014.

[7] Goleman, D., *Emotional Intelligence*, pages 98–9.

[8] McGilchrist, I., *The Master and his Emissary*, page 57.

[9] Ibid.

[10] Singer et al., *Empathic neural responses are modulated by the perceived fairness of others*, published in

Nature 439, pp. 466–469, 26 January 2006. http://www.nature.com/nature/journal/v439/n7075/full/nature04271.html. Accessed online on 30 November 2014.

[11] Tania Singer, 'Happiness and its Causes' conference presentation, 9 October 2008. See also *Emotional Intelligence* by Daniel Goleman, page 104 which describes Robert Levenson's research into married couples' physiological responses to each other's suffering.

[12] Transcript of an interview with Daniel Glaser published at http://www.pbs.org/wgbh/nova/sciencenow/3204/01-monkey.html accessed on 30 November 2014.

[13] McGilchrist, I., op cit, page 58.

[14] Ibid page 86.

[15] Ibid page 85. 'Psychopaths have deficits in the right frontal lobe, particularly the right ventromedial and orbitofrontal cortex.'

[16] Curran, A., *The Little Book of Big Stuff About the Brain*, page 155.

[17] Tania Singer, 'Happiness and its Causes' conference presentation, 9 October 2008.

[18] 'Open' body language = eye contact frequently made and held; smiling or other facial expressions of warmth and acceptance; nothing covering the face (e.g. hair); limbs not crossed defensively over body: legs uncrossed, hands in lap. 'Closed' body language = eye contact avoided; facial expressions such as scowls or frowns; face covered by hands/hair; limbs crossed defensively. There is a useful online guide here http://psychology.about.com/od/nonverbalcommunication/ss/understanding-body-language_7.htm accessed on 9 December 2014.

[19] Remen, R. N., *Kitchen Table Wisdom*, page 143. Pan Books, London, 1997.

[20] Slote, M., *The Ethics of Care and Empathy*, page 12.

[21] Haidt, J., *The Happiness Hypothesis*, page 71.

[22] Ibid page 76.

[23] Evans, J., *Philosophy for Life and Other Dangerous Situations*, page 10.

[24] Kabat-Zinn, J., *Wherever You Go, There You Are*, page 56.

[25] This practice is described in detail, albeit in a slightly different format, by Mark Williams in his book *Mindfulness*, pages 195–198.

[26] To take just one example from a cursory search of the internet: http://www.actionforhappiness.org/take-action/do-kind-things-for-others, which includes advice on what kinds of acts can count as kindness: 'Kindness can be as simple as a smile, a thank-you or a word of encouragement. It's a way of connecting, even if only for a brief moment, with those we pass in our daily lives. It doesn't have to cost anything or take much time – what's important is that it's an act of genuine care and thoughtfulness for another person. . .Kind acts can be spur of the moment, like when we notice someone in need. For example, we might give up our seat on the train or pick up and return someone's glove when they drop it. Opportunities to be kind pop up all over the place – like handing on a newspaper we've finished reading, letting someone take our parking space or passing on an unused ticket.' Have we really lost sight of kindness in our culture to this level?

[27] Phillips, A. and Taylor, B., *On Kindness*, page 79.

[28] Ibid page 112, see also ibid pages 57–59.

[29] Ibid page 94.

[30] Ibid page 113.

[31] Ibid page 53.

[32] http://phab.org.uk/

[33] www.ggs.vic.edu.au/.../tt_handbook_2013_fa_online_lowres.pdf.aspx accessed on 10 December 2014.

[34] Carr, A., *Positive Psychology*, page 253.

[35] *Doubt*, Miramax Films, 2008, written and directed by John Patrick Shanley.

[36] Dunbar, R., *Human Evolution*, page 264.

[37] Boyd, D., *It's Complicated: The Social Lives of Networked Teens*, page 11.

[38] Paris Brown was Britain's first Youth Police and Crime Commissioner. The 17 year old was forced to resign after offensive remarks were found on her twitter account: http://www.theguardian.com/uk/2013/apr/21/paris-brown-no-action-twitter-comments

[39] Boyd, D., ibid page 145.

[40] http://www.leapconfrontingconflict.org.uk/?gclid=CLHW0bjru8ICFUsJwwodikYAag accessed on 10 December 2014.

[41] Macbeth, F., Fine, N., *Playing With Fire: Creative Conflict Resolution for Young Adults*, page 3.

[42] Fine, N., and Macbeth, F., *Playing With Fire. The Creative Use of Conflict*, in Mariann Liebmann (ed.), Arts Approaches to Conflict, page 37.

[43] The full description of this can be found in ibid pages. 55–65.

[44] Nathanson, D., *Shame and Pride; Affect, Sex and the Birth of the Self*, page 290.

[45] C.f. *Redirect: The Surprising New Science of Psychological Change* by Timothy D. Wilson.

[46] Carr, A., *ibid*, page 270.

[47] Simpson, A., http://www.telegraph.co.uk/news/uknews/1574814/Britain-has-worst-underage-sex-rates.html *Britain has worst underage sex rates*, published in The Daily Telegraph, 7 January 2008, accessed online on 26 November 2014.

[48] *How was it for you? The quality of young people's sexual relationships*, published by CRFR at https://www.era.lib.ed.ac.uk/bitstream/1842/4749/1/rb%2050.pdf, July 2010. Accessed online on 2 December 2014.

[49] Carr, A., ibid, pages 259–60.

[50] Hendrick, S. and Hendrick, C., *Love*, in Handbook of Positive Psychology, page 475.

[51] Ibid, page 474.

[52] Nathanson, D., ibid, page 273.

[53] http://www.theexploreexperience.co.uk/

[54] Nathanson, D., ibid pages 281 and 283.

第七章

[1] Kristjánsson, K., *Virtues and Vices in Positive Psychology*, page 179.

[2] Linley, A., *Average to A+*, page 73.

[3] http://www.viacharacter.org/www/The-Survey#nav

[4] Harter, S.,'Authenticity', in Handbook of Positive Psychology, Snyder and Lopez (eds), page 382.

[5] Ibid, page 383.

[6] Ibid, page 385.

[7] Ibid.

[8] Ibid, page 387.

[9] A useful resource I have used for this is Chris Peterson and Martin Seligman's 24 Character Strengths, which can be found here: http://www.viacharacter.org/www/Character-Strengths/VIA-Classification#nav

[10] Available for free at www.viacharacter.org

[11] A resource for numerous different ways of building strengths can be found here: http://www.actionforhappiness.org/media/52486/340_ways_to_use_character_strengths.pdf

[12] Cf. Carr, A., *Positive Psychology*, pages 48–50.

[13] Csikszentmihalyi, M., *Flow*, page 191.

[14] Flavin, M., *Kurt Hahn's Schools and Legacy*, page xi.

[15] Ryllis Clark, M., *Timbertop Celebrating 50 Years*, page 64.

[16] Csikszentmihalyi, M., ibid page 3.

[17] Ibid page 46.

[18] Ibid pages 49–67.

[19] Ibid page 69.

[20] Ibid page 209.

[21] Ibid page 88.

[22] Carr, A., ibid, page 47.

[23] Ibid.

[24] Ibid.

[25] Kohn, A., *Punished By Rewards*, page 50.

[26] Ibid page 25.

[27] Ibid page 55.

[28] Ibid, pages 54–59

[29] Ibid, pages 36–37.

[30] Ibid, page 26.

[31] Ibid, page 65.

[32] Ibid, page 73.

[33] Carr, A., ibid, page 50.

[34] Kohn, A., ibid, pages 93–94.

[35] Holt, J., *How Children Fail*, page 189.

[36] Dweck tackles this distinction in Chapter 9 of her book *Self Theories*.

[37] Dweck, C., *Self Theories*, page 21.

[38] Ibid.

[39] Ibid, page 26.

[40] Dweck, C., *Mindset*, page 245. This information can be found in poster form online by searching for 'Nigel Holmes mindset poster'. It has also been turned into a powerful short animated video by Matthew Metoyer which is available online. Information correct as of 14 December 2014.

[41] Dweck, C., *Self Theories*, page 32.

[42] Holt, J., ibid, page 70.

[43] Dweck, C., ibid, pages 117–118.

[44] Dweck, C., *Mindset*, pages 176–177.

[45] Read more about Jo Pavey here: http://www.theguardian.com/sport/2014/aug/15/jo-pavey-gold-superwoman-age accessed on the 17 December 2014

[46] http://news.bbc.co.uk/local/devon/hi/people_and_places/arts_and_culture/newsid_8483000/8483311.stm accessed on the 17 December 2014.

第八章

[1] See for example, Layard, R., *Happiness Lessons from a New Science*, chapter 3. Worth noting also, is the argument from Wilkinson and Picknett in *The Spirit Level*, that it is in fact *income inequality* which causes unhappiness. Matt Ridley has proposed an alternative view in *the Rational Optimist*, in which he argues that technological advancement gives us every reason to be optimistic about the future.

[2] Aristotle, *The Nicomachean Ethics*, page 8 (1095b 15–21).

[3] Csikszentmihalyi, M., *Flow*, pages 45–46.

[4] http://vimeo.com/85948693 accessed on 18 December 2014.

[5] Ibid, from 14 minutes and 12 seconds.

[6] Taylor, C., *The Ethics of Authenticity*, Chapter 10.

[7] Ben Shahar, T., *Happier*, page 68.

[8] The idea of planned obsolescence is explored by documentary maker Jacques Peretti in the series *The Men Who Made us Spend*: http://www.dailymotion.com/video/x20j885_the-men-who-made-us-spend-episode-1_creation. He cites the example of printer cartridges which contain page counters that indicate to your computer that the cartridge has run out of ink, when in fact the counter can be re-set at least 3 times without the cartridge running out of ink. Peretti couches this idea in the capitalist notion of our duty to spend as consumers to keep production and capitalism going.

[9] Gilbert, D., *Stumbling on Happiness*, page 18.

[10] Layard, R., *Happiness: Lessons from a New Science*, page 49.

[11] Seligman, M., *Authentic Happiness*, page 116.

[12] A nice resource to illustrate this idea comes from one of the deleted scenes from the film *Borat*, where Borat, the journalist from Kazakhstan visits a US supermarket and is given a guided tour by the manager. Borat is puzzled by the existence of an entire fridge devoted to a vast selection of different cheeses: available at https://www.youtube.com/watch?v=EprmUjV-yEl accessed on 18 December 2014.

[13] Schwartz, B., *The Paradox of Choice*, Chapter 4.

[14] *Catch of the day: Is the Selfridges joke on us?* By Mark Hooper, published in The Guardian online on 27 December 2007, accessed on 18 December 2014.

[15] Aristotle, ibid, page 79 (1119a 11–19).

[16] Ibid page 80–81 (1119b 1–16).

[17] Mischel, W., *The Marshmallow Test*, page 4.

[18] Goleman, D., *Emotional Intelligence*, pages 81–82.

[19] Haidt, J., *The Happiness Hypothesis*, page 17–18.

[20] Mischel, W., ibid, pages 106–109.

[21] de Botton, A., *Status Anxiety*, pages 4–5.

[22] cf Haidt, J., ibid, chapter 6.

[23] de Botton, A., ibid, page 15.

[24] Ibid, page 16.

[25] Ibid, page 54.

[26] Ibid, page 120.

[27] Ibid, pages 120–121.

[28] There are some useful guides to deconstructing adverts online, here is just one example http://www.mediaed.org/Handouts/DeconstructinganAd.pdf accessed on 20 December 2014.

[29] Taylor, C., ibid, pages 94–95.

[30] http://www.theguardian.com/uk/2011/aug/09/london-riots-cleanup-appeal accessed 21 December 2014.

[31] Boyd, D., *It's Complicated*, page 11.

[32] Ibid, page 10.

[33] Annas, J., *Intelligent Virtue*, page 24.

[34] Reported in Scientific American online at: http://www.scientificamerican.com/article/how-your-cell-phone-hurts-your-relationships/ accessed 21 December 2014.3

[35] http://www.bbc.co.uk/news/technology-28677674 accessed 21 December 2014.

[36] Csikszentmihalyi, M., ibid, page 30.

[37] Ratey, J., *A User's Guide to the Brain*, page 112.

[38] Csikszentmihalyi, M., ibid, page 29.

[39] Rosen, C., *The Myth of Multitasking*, The New Atlantis, Spring 2008, pages 105–110: accessed online at http://faculty.winthrop.edu/hinera/crtw-spring_2011/themythofmultitasking_rosen.pdf on 21 December 2014.

第九章

[1] Kabat-Zinn, J., *Coming to Our Senses*, page 24.

[2] Williams, M. and Penman, D., *Mindfulness: a practical guide to finding peace in a frantic world*, pages 34–44.

[3] Thich Nhat Hanh, *The Miracle of Mindfulness*, page 36.

[4] Kornfield, J., *The Wise Heart*, page 139.

[5] I should stress at this point, that this is just a glimpse at the depths of what mindfulness involves. There are a number of writers who have put the profundity and beauty of mindfulness into words and I recommend Mark Williams' *Mindfulness, a practical guide to finding peace in a frantic world*; Thich Nhat Hanh's *The Miracle of Mindfulness*; John Kabat-Zinn's *Coming to our Senses*; and Jack Kornfield's *The Wise Heart*.

[6] Kornfield, J., ibid, page 99.

[7] Weare, K., (2013) "*Developing mindfulness with children and young people: a review of the evidence and policy context*", Journal of Children's Services, Vol. 8 Iss: 2, pp.141–153.

[8] For more information visit http://bemindful.co.uk/mbsr/about-mbsr/, a website run by the UK Mental Health Foundation. Accessed on 30 December 2014.

[9] Kabat-Zinn, J., ibid, page 35.

[10] Miller, J., et al '*Three Year Follow-Up and Clinical Implications of a Mindfulness-Based Meditation Stress Reduction Intervention in the Treatment of Anxiety Disorders*', (1993), accessed online at http://www.personal.kent.edu/~dfresco/CBT_Readings/Miller_MBSR_1993.pdf on 30 December 2014.

[11] Baer, R., '*Mindfulness Training as a Clinical Intervention: A Conceptual and Empirical Review*', American Psychological Association Journal Summer 2003, accessed online at http://www.uv.es/carmenrg/material1/art%EDculos/Baer%202003.pdf on 30 December 2014.

[12] Williams, M., and Penman, D., ibid pages 34–36.

[13] Ibid, page 52.

[14] Kabat-Zinn, J., ibid, page 372.

[15] Ricard, M., *Happiness: a Guide to Developing Life's Most Important Skill*, page 194.

[16] Williams, M., and Penman, D., ibid, page 49.

[17] Damasio, A., *Descartes' Error*, page 120.

[18] Jon Kabat-Zinn, ibid, pages. 368–75. The full peer-reviewed study was published in Psychosomatic Medicine, 65 (2003), pages 564–70.

[19] Takeuchi-Cullen, L., *How to Get Smarter: One Breath at a Time*, Time, 10 January 2006, accessed online at https://psyphz.psych.wisc.edu/web/News/Time_Jan06.html 30 January 2014.

[20] Lantin, B., *Meditation Can Alter Brain Structure*, The Times, 14 March 2008, accessed online at http://hindunet.org/hvk/articles/0509/303.html on 30 December 2014.

[21] Ratey, J., *A User's Guide to the Brain*, pages 61–2.

[22] Executive function refers to the ability to problem solve, plan, initiate and control and monitor one's own actions, to pay attention, be mentally flexible and multi-task, and to employ verbal reasoning.

[23] Weare, K., ibid.

[24] One of the best programmes is the Mindfulness in Schools curriculum (known as .b (dot be)). For more information visit http://mindfulnessinschools.org/

[25] Kornfield, J., ibid, page 332.

[26] Annas, J., *Intelligent Virtue*, page 121.

[27] Ibid, page 15.

[28] Thich Nhat Hanh, ibid, page 14.

[29] For an extremely detailed exposition of just how virtue theory and Buddhist ethics may go together in a school setting, cf Anne Muldoon's Paper entitled *A Comparison of Aristotelian and Buddhist Ethics and the Implications for a "Moral Way" for Young People*, published online at: http://theses.gla.ac.uk/384/1/2008muldoonmphil.pdf accessed 31 December 2014.

[30] Hay, D., and Nye, R., *The Spirit of the Child*, pages 63–77.

[31] Ibid, page 30.

[32] In a survey conducted by David Hay in 2000, 76 per cent of respondents reported having a spiritual experience. Hay, D., and Nye, R., ibid, page 28.

[33] For example, Walter Pahnke's 1962 experiment at Boston University, discussed in *Religious Experience*, by Peter Cole, pages 97–8.

[34] The research of neuroscientist Andrew Newberg seems to back this up. Jonathan Haidt discusses this in more detail in Chapter 10 of *The Happiness Hypothesis*.

[35] Take for example this video of a reunion between Kwibi, a mountain gorilla and Damian Aspinall, who raised him until the age of 5: https://www.youtube.com/watch?v=z5oznbdFqaQ accessed on 1 January 2015.

[36] Haidt, J., *The Happiness Hypothesis*, pages 197–8.

[37] Vaillant, G., *Spiritual Evolution*, page 24.

[38] Ibid, page 63.

[39] Ibid, page 74.

[40] Hay, D., and Nye, R., ibid, page 148.

[41] Ibid, page 159.

[42] The documentary film *Jump London* explores this: https://www.youtube.com/watch?v=l8fSXGP9wvQ accessed on 31 December 2014.

[43] Steger, M., et al., *Creating a stable architectural framework of existence: proposing a model of lifelong meaning*, in The Oxford Handbook of Happiness, pages 942–943.

[44] Frankl, V., *Man's Search for Meaning*, page 27.

[45] Ibid, page 85.

[46] Steger, M., et al, ibid, page 944.

[47] A lovely example of this is Andrew Zuckerman's marvellous book and film *Wisdom*, in which he interviews a range of prominent people such as Desmond Tutu, Nelson Mandela, Judi Dench and Vanessa Redgrave about wisdom. There is a trailer for the film here: https://www.youtube.com/watch?v=vVku5iSldGM and other clips are available online.

[48] Vaillant, G., *Aging Well*, pages 47–48.

[49] Steger, M., et al, ibid, page 949.

[50] Annas, J., ibid, page 123.

第十章

[1] For example: http://tdtrust.org/why-is-well-being-for-teachers-important/ accessed on 1 January 2015.

[2] Gym membership, private healthcare, on-site hairdressing, massage, complimentary pastries and coffee at break and meetings; financial rewards.

[3] For example, pay rises determined in whole or in part by results; institutional language and communication which focuses more on results than on people and which reduces humans to statistical units of production; blaming teachers' own personal weaknesses if they become stressed and failing to acknowledge organisational and situational factors; clamping down on dissenting voices; reducing teacher autonomy in the classroom and heavily prescribing behaviour management practices and pedagogy in the name of consistency; lauding workaholism as a virtue.

[4] Krznaric, R., *How to Find Fulfilling Work*, page 13.

[5] Ibid, page 41.

[6] http://improvingteaching.co.uk/2014/11/02/how-can-we-keep-teachers-happy-thin-red-lines-between-wellbeing-misery/ accessed on 1 January 2015.

[7] Ratey, J., *Spark*, page 61.

[8] Magruder Watkins, J., and Mohr, B., *Appreciative Inquiry*, page 14.

参考文献

Annas, J. (2011). *Intelligent virtue*. Oxford: Oxford University Press.

Arendt, H. (2006). *Eichmann in Jerusalem: a report on the banality of evil*. New York: Penguin.

Aristotle (2004). *The Nicomachean ethics*. London: Penguin.

Arpa, M. (2012). *The heart of mindful relationships*. Lewes: Leaping Hare Press.

Ben Shahar, T. (2007). *Happier*. New York. McGraw Hill.

Bok, S. (2010). *Exploring happiness: from Aristotle to brain science*. New Haven: Yale University Press.

Boyd, D. (2014). *It's complicated: the social lives of networked teens*. New Haven: Yale University Press.

Brighouse, H. (2008). Education for a flourishing life. In John R. Wiens & David. L. Coulter (Eds.) *Why do we educate? 2008 NSSE Yearbook – Volume Two*. pp. 58–71 Chichester: Blackwell-Wiley.

Carr, A. (2004). *Positive psychology: the science of happiness and human strengths*. Hove: Routledge.

Cigman, R. (2009). Enhancing Children? In Ruth Cigman and Andrew Davies (Eds.) *New philosophies of learning*. pp. 205–220. Chichester: John Wiley & Sons.

Claxton, G. (2008). *What's the point of school? Rediscovering the heart of education*. Oxford: OneWorld.

Cole, P. (2005). *Religious experience*. London: Hodder Murray.

Csikszentmihalyi, M. (2002). *Flow*. London: Random House.

Curran, A. (2008). *The little book of big stuff about the brain*. Carmarthen: Crown House.

Curren, R. (2007). Cultivating the Moral and Intellectual Virtues, in Curren, R. (Ed.), *Philosophy of education: An anthology*. pp. 507–516. Malden: Blackwell.

Damasio, A. (1995). *Descartes' error*. London: Vintage.

De Botton, A. (2005). *Status anxiety*. London: Penguin.

Dickens, C. (1854/1994). *Hard times*. London: Penguin.

Diener, E. (2009). *The science of well-Being: the collected works of Ed Diener*. New York: Springer.

Doidge, N. (2008). *The brain that changes itself: Stories of personal triumph from the frontiers of brain science*. London: Penguin Books.

Dunbar, R. (2014). *Human evolution*. London: Penguin.

Dweck, C. S. (2000). *Self-theories*. Philadelphia: Taylor & Francis.

Dweck, C. S. (2008). *Mindset*. New York: Ballantine.

Ecclestone, K., and Hayes, D. (2008). *The Dangerous Rise of Therapeutic Education*. Abingdon: Routledge.

Evans, J. (2012). *Philosophy for life and other dangerous situations*. London: Rider.

Fine, N., and Macbeth, F. (1996). Playing with fire. The creative use of conflict, in Mariann Liebmann (Ed.), *Arts Approaches to Conflict*, pp. 36–67. London: Jessica Kingsley.

Flavin, M. (1996). *Kurt Hahn's schools and legacy*: Wilmington: Middle Atlantic Press.

Frankl, V. (2004). *Man's search for meaning*. London: Rider.

Fredrickson, B. L. (2009). *Positivity*. New York: Crown.

Freire, P. (2007). Banking v. problem-solving models of education, in Curren R. (Ed.), *Philosophy of education: An anthology*. pp. 68–75. Malden: Blackwell.

Gerhardt, S. (2004). *Why love matters: how affection shapes a baby's brain*. Hove: Routledge.

Gilbert, D. (2007). *Stumbling on happiness*. London: Harper Perennial.

Gilbert, I. (2013). *Essential motivation in the classroom* (second edition). London: Routledge.

Gladwell, M. (2008). *Outliers: The story of success*. London: Penguin Books.

Goldacre, B. (2008). *Bad science*. London: Fourth Estate.
Goleman, D. (1996). *Emotional intelligence*. London: Bloomsbury.
Hadot, P. (1995). *Philosophy as a way of life*. Oxford: Blackwell.
Haidt, J. (2006). *The happiness hypothesis*. London: Arrow.
Haidt, J. (2012). *The righteous mind*. New York: Vintage.
Hannam, P., and Echeverria, E. (2009). *Philosophy with teenagers*. London: Network Continuum.
Hanh, T. N. (1991). *The miracle of mindfulness*. London: Rider.
Harter, S. (2005). Authenticity, in Snyder, C. R. and Lopez, S. J. (Eds.) *Handbook of positive psychology*, pp. 382–394. Oxford: Oxford University Press.
Hattie, J. (2012). *Visible learning for teachers*. Abingdon: Routledge.
Hay, D., and Nye, R. (2006). *The spirit of the child*. London: Jessica Kingsley.
Heidegger, M. (2011). *Basic writings*. Abingdon: Routledge.
Hendrick, S. and Hendrick, C. (2005). Love, in Snyder, C. R. and Lopez, S. J. (Eds.) *Handbook of positive psychology*, pp. 472–484. Oxford: Oxford University Press.
Holt, J. (1982). *How children fail*. New York: Melody Lawrence.
Holt, J. (1983). *How children learn*. London: Penguin.
Hursthouse, R. (1999). Virtue Theory and Abortion, in *Virtue Ethics*, Crisp, R., and Slote, M., (Eds.) pp. 217–338. Oxford: Oxford University Press.
James, O. (2007). *Affluenza*. London: Random House.
Kabat-Zinn, J. (2004). *Wherever you go, there you are*. London: Piatkus.
Kabat-Zinn, J. (2005). *Coming to our senses*. London: Piatkus.
Klein, N. (2000). *No logo*. London: Flamingo.
Kohn, A. (1992). *No Contest: The case against competition*. New York: Houghton Mifflin.
Kohn, A. (1999). *Punished by rewards*. New York: Houghton Mifflin.
Kornfield, J. (2008). *The wise heart*. London: Rider.
Kristjánsson, K. (2013). *Virtues and vices in positive psychology*. New York: Cambridge University Press.
Krznaric, R. (2012). *How to find fulfilling work*. London: Macmillan.
Layard, R. (2006). *Happiness: lessons from a new science*. London: Penguin.
Lear, J. (1988). *Aristotle: the desire to understand*. Cambridge: Cambridge University Press.
Lieberman, M. D. (2013). *Social: why our brains are wired to connect*. Oxford: Oxford University Press.
Linley, A. (2008). *Average to A+*. Coventry: CAPP Press.
Lockley, S. W. and Foster, R. G. (2012). *Sleep: a very short introduction*. Oxford: Oxford University Press.
Macbeth, F. and Fine, N. (1992). *Playing with fire: creative conflict resolution for young adults*. Leicester: Youth Works Press.
Macfarlane, R., (2007). *The wild places*. London: Granta.
MacIntyre, A. (1981). *After virtue: a study in moral theory*. London: Duckworth.
Magruder-Watkins, J. and Mohr, B. (2001). *Appreciative inquiry: change at the speed of imagination*, San Francisco: John Wiley and Sons.
McGilchrist, I. (2009). *The master and his emissary*. New Haven: Yale University Press.
McLaughlin, C. and Clarke, B. (2010). Relational Matters: a review of the impact of school experience on mental health in early adolescence. *Educational and Child Psychology*, 27 (1).
Miller, L. (2011). *Mood mapping: plot your way to emotional health and happiness*. London: Rodale.
Milne, A. A. (1989), *Winnie the Pooh and The House at Pooh Corner*. London; W.H. Smith and Son.
Mischel, W. (2014). *The marshmallow test: mastering self-control*. New York: Little Brown and Company.
Morgan, N. (2005). *Blame my brain: the amazing teenage brain revealed*. London: Walker Books.

Morrison, B. (1997). *As if.* London: Granta.
Murakami, H. (2009). *What I talk about when I talk about running.* London: Vintage Books.
Murdoch, I. (2001). *The sovereignty of good.* Abingdon: Routledge.
Nathanson, D. (1992). *Shame and pride: affect, sex, and the birth of the self.* New York: W. W. Norton and Company.
Noddings, N. (2003). *Happiness and education.* New York: Cambridge University Press.
Nussbaum, M. C. (2010). *Not for profit: why democracy needs the humanities.* Oxford: Princeton University Press.
Nussbaum, M. C. (2011). *Creating capabilities: The human development approach.* Cambridge: Belknap Press.
Peterson, C. (2006). *A primer in positive psychology.* Oxford: Oxford University Press.
Peterson, C., Maier, S. F., and Seligman, M. E. P. (1993). *Learned helplessness: a theory for the age of personal control.* Oxford: Oxford University Press.
Phillips, A. and Taylor, B. (2009). *On kindness.* London: Hamish Hamilton.
Ratey, J. (2001). *A user's guide to the brain.* New York: Random House.
Ratey, J. (2008). *Spark.* New York: Little, Brown and Company.
Reivich, K. and Shatté, A. (2003). *The resilience factor.* New York: Broadway Books.
Remen, R. N. (1997). *Kitchen table wisdom.* London: Pan Books.
Ricard, M. (2007). *Happiness: a guide to developing life's most important skill.* London: Atlantic.
Richardson, A. (2006). *They are what you feed them.* London: HarperCollins.
Rilke, R. M. (2004). *Letters to a young poet.* New York: Norton.
Ryllis Clark, M. (2003). *Timbertop: celebrating 50 Years.* Corio: Geelong Grammar School.
Sadhatissa, H. (1997). *Buddhist ethics.* Boston: Wisdom.
Sandel, M. (2012). *What money can't buy: the moral limits of markets.* London: Penguin.
Schwartz, B. (2004). *The paradox of choice.* New York: HarperCollins.
Seligman, M. E. P. (1996). *The optimistic child.* New York: Harper Perennial.
Seligman, M. E. P. (2003). *Authentic happiness.* London: Nicholas Brealey.
Slater, L. (2004). *Opening Skinner's box.* London: Bloomsbury.
Slote, M. (2007). *The ethics of care and empathy.* Abingdon: Routledge.
Steger, M., et al., (2013). Creating a stable architectural framework of existence: proposing a model of lifelong meaning, in David, S., Boniwell, I. and Conley-Ayers, A., (Eds.) *The Oxford Handbook of Happiness,* pp. 941–954. Oxford: Oxford University Press.
Suissa, J. (2009). Lessons from a new science? On teaching happiness in schools. In Ruth Cigman and Andrew Davies (Eds.) *New philosophies of learning.* pp. 205–220. Chichester: John Wiley & Sons.
Sutherland, S. (2007). *Irrationality.* London: Pinter and Martin.
Swift, J. (1971). *Gulliver's travels.* Oxford: Oxford University Press.
Syed, M. (2010). *Bounce.* London: Fourth Estate.
Taylor, C., (1991). *The ethics of authenticity.* Cambridge: Harvard University Press.
The Government Office For Science (2008). *Foresight mental capital and well-being project: Final project report.* London: The Government Office for Science.
Vaillant, G. E. (2003). *Aging well.* New York: Little, Brown and Company.
Vaillant, G. E. (2008). *Spiritual evolution.* New York: Broadway.
Warburton, N. (2007). *Thinking from A to Z.* Abingdon: Routledge.
Warburton, N. (2012). *A little history of philosophy.* New Haven: Yale University Press.
Weissbluth, M. (2005). *Healthy sleep habits, happy child: a step-by-step programme for a good night's sleep.* London: Vermilion.

White, J. (2007). *What schools are for and why*. Philosophy of Education Society of Great Britain.
White, J. (2011). *Exploring well-being in schools*. Abingdon: Routledge.
Williams, M. and Penman, D. (2011). *Mindfulness: a practical guide to finding peace in a frantic world*. London: Piatkus.
Wilson, T. O. (2011). *Redirect. The surprising new science of psychological change*. London: Allen Lane.
Zehr, H. (2002). *The little book of restorative justice*. Intercourse: Good Books.
Zuckerberg, A. (2008). *Wisdom*. New York: Abrams.